高 等 职 业 教 育

"岗课赛证" 融通

新 形 态 一 体 化 教 材

U0590255

幼儿音乐教育活动设计与指导

主编 陈长玲

中国教育出版传媒集团

高等教育出版社·北京

内容提要

本书是高等职业教育"岗课赛证"融通新形态一体化教材。本书分为七个项目：幼儿音乐教育概述、幼儿歌唱活动的设计与指导、幼儿韵律活动的设计与指导、幼儿打击乐活动的设计与指导、幼儿音乐欣赏活动的设计与指导、幼儿音乐游戏的设计与指导、幼儿音乐教育与其他领域的融合。

本书从教材使用者出发，尊重学习者的学习特点，融入课程思政，着眼于岗（职业岗位）、课（专业课程内容）、赛（职业技能大赛）、证（幼儿园教师资格考证）有机融合。

本书配套建设了数字课程和用二维码链接的视频资源，学习者可以登录"智慧职教"平台（www.icve.com.cn）浏览课程资源，详见"智慧职教"服务指南，也可以扫描二维码在线学习。

本书可作为高职专科、职教本科、五年制高职学前教育、早期教育、婴幼儿托育服务与管理等专业教材，也可作为幼儿教师音乐教学活动的参考书。

图书在版编目（ＣＩＰ）数据

幼儿音乐教育活动设计与指导／陈长玲主编. -- 北京：高等教育出版社，2023.10
ISBN 978-7-04-059472-0

Ⅰ. ①幼… Ⅱ. ①陈… Ⅲ. ①学前教育－音乐课－高等职业教育－教材 Ⅳ. ①G613.5

中国版本图书馆CIP数据核字（2022）第183966号

YOU'ER YINYUE JIAOYU HUODONG SHEJI YU ZHIDAO

策划编辑	赵清梅	责任编辑	赵清梅	封面设计	张志奇	版式设计	王艳红
责任绘图	李沛蓉	责任校对	陈 杨	责任印制	高 峰		

出版发行	高等教育出版社	网　　址	http://www.hep.edu.cn
社　　址	北京市西城区德外大街4号		http://www.hep.com.cn
邮政编码	100120	网上订购	http://www.hepmall.com.cn
印　　刷	天津市银博印刷集团有限公司		http://www.hepmall.com
开　　本	787mm×1092mm 1/16		http://www.hepmall.cn
印　　张	15		
字　　数	300千字	版　　次	2023年10月第1版
购书热线	010-58581118	印　　次	2023年10月第1次印刷
咨询电话	400-810-0598	定　　价	34.80元

本书如有缺页、倒页、脱页等质量问题，请到所购图书销售部门联系调换
版权所有　侵权必究
物料号　59472-00

"智慧职教"服务指南

"智慧职教"（www.icve.com.cn）是由高等教育出版社建设和运营的职业教育数字教学资源共建共享平台和在线课程教学服务平台，与教材配套课程相关的部分包括资源库平台、职教云平台和 App 等。用户通过平台注册，登录即可使用该平台。

● 资源库平台：为学习者提供本教材配套课程及资源的浏览服务。

登录"智慧职教"平台，在首页搜索框中搜索"幼儿园音乐教育活动设计与指导"，找到吴晓是老师主持的课程，加入课程参加学习，即可浏览课程资源。

● 职教云平台：帮助任课教师对本教材配套课程进行引用、修改，再发布为个性化课程（SPOC）。

1. 登录职教云平台，在首页单击"新增课程"按钮，根据提示设置要构建的个性化课程的基本信息。

2. 进入课程编辑页面设置教学班级后，在"教学管理"的"教学设计"中"导入"教材配套课程，可根据教学需要进行修改，再发布为个性化课程。

● App：帮助任课教师和学生基于新构建的个性化课程开展线上线下混合式、智能化教与学。

1. 在应用市场搜索"智慧职教 icve"App，下载安装。

2. 登录 App，任课教师指导学生加入个性化课程，并利用 App 提供的各类功能，开展课前、课中、课后的教学互动，构建智慧课堂。

"智慧职教"使用帮助及常见问题解答请访问 help.icve.com.cn。

前　言

　　高职学前教育专业重在培养具有良好的思想道德品质、丰富的专业理论知识、较强的实践教学与科研能力的学前教育应用型人才，为幼儿园输送高素质的幼儿教师。新时代的幼儿教师，不仅要具备较高的音乐鉴赏能力和音乐知识的应用能力，如歌唱能力、音乐编创能力，还要具有较好的音乐活动组织能力和信息化教学能力。

　　本教材以党的二十大精神为指引，以学前教育专业学生为本，着力提高学生的音乐素养、音乐教育教学能力、专业综合素质等。教材编写团队基于幼儿园职业岗位需求、行业发展趋势、专业前沿动态，建设符合专业特点、职业特性、教师教育需求的"岗课赛证"融通新形态教材，服务教学改革，落实立德树人根本任务。

　　本教材为天津市"十四五"规划课题"幼儿园音乐教育活动设计与指导新形态教材建设研究"项目成果。本教材的主要内容包括：幼儿音乐教育概述、幼儿歌唱活动的设计与指导、幼儿韵律活动的设计与指导、幼儿打击乐活动的设计与指导、幼儿音乐欣赏活动的设计与指导、幼儿音乐游戏的设计与指导、幼儿音乐教育与其他领域的融合，涵盖主题教育、音乐区角活动资源、综合音乐教育资源和音乐教育实践案例，对接幼儿教师岗位音乐教育工作任务，将幼儿园教师资格考试、全国职业院校技能大赛学前教育专业教育技能赛项真题及指导内容编入教材，并配套建设有丰富的教学资源，能较好地针对高职学生认知水平，解决幼儿音乐教育活动设计与指导中存在的问题，满足教师信息化教学和学生个性化学习的需求，有助于提高教学质量，提高学生学习兴趣，培养高素质善保教幼儿教师。

　　本教材的突出特点如下。

　　一是校企"双元"合作开发。教材编写团队坚持调研走访，对幼儿园典型工作岗位和职业活动所需职业能力进行系统梳理，依据岗位需求组织教学内容，融入幼儿园典型活动案例，以使教材能够凸显高职院校与幼儿园"双元"合作开发的优势和意义。

　　二是融通"岗课赛证"。本教材以培养高素质善保教幼儿教师为核心，以提升其综合能力、就业能力和职业竞争力为导向；以工作岗位为起点，将幼教岗位需求反映在专业课程人才培养方案中，将幼儿园典型工作任务、幼儿园真实情境和幼儿园典型案例引入教材内容；将职业技能大赛和幼儿园教师资格考试相关要求融入教材内容；着力提升学生主动开展音乐教育活动的能力，使学生能更好地适应幼儿园岗位需求。

　　天津师范大学学前教育学院陈长玲担任本教材主编，负责全书的修改和统稿工作；长沙职业技术学院吴晓是、天津师范大学学前教育学院孙栗原担任副主编，协助主编统稿。编写分工如下：东莞职业技术学院洪恬负责项目一的编写，陈长玲负责项目二及全书［国考链接］［赛场直击］栏目的整理，安徽城市管理职业学院史响负责项目三和项目七的编写，长沙职业技术学院袁启负责项目四的编写，孙栗原负责项目五的编写；吴晓是负责项目六的编写。天津市幼儿师范学校附属幼儿园潘静、天津市河东区第一幼儿园吴树莹、南开大学附属幼儿园药豆豆、天津市滨海新区古林幼儿园王红叡参与编写工作，并提供大量的音乐教育实践案例。

　　感谢专家团队白燕教授、张润玲教授、张丽教授对本教材提出的宝贵建议。感谢天津市幼儿师范学校附属幼儿园刘建园长、天津市河东区第一幼儿园高歌今园长、南开大学附属幼儿园常明园长、天津市河北区第一幼儿园张稳艳园长及宋军老师、南开区第三十一幼儿园孙宝红老师的鼎力支持，感谢高等教育出版社编辑在教材出版过程中给予的细心指导。

编者

2023 年 4 月

目　　录

幼儿音乐教育概述

学 习 目 标

知识目标

☐ 了解幼儿音乐教育的概念和意义，熟知幼儿音乐教育的目标与内容。

能力目标

☐ 能为不同年龄阶段的幼儿制定合理的目标，选择合适的教育内容和实施途径，并正确使用幼儿音乐教育方法开展活动。

素养目标

☐ 养成正确的幼儿音乐教育观，形成科学的幼儿音乐教育评价观。

知 识 导 图

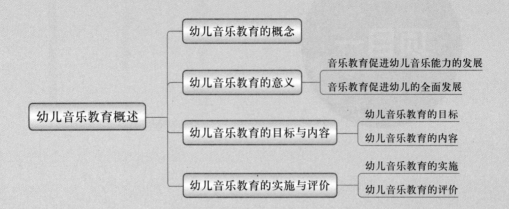

职场
体验

在幼儿园毕业典礼上，大三班幼儿表演的音乐剧"彩虹色的花"妙趣横生、精彩纷呈，赢得了观众热烈的掌声。班主任张老师分享了她进行系统的音乐教育活动设计的经验：在刚入大班时，经过与幼儿讨论，大三班确立了一条音乐学习的主题线索"四季与音乐"；教师依据大班阶段的领域学习与发展目标及本班幼儿的具体情况，从音乐核心经验的角度确定了两个学期的目标体系；在具体的一日生活环节中，教师有意识地加入音乐欣赏、音乐话题讨论等渗透性的学习内容；在每一次音乐教育活动中，教师遵循音乐学习的进程有序地设定目标和选取内容，开展主题下的音乐教育活动。正是这种系统的、有计划的音乐学习活动，促成了大三班幼儿音乐素养的显著提升，也为毕业典礼上的音乐剧表演奠定了厚实的基础。

请思考：案例中大三班的张老师为什么要进行系统性的、有计划的音乐教育呢？一位幼儿教师全局性的音乐教育视角和意识，是如何建立和形成的？哪些幼儿音乐教育理论是支撑教师开展系统的音乐教育的关键支柱呢？

知识
探究

知识点1　幼儿音乐教育的概念

幼儿音乐教育是指根据幼儿的身心发展特点及规律，通过音乐实践促进幼儿音乐能力发展，进而促进幼儿全面发展的教育活动。更具体地说，幼儿音乐教育就是教师为幼儿创设一个良好的音乐环境，采取生动有效的方法对幼儿进行教育，使幼儿通过欣赏、歌唱、打击、游戏等多种形式的音乐活动提高心理品质，发展音乐潜能。

知识点 2　幼儿音乐教育的意义

　　我们常常能够看到这样的画面——音乐响起时，幼儿情不自禁地随着音乐手舞足蹈。热爱音乐是幼儿的天性，学前阶段的幼儿尚难以用言语表述其内心的情感与体验，而音乐是表情达意的艺术，美好的音乐与幼儿纯真的心灵是相通的，幼儿可以通过音乐表达情绪情感。可以说，幼儿的生活离不开音乐，幼儿的发展需要音乐，音乐可以促进幼儿的发展。

（一）音乐教育促进幼儿音乐能力的发展

　　音乐能力也称为音乐智力，是指先天具备及后天通过学习获得的感知、理解、表现和编创音乐的能力，包含节奏能力、音乐旋律能力、辨别音乐性质的能力。

1. 促进幼儿节奏能力的发展

　　律动、舞蹈、打击乐等音乐活动在幼儿节奏感的培养中起着重要作用。人们对节奏的感受离不开肌肉活动，离不开动作。当人们听音乐时，需要积极投入的不只是听觉，还有运动觉。若没有肌肉活动的加入，人们对旋律（曲调）、节奏、和声、速度、力度等的感受性便会受到很大的局限。生活中常说的"听音乐"是不太准确的，因为人们在用耳朵听的同时，肌肉也在积极地参与。对幼儿节奏能力的发展而言，身体的肌肉活动是不可或缺的。提供给幼儿大量随音乐做身体动作的机会是发展幼儿节奏能力的前提。律动、舞蹈是随音乐做出各种身体动作的音乐实践活动。打击乐则是听着歌曲或乐曲，用乐器敲击出节拍或节奏型的音乐实践活动，对幼儿节奏感的培养起着至关重要的作用。律动、舞蹈、打击乐这些音乐活动都与运动觉有密切的联系，从事这些音乐活动可以促进幼儿节奏能力的发展。

2. 促进幼儿音乐旋律能力的发展

　　人类的听觉器官是在长期自觉使用的过程中获得发展的。音乐作为一种有声语言，是促进人类听觉发展的因素之一。在人的一生中，学前阶段也是听觉能力发展最迅速的时期。一项对成年音乐家进行的调查结果显示[1]：在2—4岁开始接受音乐教育的人中，有92%的人可能获得绝对音高感；在4—6岁开始接受音乐教育的人中，这个比例下降到68.4%；之后继续下降，7—9岁组是41.9%；14岁组只有6.5%。该研究结果揭示：听觉能力除受先天因素影响外，后天教育因素也起着重要的作用，

---

[1]　杨丽珠，方乐乐，许卓娅，等. 音乐学习对幼儿学习品质的促进［J］. 学前教育研究，2015（11）：56-63.

学前阶段尤为重要。苏联心理学家列昂列夫以一些看起来缺乏音乐才能的早期儿童为研究对象，设计了一套发展音乐听觉的特殊方法，最后，这批儿童获得了基本的音乐旋律能力。由此可见，成人若能为幼儿提供各种参与音乐活动的机会，并在活动中有意识地引导幼儿进行旋律探究，幼儿听辨旋律的能力和自觉性是可以得到提高的。

3. 促进幼儿辨别音乐性质能力的发展

音乐性质指音的高低、强弱、长短及音色。音乐的不同特征与总体性质是通过音的高低、快慢、强弱等音乐形式元素综合地表现出来的。例如，表现狗熊走路的音乐，声音比较低沉，速度缓慢而且有一定的力度；表现鸟飞的音乐，则音区比较高，速度稍快，声音柔和。当幼儿随着狗熊走路的音乐做身体动作时，动作自然要缓慢、有力，而随鸟飞音乐做动作时，动作相应地就会变得轻快、柔和。经常随着不同性质的音乐进行类似的音乐实践活动，可以让幼儿借助身体动作辨别音乐的不同性质，从而促进其辨别音乐性质能力的发展。

（二）音乐教育促进幼儿的全面发展

1. 促进幼儿的大脑发展

现代科学研究表明，人的大脑分为两部分，左半脑主要负责语言学习及数学理解等行为，右半脑主要负责艺术学习及思维活动等行为。0—6岁是人的大脑发育最为快速的一个时期。在此期间，组织幼儿参与各种音乐活动，通过听觉、视觉、运动觉等各种知觉的系统、积极参与，充分调动、激活大脑，有利于幼儿大脑的发育。

2. 促进幼儿的语言能力发展

人类语言发展的关键期在幼儿阶段。在音乐活动中，选择儿童诗、儿歌、儿童散文等文学作品作为音乐活动的内容，可以让幼儿在活动中同时感受音乐的节奏和语言韵律的美，发展幼儿的音乐能力和语言能力。例如，在歌唱活动中，幼儿在感受歌曲的同时，教师可引导他们感受内容中的语言韵律，学会正确地咬字发声，这些都有助于发展幼儿的语言表达能力，同时帮助幼儿掌握更多词汇，进一步提升幼儿对词汇的理解和应用能力。

3. 促进幼儿情绪情感的发展

音乐能够表达丰富的情绪情感，对幼儿情绪情感的发展有着重要作用。音乐活动不但能有效地满足幼儿的情感需要，也能有效地帮助幼儿体验和表达情绪。音乐创作者将自己对生活的体验和情感组织、构建在音乐当中，幼儿通过倾听、演唱、律动和演奏等方式与音乐产生共鸣。不同类型、风格的音乐所带来的情绪情感体验各不相同，可以帮助幼儿了解和认知人类不同的情绪情感，从而丰富其情绪情感的体验。

4. 促进幼儿思维品质和学习品质的发展

良好的思维品质会促使我们更好地了解自己、认识世界。积极主动、认真专注、不怕困难、敢于探索和尝试等是良好的学习品质。幼儿期是培养人的思维品质和学习品质的关键时期。幼儿能够在音乐学习活动中，通过对歌词的理解，了解音乐、发现自然、习得人文知识；通过对乐器音色的探索、简单节奏型的提炼，学会思考；通过对各类型音乐的感受和探索，丰富音乐知识等。音乐教育活动能自然而然地激发幼儿对世界的好奇心和探究欲，促进其思维品质和学习品质的发展。

拓展阅读

英国心理学家舒特·戴森归纳的幼儿音乐能力发展的年龄特点见表1-1。

表1-1　幼儿音乐能力发展的年龄特点

年龄	发展特点
0—1岁	对声音做出各种反应
1—2岁	自然地、本能地"创作"并歌唱
2—3岁	开始能把听到的歌曲片段通过模仿唱出来
3—4岁	能感知旋律轮廓；如果此时开始学习某种乐器的演奏，可以培养绝对音高感
4—5岁	能辨别音高、音区，能重复简单的节奏
5—6岁	能理解、分辨响亮之声和柔和之声；能从一些简单的旋律或节奏模式中分辨出相同的部分
6—7岁	唱歌时，音高较为准确；明白有调性的音乐比不成调的音的堆砌好听
7—8岁	有鉴赏协和音和不协和音的能力
8—9岁	在唱歌和演奏乐器时，节奏感比以前有明显的提高
9—10岁	节奏、旋律的记忆改善了，逐步具有韵律感；能感知二声部旋律

一、幼儿音乐教育的目标与内容

（一）幼儿音乐教育的目标

1. 总目标

根据《幼儿园教育指导纲要（试行）》（后文简称《纲要》）与《3—6岁儿童学习与发展指南》（后文简称《指南》）精神，结合幼儿音乐活动本身的特点与幼儿音乐能力发展的水平，幼儿音乐教育的总目标如下。

（1）能够初步感受自然界、生活环境和音乐中蕴含的美，体验不同音乐形式所具有的独特表现力，插上想象的翅膀，进入美妙的音乐世界。

（2）喜欢参与听、唱、动、奏等音乐活动，喜爱并乐于用音乐表达自己对环境、生活、艺术美的感受与体验，能大胆、自由、富有个性地表现与交流自己的思想和情感。

（3）在快乐的游戏中自主探索音乐的奥秘，在喜爱的音乐活动中激发智慧与灵感，能够用自己喜欢的方式进行音乐表现活动。

2. 各年龄阶段目标

《指南》目标部分分别对3—4岁、4—5岁、5—6岁三个年龄阶段末期幼儿应该知道什么、能做什么，大致可以达到什么发展水平提出了合理期望，指明了幼儿学习与发展的具体方向。艺术领域目标中关于音乐部分的目标，具体如下。

（1）感受与欣赏

在音乐感受与欣赏方面，幼儿各年龄阶段目标见表1-2。

表1-2　幼儿各年龄阶段音乐感受与欣赏目标

目标	3—4岁	4—5岁	5—6岁
目标1　喜欢自然界与生活中的美的事物	容易被自然界中的鸟鸣、风声、雨声等好听的声音所吸引	喜欢倾听各种好听的声音，感知声音的高低、长短、强弱等变化	喜欢模仿自然界和生活环境中有特点的声音，并产生相应的联想

目标	3—4岁	4—5岁	5—6岁
目标2　喜欢欣赏多种多样的艺术形式和作品	喜欢听音乐或观看舞蹈、戏剧等表演	能够专心地观看自己喜欢的文艺演出或艺术品,有模仿和参与的愿望;欣赏艺术作品时会产生相应的联想和情绪反应	艺术欣赏时常常用表情、动作、语言等方式表达自己的理解;愿意和别人分享、交流自己喜爱的艺术作品和美感体验

（2）表现与创造

在音乐表现与创造方面,幼儿各年龄阶段目标见表1-3。

表1-3　幼儿各年龄阶段音乐表现与创造目标

目标	3—4岁	4—5岁	5—6岁
目标1　喜欢进行艺术活动并大胆表现	经常自哼自唱或喜欢模仿有趣的动作、表情和声调	经常唱唱跳跳,愿意参加歌唱、律动、舞蹈、表演等活动	积极参与艺术活动,有自己比较喜欢的活动形式;能用多种工具、材料或不同的表现手法表达自己的感受和想象;艺术活动中能与别人相互配合,也能独立表现
目标2　具有初步的艺术表现与创造能力	能模仿学唱短小歌曲;能跟随熟悉的音乐做身体动作;能用声音、动作、姿态模拟自然界的事物和生活情境	能用自然的、音量适中的声音基本准确地唱歌;能通过即兴哼唱、即兴表演或给熟悉的歌曲编词来表达自己的心情;能用拍手、踏脚等身体动作或可敲击的物品敲打节拍和基本节奏	能用基本准确的节奏和音调唱歌;能用律动或简单的舞蹈动作表现自己的情绪或自然界的情境;能自编自演故事,并为表演制作简单的服饰、道具或布景

（二）幼儿音乐教育的内容

幼儿音乐教育的内容主要包括歌唱活动、韵律活动、打击乐活动、音乐欣赏活动、音乐游戏等方面。

1. 歌唱活动

歌唱是指用嗓音来演唱有旋律、有歌词的歌曲,以及进行节奏朗诵、唱名游戏等。歌唱活动在幼儿音乐教育中占有重要地位,是幼儿园开展极广泛、极普遍的音乐活动内容和形式。在歌唱活动中，幼儿的情感表达需要得到满足，幼儿身心愉悦，还可通过歌词增长知识，发展语言能力，进而促进审美感受力的形成。幼儿歌唱活动的教育内容主要包括歌曲（含幼儿歌曲、节奏朗诵、歌曲说唱等）、歌唱的表演形式及歌唱的简单知识技能等。

2. 韵律活动

韵律活动是指伴随音乐进行的，用协调、有节奏的身体动作来表现音乐的活动。节奏是音乐的骨骼与灵魂，对节奏的感受与表现是音乐教育活动的重要内容。在幼儿音乐活动中，音乐与身体动作常常是不可分离的，随音乐进行的身体动作是幼儿体验与表达情感的最自然的方式之一。幼儿韵律活动的内容包括韵律活动及其组合、韵律活动的表演形式、韵律活动的知识技能及韵律活动常规等。韵律活动能有效地发展幼儿的身体运动能力，发展幼儿借助身体动作感受和表现音乐的能力，提高幼儿的动作协调能力等；韵律活动还能发展幼儿对身体和音乐的探究能力，发展幼儿的想象、联想与创造性表达能力，满足幼儿活动与交往的需要。总之，韵律活动能有效促进幼儿的身心健康发展。

3. 打击乐活动

打击乐活动，也叫节奏活动。打击乐器是幼儿容易掌握并从中获得音乐享受的乐器种类。幼儿的身体也是一种天然的乐器，幼儿从小就十分喜欢探索自己的身体，尝试用自己的身体发出各种节奏。开展集体性的身体乐器与打击乐器演奏活动，能使幼儿在丰富多彩、富有动感的演奏活动中获得满足，可以有效地发展幼儿听辨节奏与音色的能力，发展幼儿的合作意识与协调能力，发展幼儿的探索精神与创造能力。

4. 音乐欣赏活动

音乐欣赏活动主要是通过聆听周围环境的各种音乐、倾听音乐作品、欣赏音乐表演等途径来获得审美享受的音乐活动，是幼儿感知理解音乐、体验音乐情感、探索音乐世界的一种重要的音乐教育活动。开展音乐欣赏活动，可以使幼儿接触更多的音乐艺术作品，开阔幼儿的音乐视野，丰富幼儿的音乐经验，培养幼儿对音乐艺术美的感受力与创造力，美化和丰富幼儿的心灵，陶冶幼儿的情操。

5. 音乐游戏

音乐游戏是幼儿在音乐伴随下进行的一种有规则的、以发展幼儿音乐能力为主要目的的游戏活动。音乐游戏形式多样、生动活泼，不仅能给幼儿带来积极的情绪体验，提高他们对音乐的感受、理解、表现和创造能力，而且还能促进幼儿交往、合作和自我控制能力的发展，增强他们的规则意识。

二、幼儿音乐教育的实施与评价

（一）幼儿音乐教育的实施

1. 音乐教育的具体组织形式

幼儿园音乐教育的组织形式有集体音乐教学活动、音乐区角活动、渗透性的音乐活动、节日庆祝活动中的音乐教育及自发性的音乐活动等。其中，最常见的是集体音乐教学活动、音乐区角活动及渗透性的音乐活动。

（1）集体音乐教学活动　集体音乐教学活动是指由教师有目的、有意识地设计与组织，全体幼儿共同参与的专门性的音乐教育活动。这类活动的目的是向幼儿提供比较系统的音乐知识与技能。

（2）音乐区角活动　相较于集体音乐教学活动，音乐区角活动的组织形式比较自由，它是教师为幼儿设置一个自主选择、自由探索或展示表演才能的区角，支持幼儿在该区角中按照自己的兴趣、能力及自己确定的学习进度去使用区角中丰富多彩的音乐材料，让每个幼儿在音乐方面都有充分练习与表现的机会。

（3）渗透性的音乐活动　渗透性的音乐活动是与专门的音乐活动（集体音乐教学活动、音乐区角活动）相对而言的，指的是随机、灵活地渗透在幼儿一日生活中的隐性的音乐活动，如日常生活中的音乐活动、有机整合于主题活动中的音乐活动、渗透在游戏中的音乐活动等。

2. 幼儿音乐教育的主要方法

幼儿音乐教育的主要方法有示范表演法、语言指导法、直观法、练习法。

（1）示范表演法　音乐是一门表演的艺术，在幼儿音乐教育中，教师需要通过示范表演，准确、生动、有表现力地演绎音乐作品，既为幼儿的音乐感受与体验提供审美的艺术形象，也为幼儿的音乐学习提供示范。一般来说，教师在示范表演时要确保示范的准确性与规范性，即教师对音乐作品的表演一定要准确，示范表演要符合音乐表演的规范。同时，教师在示范的时候也一定要全情投入，充分运用嗓音、表情、动作、体态等方面的示范来加强表演的感染力，激发幼儿参与音乐活动的热情。

（2）语言指导法　在幼儿音乐教育活动中，教师可通过讲解、提问、讲故事等指导幼儿。讲解是指教师运用口头语言向幼儿说明、解释事物或事情。提问是指在幼儿感受音乐的过程中，教师通过提问的方法帮助幼儿带着问题感受音乐、观察教师的示范，并主动思考。讲故事是指教师将故事与音乐有机结合，借助故事将抽象的音乐形象化，帮助幼儿更形象地感受、理解、表现音乐，增强音乐教学的情境性、趣味性。

（3）直观法　幼儿音乐教育活动中的直观法指的是教师通过向幼儿展示图片、

图谱、视频及其他的一些直观演示材料（如小棍儿、牛皮筋、彩带等），帮助幼儿直观形象地感受与理解音乐情境、歌词内容、动作表现及演奏方案等。

（4）练习法　　音乐教学活动中的练习法是指幼儿在教师的指导下，通过多次练习，巩固和掌握某些音乐技能的方法。教师在运用练习法时首先需要明确练习的目的与要求，指导幼儿循序渐进地进行练习；其次要以幼儿感兴趣的、喜闻乐见的方式进行练习，切忌让幼儿机械地重复练习，要保护幼儿喜爱音乐的天性；最后还要观察幼儿的练习情况，及时做出反馈，发现幼儿进步时及时表扬与鼓励，发现问题时也要及时指出，防止幼儿在反复错误的练习中形成错误的动力定型。

（二）幼儿音乐教育的评价

幼儿音乐教育评价是指对音乐教育活动中教师与幼儿的表现进行评价。幼儿音乐教育评价既有对教师音乐教育活动组织与实施能力的评价，也有对教育活动中幼儿音乐能力发展的评价，其目的是通过科学评价，有效提高教师活动组织与实施的能力，进而促进幼儿音乐能力的发展。为确保评价质量，评价时务必遵循幼儿音乐教育评价的规律与原则。

1．幼儿音乐教育评价的原则

幼儿音乐教育评价的原则是指对幼儿音乐能力发展或幼儿音乐教育活动进行评价时所需遵循的原则或标准。幼儿音乐教育评价要遵循以下原则：客观性原则、全面性原则和发展性原则。

（1）客观性原则　　客观性原则是指在进行评价时，从评价标准和方法到评价者所持有的态度，以及最终的评价结果，都应该符合客观实际，不能主观臆断或掺入个人情感。幼儿音乐教育评价的目的在于给幼儿的学和教师的教以全面、客观的价值判断，如果缺乏客观性，评价就失去了意义。

（2）全面性原则　　幼儿音乐教育评价应遵循全面性原则，即从教育工作的整体出发，对幼儿音乐教育的各个组成部分和各个环节的构成要素进行全面评价。既要对教师的教学和指导进行评价，又要对幼儿的能力、兴趣、情感等进行评价；既要对音乐教育的内容、目标、方法、材料的准备等方面进行评价，又要对音乐教育的过程、师幼互动情况和效果等进行评价。评价时，要防止以偏概全，以局部代替整体。教育是一个持续的过程，进行全面评价时也要综合考虑音乐教育各方面的持续性特点，遵循全面、连续、一贯、持续发展的评价标准。

（3）发展性原则　　教育评价应着眼于教师的教学改进、能力提高，以及幼儿的能力提高和动态发展，其目的是调动教师的积极性，提高教学质量，更好地帮助幼儿发展和成长。音乐教育本身就是一个循序渐进、春风化雨的过程，因此，对音乐教育过程和效果的评价需要秉持客观和动态发展的态度，坚持发展性原则，以更好地发挥教育评价的作用。

2. 幼儿音乐教育评价的内容

（1）对幼儿音乐能力发展的评价 幼儿音乐能力发展状况，一般可以通过观察、谈话、问卷和测试等方法做出相应的评价。对幼儿进行音乐能力方面的早期测试，一方面是为了帮助教育者识别幼儿的音乐天赋，另一方面可以帮助教育者较好地了解和评价幼儿音乐发展的水平及音乐能力发展方面的优势和不足。教育者可以根据测试数据，有针对性地为幼儿提供适宜的音乐环境，更加合理地调整和设计音乐课程。幼儿音乐能力水平的标准化测试工具，也可以为我们真实地了解和评价幼儿的音乐能力发展倾向和水平提供有价值的参考。幼儿音乐能力发展的评价有两种具有代表性的测试工具。

① 戈登的初级音乐表象测试。美国著名音乐教育家和心理学家埃德温·戈登一直致力于音乐能力倾向理论的研究，并主持编制了多套音乐能力倾向测试工具。戈登强调，音乐能力倾向测试工具的使用主要是为了帮助家长和教师了解幼儿目前的音乐能力倾向和发展水平，检验家庭或集体音乐教育的有效性等。"初级音乐表象测试"是针对幼儿园至小学三年级儿童的测试，其中在年幼儿童的音乐能力倾向测试中更强调"直觉反应"和"表象"在音乐才能发展中的重要性。"初级音乐表象测试"包括两个子测试——音调测试和节奏测试。每个子测试包括40个测试项，每个测试项在音调测试中是成对的音序列，由2~5个时值相等的音组成。成对的音排列，或完全相同，或其中一个音不同。节奏测试则是由音高相同的音组成的成对的节奏型。它们有的完全相同，有的拍子或音群的组织形式不同。每个测试项里，每对片段间隔5秒，所有的测试项均为电子合成。测试的任务是要求幼儿听辨这些成对的片段是相同的还是不同的。为便于幼儿回答测试的问题，戈登特别设计了一些幼儿熟悉的物品图形，如汽车、钥匙、帽子、船的图形等，用来代表各个测试项；同时还设计了笑脸和哭脸的图形，供幼儿选答。若测试项中成对的音乐片段相同，幼儿就在两个同样的笑脸图形上画圈，如果不同，就在一个笑脸和一个哭脸的图形上画圈。

② 日本的幼儿音乐能力诊断测试。日本的幼儿音乐能力诊断测试是由日本音乐心理研究所编制的标准化的测试工具。该测试的适用对象为4—7岁的儿童，测试材料及指导语全部采用播放录音的方式呈现。另外，该测试采用书面答题的方式，答题册上所有内容都用形象直观的图画呈现，且画面精美、富于童趣。幼儿答题时仅需根据自己的判断画圈或打叉。因此，这套工具可以在大面积的集体测试、评价工作中使用。测试步骤如下。

第一部分，强弱听辨。画面包括1道例题和4道测试题。每题1分，共4分。每题由一对音量不同的音乐片段组成。要求被试听辨并指出各组中音量较强的那个片段，并在相应形象下的方格内画圈。

第二部分，节奏听辨。画面包括1道例题和4道测试题。每题1分，共4分。每题由一对鼓声节奏组成。要求被试听辨并指出各组中的一对鼓声节奏是相同的还是不同的，若相同便在相应画面下的方格内画圈，否则打叉。

第三部分，高低听辨。画面包括2道例题和8道测试题。每题0.5分，共4分。前4道测试题由一对单音组成，后4道测试题由一对音乐片段组成。要求被试听辨并指出各组中的一对单音或音乐片段中较高的那个，并在相应形象下的方格内画圈。

第四部分，音色听辨。画面包括1道例题和5道测试题。每题0.8分，共4分。每题由3个演奏不同乐器的形象组成。要求被试听出录音中播放的音乐是用何种乐器演奏的，并在相应形象下的方格内画圈。

第五部分，音乐欣赏。画面包括6道测试题，共4分。每题由两个性质不同的画面组成，如热闹的公园和安静的田野、老牛拉车和骏马奔驰等。要求被试听出录音中播放的音乐更接近于哪幅画面所描写的内容。

（2）对幼儿音乐教育活动的评价　　幼儿音乐教育活动评价是对音乐教育活动各个要素进行价值判断。

第一，对活动名称的评价。主要看活动名称是否能引起幼儿的兴趣，是否反映活动内容等。

第二，对活动目标的评价。主要看活动目标是否符合本班幼儿的年龄特点、现有发展水平，是否包含认知、动作技能、情感三个维度，是否难度适中、重难点突出，是否表述清晰准确、具有可操作性等。

第三，对活动内容的评价。根据《纲要》精神，主要看活动内容的选择是否适合幼儿的现有发展水平，是否有一定的挑战性，是否符合幼儿的现实需要，是否有利于幼儿的长远发展，是否贴近幼儿的生活，是否是幼儿感兴趣的事物和问题，是否能帮助幼儿积累经验和拓宽视野等。音乐教育作为艺术领域的一部分，承担着美育的任务，所以评价活动内容时不仅要考虑适应性和有效性，还要该考虑审美性和艺术性，要看活动内容的选择是否具备音乐艺术的审美特性，是否符合幼儿的审美要求，是否能够使幼儿在艺术美的熏陶下获得发展等。

第四，对活动准备的评价。活动准备包括物质准备和经验准备。对活动准备的评价主要是评价活动开展前教师的教育材料是否准备充分、种类是否丰富、是否便于操作，材料的利用率是否很高；教育活动环境的创设是否健康、安全、井然有序，是否能引起幼儿的活动兴趣；教师对音乐教育活动的知识准备是否到位，幼儿是否掌握相关音乐知识等。

第五，对活动过程的评价。活动过程包括导入、主体（基本过程）、结束3个环节。对活动过程的评价首先看活动过程各环节是否完整，衔接是否自然、流畅。在此基础上再对各个环节逐一评价。评价导入环节主要看导入形式是否合理、新颖，是否能吸引幼儿的注意。评价基本过程，主要看教育过程是否面向全体幼儿，是否尊重幼儿的个体差异，是否尊重和考虑幼儿的意愿，能否得到幼儿的信任；教育方法是否生活化，是否多样；教师教育的基本技能是否合格，其音乐能力是否满足活动开展的需求；整个活动中是否以幼儿为中心，是否为幼儿提供操作、体验的机会；整个活动的开展是否有层次和条理，是否循序渐进。评价结束部分，要先看教师是否有进行活动小结，再看教师是否引导幼儿总结，引导得如何。

第六，对活动延伸的评价。活动延伸需要根据活动本身决定。对活动延伸的评价，主要看活动延伸的形式是否合适，是否有可操作性；是否对幼儿的发展起积极的作用等。

第七，对活动效果的评价。对活动效果的评价，主要看是否实现了活动目标；幼儿是否获得愉快的情绪体验；幼儿是否对活动具有期待和探究欲等。

综上，幼儿音乐教育活动评价见表1-4。

表1-4 幼儿音乐教育活动评价

评价指标	评价项目	评价等级					评分
		1	2	3	4	5	
活动目标（10分）	1. 活动目标符合《纲要》和《指南》精神，符合各领域的总目标和幼儿年龄阶段特点，切合幼儿的发展水平和发展需要						
	2. 具有全面性，难度适当，对整个活动具有导向作用						
	3. 陈述简洁明了、主体统一、针对性强、具体可操作，充分体现本领域特点，能考虑到各领域间相互渗透						
活动内容（15分）	1. 与活动目标相适应						
	2. 教学内容准确、科学，教学容量适度						
	3. 贴近幼儿生活经验，符合幼儿年龄特点						
	4. 符合幼儿兴趣，满足发展需要						
	5. 适合幼儿体验和感受						
活动准备（15分）	1. 活动前的知识储备、环境创设（墙饰布置、区域材料准备、活动材料准备、空间安排等）均符合实现教学活动目标的要求						
	2. 环境材料适宜，能最大程度地支持和满足幼儿学习、探索、操作活动的需要						
	3. 有效利用现代化教学手段，适用、适时、适当地增强活动的实效性和趣味性						

续表

评价 指标	评价项目	评价等级					评分
		1	2	3	4	5	
活动 过程 （30分）	1. 围绕目标组织教育活动，活动过程安排合理，教学设计结构严谨，层次清晰，各环节之间过渡自然流畅，循序渐进，有层次感						
	2. 教学方法和活动组织形式选择适宜，能体现幼儿的主体性，为幼儿提供感知与操作的机会，提供充分的思考和探索时间						
	3. 提问具有思考性、启发性、开放性特点；能预测教学活动过程可能出现的问题并能设计出相应的活动策略						
	4. 活动详略得当，活动时间充分，能较好地突出重点，突破难点；教学手段设计针对性强，既适合幼儿的认知特点，支持幼儿的活动，又有利于活动目标的达成						
	5. 关注每个幼儿在体验和感受活动中的表现和反应，及时、有效应答幼儿需要						
	6. 及时捕捉教育契机，及时调整教育策略						
	7. 充分发挥幼儿的主体性，调动幼儿活动的积极性，使幼儿在活动中获得有益的学习经验						
教学 技能 （15分）	1. 教态亲切自然，精神饱满，师幼情感交融						
	2. 教学语言准确、简练、生动，逻辑严密且通俗易懂，能体现艺术领域特色						
	3. 知识技能运用娴熟，有对活动的应变调控能力						
活动 效果 （15分）	1. 幼儿对活动感兴趣，在活动中情绪愉快，积极主动参与活动，大胆表现和表达						
	2. 幼儿能与周围人、事、物形成积极有效的互动						
	3. 幼儿能力获得不同程度发展，在活动中获得新经验						
总分							
综合 评价							

链接国赛：
幼儿园保教
活动分析

拓展阅读

谢静. 在玩奏乐器活动中观察2—3岁幼儿音乐能力的研究：第六届中国音乐家协会音乐心理学学会学术研讨会论文集［C］.［出版地不详］，2017：98-104.

项目二

2

幼儿歌唱活动的设计与指导

学 习 目 标

认知目标

☐ 了解幼儿歌唱活动的目标与内涵，掌握幼儿歌唱活动的选材要求。

能力目标

☐ 学会设计歌唱活动，能独立撰写歌唱活动教案，主动尝试实施歌唱教育活动。

素养目标

☐ 注重激发幼儿学习歌唱的兴趣，重视音乐的审美感受与表达，树立陶冶幼儿情操、启迪幼儿智慧、完善幼儿品格的教育责任感。

知 识 导 图

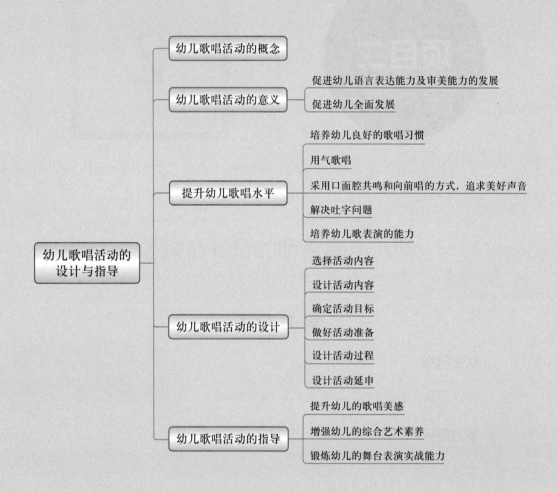

幼儿歌唱活动的
设计与指导

- 幼儿歌唱活动的概念

- 幼儿歌唱活动的意义
  - 促进幼儿语言表达能力及审美能力的发展
  - 促进幼儿全面发展

- 提升幼儿歌唱水平
  - 培养幼儿良好的歌唱习惯
  - 用气歌唱
  - 采用口面腔共鸣和向前唱的方式，追求美好声音
  - 解决吐字问题
  - 培养幼儿歌表演的能力

- 幼儿歌唱活动的设计
  - 选择活动内容
  - 设计活动内容
  - 确定活动目标
  - 做好活动准备
  - 设计活动过程
  - 设计活动延申

- 幼儿歌唱活动的指导
  - 提升幼儿的歌唱美感
  - 增强幼儿的综合艺术素养
  - 锻炼幼儿的舞台表演实战能力

教师范唱歌曲《小鸟，小鸟》，并用手指演示两只小鸟出场的顺序与动作，幼儿跟唱。幼儿通过模仿小鸟飞的动作（图2-1），直观、形象地理解歌词并跟唱。

通过模仿动作来学习歌曲，不仅激发了幼儿的歌唱兴趣，也使幼儿熟悉了歌曲，为歌唱游戏与歌表演奠定了基础。在这一过程中，幼儿很容易被教师声情并茂的演唱所吸引，并积极主动地投入歌唱活动中，感受音乐的快乐。

以上是幼儿园中常见的歌唱教学场景。请思考：歌唱活动中如何体现教师的主导作用，又如何凸显幼儿的主体地位？什么样的歌唱活动可以带给幼儿更多快乐和更多启发？

图2-1　模仿小鸟飞

知识点1　幼儿歌唱活动的概念

歌唱是指个人或者团队经过专业或非专业训练后，借用嗓音发出优美动听声音的实践活动；从内在形式看，它需要人类内心的真情实感，是身体和心灵协调运动的产物。①

　　歌唱是音乐实践活动的重要类型之一，是极自然的一种表达情感的方式。德国音乐理论家舒巴尔特认为，人声是自然的原音，自然中所有其他声音只是这种原音的遥远的回声。人的喉咙是第一种最纯洁、最卓越的乐器。

　　音乐教育家佐尔丹·柯达伊认为，歌唱是最适合幼儿的音乐活动，是幼儿进入音乐世界和表达情感最自然的途径。幼儿在歌唱的过程中可以感受到音乐的美好及音乐的多元性与趣味性，在丰富情感体验的同时，还可以增进交往、激发热情与创造精神。②

知识点2　幼儿歌唱活动的意义

　　歌唱是人们抒发情感、表达情绪的艺术方式。歌唱是每个人童年生活中必不可少的重要组成部分。歌唱既能给幼儿的生活带来无穷的乐趣，也具有重要的教育价值，它能潜移默化地陶冶幼儿的情操、启迪幼儿的心智、完善幼儿的品格。幼儿通过自己甜美、清脆的声音，既能表达愉快的心情，又能显示自己的能力，是他们情感体验的重要途径。

　　幼儿园的歌唱活动，应该面向每一个幼儿。幼儿通过歌唱的学习不仅可以获得审美感受，而且可以激发发现美、表现美、创造美的潜能。

（一）促进幼儿语言表达能力及审美能力的发展

1. 有利于幼儿语言表达能力的发展

　　幼儿正处在语言学习的敏感期。幼儿园的语言教育，不只是单单提高幼儿的语言表达能力，对其他领域的学习与发展也有着非常直接和重要的影响。被称为"钢琴之王"的著名音乐家李斯特曾说，音乐是人类的万能语言，人类的感情用这种语言能够跟任何心灵对话，被所有人理解。在开展幼儿音乐教育活动时，充分发挥这一"万能语言"在语言领域教育中的作用，并选用适于幼儿学唱的歌曲进行教学，将会对幼儿的语言学习和发展非常有益。

　　在歌唱活动中，幼儿的呼吸器官和发音器官能够得到充分的锻炼。因此，歌唱

---

① 王秀萍. 幼儿园音乐领域教育精要——关键经验与活动指导［M］. 北京：教育科学出版社，2015：76.
② 严啸. 幼儿园歌唱活动的意义与儿童歌唱能力的培养［J］. 教育教学论坛，2020（46）：336–338.

活动可以从生理层面促进幼儿语言能力的发展。歌唱有时还会作为训练有语言障碍幼儿的手段。幼儿在有节奏和韵律的歌唱过程中，锻炼了对呼吸、发声、嗓音的控制能力，能够有效促进其语言的发展。

2. 提升幼儿的审美能力

歌唱活动是从感知出发，以想象为主要方式，以情感激发为主要特征的一种艺术活动。[1] 在艺术领域教育中，歌唱活动是激发幼儿审美情趣和审美能力的有效形式之一。

众所周知，歌曲由歌词和歌谱两部分组成，并各有其突出特点。儿童歌曲的歌词多反映的是人性美、生活美和自然美，其特点是通俗易懂、充满童趣、富有韵律，幼儿唱起来朗朗上口，情真意切，容易引起共鸣。如果教师在教唱歌曲时，能基于幼儿已有的生活经验把歌词解释清楚，就能更好地帮助幼儿体悟歌曲美，提高审美能力。

歌谱由旋律、节奏、节拍、速度、力度、音色、织体、和声等音乐的形式要素构成。幼儿在歌唱时，获得旋律美、节奏美、力度美和音色美等多种音乐美的享受。

（二）促进幼儿全面发展

1. 有助于促进幼儿身心健康发展

幼儿是祖国的未来，民族的希望，其相对柔弱的生命需要全社会的关注。幼儿的健康包括两个方面，一是身体发育良好，二是心理健康。音乐教育有益于幼儿健康心理的养成，其愉悦功能远远高于其他任何艺术形式。音乐响起时，幼儿随音乐而动，进行唱跳、表演、游戏等多种活动，从而促进幼儿身体的协调性、灵敏性，使其身心和谐健康发展。

2. 有助于幼儿的社会性发展

幼儿需要正确的价值观引导和行为榜样示范。教师可以将社会主义核心价值观和中华民族传统美德融入歌唱活动中，使幼儿在社会认知、社会情感、社会道德等方面得到启迪。

3. 有助于培养幼儿的创新思维

科学思维中存在着音乐的因素。虽然音乐家的音乐创作和科学家的发明创造不属于同一类工作，但都需要充分地发挥创新思维。幼儿在歌唱活动中，精神是自由的，思维是活跃的，这都极易促进幼儿创新思维的发展。

---

[1]　李季湄，冯晓霞.《3—6岁儿童学习与发展指南》解读［M］. 北京：人民教育出版社，2013：155.

知识点 3　提升幼儿歌唱水平

（一）培养幼儿良好的歌唱习惯

歌唱时，站立或保持坐姿，身体和头部尽量处于直立放松状态；双臂自然下垂，放在身体两侧；双眼平视前方，依据作品表现的内容，眼随心动，设计表演动作，同时表情达意；口型可大可小，唇部动作放松自然，避免嘴角收紧呈扁圆形。

保护幼儿的嗓子，应注意以下几点：不大声喊唱；不在剧烈运动时（或剧烈运动后）大声地歌唱；不长时间地连续歌唱；不在空气污浊的环境中歌唱；不在咽喉肿痛发炎时歌唱。

（二）用气歌唱

歌唱的呼吸有别于日常呼吸，它是歌唱的原动力，起到调节、支持、推动发声器官的作用，需要根据歌曲旋律音的高低、乐句的长短、情绪的变化等进行调节。成人歌唱时，呼吸的控制能力需要单独训练。幼儿歌唱时，用嘴呼吸，自然歌唱，尽量在一次呼吸过程中吸入足够的气息并能够保持；应根据乐句与情感的需要缓慢而有节制地运气。注意，在呼吸时不耸肩，不出声，不在乐句中间换气，一定要按照乐句规律换气。

（三）采用口面腔共鸣和向前唱的方式，追求美好声音

幼儿的生理条件决定其声音位置比较高，基本处于高位置，也就是眼睛附近，形成口面腔的位置。幼儿歌唱之所以呈口面腔共鸣和向前唱的方式，既是中国母语语言发音最自然的方式；也是获得童声清澈明亮音色的最自然的方式；更是为使幼儿避免将声音压在喉咙里或压进胸腔里的最自然的防范措施。[1]一般概念上说，音色是指听觉感受到的声音特色，至于人在歌唱时的歌声音色，则是由其肺、喉咙、声带、口腔、牙、舌、唇协调联动决定的。

（四）解决吐字问题

歌唱时吐字是否准确清晰也极为重要。只有用清晰的语言表达真实感情，才能扣动听众的心弦，引起其情感的共鸣，更好地发挥音乐的美育作用。为使幼儿在歌

---

[1]　许卓娅. 歌唱活动［M］. 2 版. 南京：南京师范大学出版社，2015.

唱活动中，咬字、吐字准确清晰，就必须帮助他们掌握汉字语言的结构韵律和科学的发声方法。

（五）培养幼儿歌表演的能力

歌表演为幼儿提供了表达自我天赋和创造力的平台。[1] 歌唱活动为幼儿提供了更多的表达音乐的机会，一方面能使幼儿获得愉悦感和成就感，另一方面能使幼儿获得与同伴交往、合作的机会。在幼儿学会整齐、和谐齐唱的基础上，教师可以逐步培养幼儿学会对唱、接唱、齐唱、轮唱、合唱等不同的演唱形式。

拓展阅读

各年龄阶段幼儿歌唱能力发展及学习的特点

有关研究表明，婴幼儿最先获得的音区是在与口面腔共鸣相适应的中音区的标准音——小字一组的a——也就是我们通常说的C大调中"la"音附近。新生婴儿开始学习发音时，音区还会稍微偏高一点，通常共鸣位置就在眼睛附近，因此我们听到婴儿的声音比较"明亮、尖锐"。[2]

幼儿年龄小，声带发育不完善，不能够准确地歌唱。最适合幼儿的歌唱材料是六度音域的五声音阶歌曲，因此幼儿教师应选择合适的音调弹奏音乐，加强五声音阶基础练习，让幼儿学习本民族的儿童歌曲，培养幼儿热爱自己的国家，使幼儿对中华民族音调有一定的积累，感受中华民族传统音乐文化。

1. 3—4岁幼儿歌唱特点

小班音域：其音域通常为小字一组 c^1— a^1。一般来说，在这六个音级的范围内，小班幼儿能够在教师的帮助下，比较接近音高地歌唱。

演唱方式：对小班幼儿来说，最合适的演唱方式是音乐片段演唱，往往是教师先唱，幼儿后唱。由教师示范，幼儿模仿，对幼儿掌握音准、节奏和自信地歌唱都有好处。

身体运动：3岁幼儿对听到的事情不能较好地理解，与他们交往需要加强"身体语言"。3岁幼儿很重要的一种音乐行为是"感觉"，小班教学在最初的几个月内都是教师自己在歌唱，幼儿注意倾听和积累他们的感觉和经验，直到突然开始歌唱。

2. 4—5岁幼儿歌唱特点

中班音域：歌唱音域一般能达到 c^1— b^1，但幼儿的个体差异性较大。中班幼儿在教

---

① 加里·麦克弗森、格雷厄姆·韦尔奇. 牛津音乐教育手册（第一卷）[M]. 周若杭，译. 上海：上海音乐出版社，2021.

② 许卓娅. 歌唱活动 [M]. 2版. 南京：南京师范大学出版社，2015.

师起音的条件下，能集体与单独歌唱，并已经可以有比较好的发声状况。

演唱方式：由于有比较好的发声，就有可能达到比较好的音准。在节奏方面，随幼儿听觉分化能力逐步提高，这一年龄阶段幼儿对歌曲节奏的把握和表现能力得到较大发展。他们不仅能掌握四分音符、八分音符的歌曲节奏，还能够比较准确地再现二分音符的节奏，甚至带附点的节奏。

控制能力：嗓音的控制能力有了进一步提高，能够逐步学会使用比较长的气息，一般能够在教师的指导下学会按乐句和情绪的要求换气。这一年龄阶段，幼儿在音乐速度、力度、音色变化的把握方面有了一定的进步，这是因为他们对歌曲形象、内容、情感的体验和理解能力有了一定程度的提高。

3. 5—6岁幼儿歌唱特点

大班音域：5—6岁幼儿歌唱音域一般能达到c^1—c^2，个别幼儿的音域更宽，幼儿歌唱的技能和水平有了较显著的提高。如果教师自己建立了音准概念并能合理地指导幼儿歌唱，大班幼儿就能进行个人的独立歌唱，能唱准音调并可以达到准确的音高、速度、发声。

节奏方面：5—6岁幼儿不但可以准确地表现2/4和4/4拍的歌曲节奏，对三拍子歌曲的节奏及弱起节奏有了一定的理解和掌握，而且能够较好地掌握带附点节奏和切分节奏歌曲的演唱。

控制能力：5—6岁幼儿歌唱的表现意识得到了进一步的加强，体现在歌唱的声音表情更趋丰富，能够表现出同一首歌曲中的强弱快慢，能较好地唱出顿音、跳音、保持音及连音，并且能尽力把不同的情绪情感体验通过音色、节奏、速度、力度上的对比变化生动细致地表达出来。[①]

一、幼儿歌唱活动的设计

（一）选择活动内容

活动内容只有与幼儿已有的知识经验相适应，能被幼儿理解并喜爱，才能够激

---

① 黄瑾. 学前儿童音乐教育［M］. 上海：华东师范大学出版社，2006：95-96.

发幼儿的学习兴趣，并能为幼儿的感受提供生动、形象的理解基础。

1. 依据幼儿生理特点选择作品

幼儿的喉咙、声带、口腔及肺部功能等处于发育中。幼儿年龄小，器官发育尚未成熟，他们的声带较短且较薄，歌唱时间过长容易造成肌肉疲劳，而且幼儿的肺活量也比较小，呼吸次数多，节律不稳定。教师选择歌曲时要考虑到幼儿的这些生理特点。

2. 依据幼儿能力及兴趣选择作品

尽量选择通俗易懂、节奏感强、歌词短小且内容衔接性强的歌曲，这样幼儿学习起来热情更高，学习难度对于幼儿较为适宜。主题新颖而有趣的歌曲更符合幼儿的心理需求。

小班：由于幼儿年龄小，生活经验不丰富，为了激发幼儿的兴趣，可以从小班幼儿喜欢的事或物方面选曲，激发幼儿兴趣。可以选择关于小动物的歌曲，如《小鸭小鸡》《我爱我的小动物》《小小乌龟上山坡》《两只小象》；关于幼儿生活习惯的歌曲，如《我有一双小小手》《我爱我的幼儿园》；关于日常生活的歌曲，如《打电话》《小飞机》《春天来了》；关于人物模仿的歌曲，如《小医生》《粉刷匠》。

中班：幼儿音准、节奏、歌唱表现能力、身体运动能力明显提高，因此，要选择内容稍丰富且充满趣味的歌曲，如《蚂蚁搬家》《颠倒歌》《蟋蟀》《小毛驴》；游戏性较强的歌曲，如《好朋友》《吹泡泡》《来了一群小鸭子》；劳动教育的歌曲，如《懒惰人与勤快人》《两只小鸟》《种瓜》；富于爱心的歌曲，如《小鼓响咚咚》《泥娃娃》《睡吧小宝贝》《小树叶》。

大班：幼儿音域扩展，歌唱能力提高，演唱机能控制力明显提高，同时理解事物的能力也明显增强。可选择爱国主题的歌曲，如《国旗多美丽》《秋天多么美》《小朋友爱祖国》《幸福拍手歌》；热爱大自然主题的歌曲，如《山谷回音真好听》《大马告诉我》《小篱笆》《神奇的 do re mi》《等到我们长大了》《我和星星打电话》《庆祝六一》《老师再见了》；古诗词类作品，如《春晓》《三字经》《咏鹅》；融入社会主义核心价值观的歌曲，如《听我说谢谢你》《春天的孩子》等。在为幼儿选择教唱的歌曲时，首先应立足本国文化，加强文化传承，同时也要注意开阔视野，学习国外的一些优秀幼儿歌曲作品，促进多元文化交流。

片段教学：
小弟弟多多
讲国旗

（二）设计活动内容

幼儿园教育内容可相对划分为健康、语言、社会、科学、艺术五个领域，各领域内容相互渗透，从不同角度促进幼儿情感、态度、能力、知识、技能等方面的全面发展。

艺术教育作为幼儿园五大领域的教育内容之一，除了有基本的审美价值外，在不同领域的交叉和融合过程中也发挥着中介作用。艺术教育在整个幼儿教育中，在幼儿教育改革中具有举足轻重的特殊意义。[①]

1. 歌唱与有韵味的歌谣式语言相结合

众所周知，歌词本身就是属于语言范畴的。虽然歌词大多通俗易懂，但对于刚刚进入小班的幼儿来说，让他们一开始就完整学唱一首歌曲并非易事。为使小班幼儿高高兴兴地学唱某首歌曲，教师可先把歌曲的歌词变换成有韵味的歌谣式语言，让他们边说边记，这就大大减轻了这个年龄阶段的幼儿完整学唱歌曲的压力，进而使幼儿萌生对歌唱活动的兴趣。

【对点案例】

小班歌唱活动：我爱我的小动物

一、设计意图

一般可以从幼儿熟悉的、身边的事物着手，采用幼儿日常生活中的素材，设计教学活动内容。教师可采用问答法等激发幼儿兴趣，使幼儿尽情地用自己的方式表达。

图2-2　师幼交流关于小动物的话题

小班幼儿对小动物非常感兴趣，活动内容可选择幼儿熟悉的小动物，教师可以与幼儿交流关于小动物的话题（图2-2），这样易于激发幼儿的学习兴趣。甚至幼儿会充满想象地、用声音形象地模拟小动物的叫声或用肢体动作夸张地表演小动物的形象。

二、活动目标

1. 聆听音乐并感受音乐之美。

2. 能用嗓音与动作表现歌曲中小动物的特点。

3. 通过模拟动物的叫声，体验歌唱的乐趣。

三、活动准备

钢琴、音响、挂图、多媒体视频、头饰。

四、活动过程

1. 导入新课——教师与幼儿谈话，激发幼儿兴趣

教师提问：小朋友们，你们喜欢小动物吗？请幼儿回答，锻炼幼儿的语言表达能力。可提问："小羊怎样叫？""咩咩咩。""小猫怎样叫？""喵喵喵。"

---

① 教育部基础教育司.《幼儿园教育指导纲要（试行）》解读［M］. 南京：江苏凤凰教育出版社，2017：167.

用视频展现小羊、小猫的生活状态，增强幼儿对小动物的认知。

2．新授歌曲——教师范唱《我爱我的小动物》，幼儿对歌曲有初步的感知

（1）提问：歌曲中都唱了哪些小动物？小羊、小狗、小鸡、小鸭。

（2）教师带领幼儿有节奏地念歌谣："我爱我的小羊，小羊怎样叫？咩咩咩。我爱我的小狗，小狗怎样叫？汪汪汪"，加强幼儿对歌词的记忆与理解。

3．歌词创编——引出新的动物角色及叫声

引导：小朋友们还喜欢哪些小动物？我们一起说一说，唱一唱。

4．歌唱游戏——在游戏中促进发展

幼儿边唱边用嗓音及肢体动作表演小动物角色，激发游戏的兴趣，增强身体感受力，发展肢体协调性。

5．结束部分——绘画

幼儿用绘画的形式将小动物画出来。幼儿静下来投入绘画创作中，可使声带得到放松与休息。

我爱我的小动物

佚名　词曲

2. 歌唱与旋律、节奏及其他音乐要素训练相结合

旋律是乐曲的基础，是在经过艺术构思后把节奏、力度、速度等音乐基本要素和谐有序地结合在一起的音乐表现形式。由此可知，任何歌曲的演唱都是按一定的旋律进行的。例如，在学唱歌曲《虫儿飞》时，应当特别提醒幼儿注意聆听这首歌曲的音色对比、力度对比、音高对比、音的长短对比，悠扬轻柔的抒情旋律与高亢激昂的壮美旋律对比，以提高幼儿对音乐旋律美的审美情趣和能力。

节奏是音乐的灵魂，充满了活力，它像是我们的心脏一样，充满了生命力。《身体音阶歌》就很适于对幼儿进行节奏训练。这是因为，《身体音阶歌》既有明确的节奏口令，又有与身体部位相对应的音阶。

歌曲力度大小的细节变化，可以使幼儿感受到音乐的内在张力。音乐速度上的变化，如火车出发时声音由大变小，而火车从远处开过来时，声音由小变大。速度的快慢、声音的强弱等形成幼儿时间与空间的感受，唤起幼儿的生活体验。

3. 歌唱与游戏相结合

实践教学：
找朋友

幼儿有好玩、好奇、爱模仿的天性。组织幼儿参加歌唱与游戏相结合的活动，能把幼儿的这些天性与音乐教育有机结合起来。例如，幼儿通过游戏的方式演唱《泡泡不见了》，感受泡泡的大小、形状、颜色，追逐不断高飞的泡泡，在享受音乐美的同时，感受现实生活的乐趣。又如，在演唱《找朋友》这首歌曲时，"找呀找呀找朋友，找到一个好朋友，敬个礼，握握手，你是我的好朋友"，幼儿在演唱的过程中相互敬礼、握手，可促进幼儿间的交流沟通、增强幼儿的社会交往能力和幼儿的自信心。

【对点案例】

案例一　大班歌唱活动：快乐的 do re mi

一、设计意图

大班幼儿每天上下楼梯。本次活动以身体为楼梯，引导幼儿感受音阶上行下行、声音大小的变化、节奏及旋律的特点。热身活动选用奥尔夫音乐《身体音阶歌》，幼儿双手触摸从脚到头的不同身体部位，逐渐升高，体验音高的变化，随后，学习歌曲《快乐的 do re mi》。

二、活动目标

1. 体验音的高低、音量的大小、节奏、音乐上行与下行旋律等要素。
2. 理解歌曲的内容，并能完整演唱歌曲。

3. 在歌唱和律动中体验快乐。

三、活动准备

钢琴、音响、视频、PPT、图片，小椅子摆放成半圆形。

四、活动过程

1. 谈话导入，激发幼儿兴趣

教师提问：孩子们，你们每天怎么上楼梯的？如何下楼梯的？和老师说说你的感受好吗？（小朋友们争先恐后地回答。有的小朋友说，我们家的楼梯很高，我要一级台阶一级台阶上，不能着急，走到家我会很累的。当我下楼时，妈妈说也要一级台阶一级台阶地走，避免摔下去了。）

教师对幼儿的回答，给予肯定：小朋友们回答正确，小朋友们上下楼梯，都要注意安全！为了让小朋友们每天上楼梯的时候避免枯燥，老师带领小朋友们玩一个小游戏，游戏的名字叫作《身体音阶歌》。

2. 活动热身，《身体音阶歌》节奏训练

幼儿根据身体的高低变化逐渐感受音的不同。这个练习，可以让幼儿感受到音的高低与我们的身体高低变化相统一，便于幼儿理解与记忆。

幼儿园活动片段：身体音阶歌（天津市河东区第一幼儿园大三班）

（摸摸你的小脚 do do do，摸摸你的膝盖 re re re，拍拍你的大腿 mi mi mi，叉叉你的小腰 fa fa fa，拍拍你的小手 so so so，拍拍你的肩膀 la la la，摸摸你的脑袋 xi xi xi，高举你的双手 do do do。）

幼儿听指令做动作，感受音乐的节奏。幼儿在音乐活动中，感受到了音乐带给他们的快乐与兴奋。

3. 新授歌曲《快乐的 do re mi》

（1）幼儿聆听歌曲

请小朋友们聆听歌曲，歌曲中发生了什么事情，do re mi 神奇在哪里？

教师边弹边唱《快乐的 do re mi》，小朋友们举手回答问题。

小朋友们认识了 do re mi，do re mi 也认识了小朋友们。小朋友们在哪里可以听到 do re mi？（在春天里、在节日里。）do re mi 最后变成了什么？（变成了小鸟的歌曲。）小鸟怎么唱歌的？（呖呖……）

（2）幼儿观看 PPT，教师引导幼儿理解歌词、记忆歌词

（3）教师范唱《快乐的 do re mi》

教师声情并茂地演唱歌曲，激发幼儿的兴趣，幼儿很快融入快乐的歌唱中，在一遍一遍的跟唱中，记忆歌词。

（教学重点：让幼儿感受音阶上行时，歌唱音量逐渐变大，音阶下行时歌唱音量逐渐变小，请幼儿听辨音阶是上行还是下行，体验音量的大小。）

歌唱难点：歌唱上行音阶就像爬楼梯，比较累，需要用力一些，挑战自己！歌唱

下行音阶比较轻松，控制音量，不用太大的力气，请幼儿小声一些来演唱。

　　教师细心引导，幼儿专心地体验音阶上行要用气力支持，努力演唱，音阶下行，可以相对放松一些，少给一些气力来完成。

　　4．歌唱游戏

　　师幼互动，教师鼓励幼儿用自己的身体动作表达音乐作品的情感。幼儿用肢体动作表演小鸟飞的动作，初步对新作品有所感受。歌唱游戏可以发挥幼儿的主体性、能动性，发展幼儿的审美能力与幼儿的创造能力。

歌表演：快乐的 do re mi

快乐的 do re mi

案例二　小班听辨活动：声音的重与轻、声音的大与小

一、设计意图

小班幼儿对小动物非常感兴趣，活动内容可选择幼儿熟悉的小动物，教师可以与幼儿交流关于小动物的话题，以此激发幼儿的学习兴趣。幼儿甚至会充满想象地、用声音形象地模拟小动物的叫声或用肢体动作夸张地表演小动物的形象。

为进一步加强幼儿对音的高低、长短及音色变化等音乐元素的感受与体验，本次活动采用听辨游戏活动形式，让幼儿亲身感受音乐元素。

二、活动目标

1. 感受钢琴音色的变化，感受声音的重与轻、大与小变化。

2. 敢于探索声音变化，能够用自己的语言表达自己的观点。

3. 能用身体动作表现不同的小动物的样子，并体验嗓音探索游戏的乐趣。

三、活动准备

音响、钢琴、图片、PPT、音视频资料。

四、活动过程

1. 谈话导入，激发幼儿兴趣

播放音频资料，教师提问："小朋友们仔细听，说说你听到了什么小动物的声音？"教师播放PPT，让幼儿仔细听大自然中各种小动物的声音，逐渐把幼儿带到一个想象的空间内，进行语言与思维的交流，逐渐引入主题。

2. 寻找重与轻的声音

幼儿聆听教师演奏钢琴的最低音，教师提问："小朋友们听到了什么？"幼儿说："这个声音很重，像是大象走来了。"

教师弹奏钢琴最高的音时，再次提问："小朋友们听到了什么？"幼儿回答："这个声音很轻，像小鸟飞来了。"通过听辨活动，幼儿感受到钢琴高音与低音的不同、声音大与小的不同、声音重与轻的不同、音色的变化。幼儿多次聆听音乐和反复做游戏，逐渐加深对音乐的感受，理解声音的变化，感受音乐节奏，记忆歌曲旋律。

3. 教师采用不同的音乐旋律及音色形象地模拟各种小动物的声音，激发幼儿兴趣。

4. 角色扮演

幼儿用肢体动作，形象地模拟所听到的小动物的样子。幼儿一会儿模拟小鸡的样子，一会儿模拟小鸭子的样子，一会儿模拟大狮子的样子，一会儿模拟小兔子的样子，灵感被激发了，幼儿专心地扮演着自己想象的角色。这样的表演既展现了幼儿的审美能力，又能激发幼儿的创造力。

5. 结束部分

幼儿换组表演，比比看哪个幼儿表现小动物的动作最可爱。

6. 拓展部分

请幼儿画出自己听到的声音的样子。幼儿非常开心，愿意用绘画的方式展示自己听到的与别人不一样的声音。

4. 歌唱与绘本、绘画相结合

音乐是听觉艺术，绘画是视觉艺术，二者有机结合，更有利于促进幼儿审美能力的提高。以"我爱我的小动物"音乐活动为例，活动后，教师通过绘本教学，引导幼儿观察小羊、小狗、小鸡、小鸭的头部（包括耳朵、眼睛、鼻子）的形状，并选择制作自己所喜欢的绘本。幼儿通过画面的粘贴操作，形成自己独特的小动物绘本。

歌唱与绘本相结合，有利于从听觉、视觉、形象、空间等多角度强化对幼儿审美能力的刺激，使幼儿大脑中产生丰富的联想，从声音联想到物体的形状，从物体形状联想到形体变化，从审美体验中激发新的创作热情，培养创新能力。

5. 歌唱与故事相结合

幼儿喜欢听故事，这是由他们的天性所决定的。如果把故事情节与幼儿的歌唱活动有机结合，让他们通过自身的演唱把故事情节展现出来，不仅更能加深他们对故事内容的理解，也将有利于提升他们的审美情趣。例如，组织幼儿表演儿歌《小红帽》，表演小红帽的女孩需要在表演中，既要口齿清楚地演唱歌词，又要随时注意小红帽的形体动作变化，完成这样一个演唱并不容易，因为这需要在唱歌的同时，还要随时注意小红帽的人物形象和心理变化。

【对点案例】

大班儿童剧表演：小红帽

教案设计 陈长玲

一、设计意图

大班幼儿理解能力和音乐感受力的增强，使他们对音乐中的故事特别感兴趣，因此，采用音乐与故事相结合的方式设计音乐活动内容，既能让幼儿体验到故事中的情境变化，又能使故事在带给幼儿丰富想象力的同时激发他们新的灵感，在幼儿歌表演及故事叙述过程中培养其语言能力、肢体动作的协调能力、与人合作能力、审美表演能力、角色扮演能力及创造力等综合能力，促进幼儿德智体美劳全面发展。

二、活动目标

1. 复习歌曲《小红帽》，学会演唱歌曲。

2. 观看视频资料，加强幼儿对故事情节的理解。

3. 引导幼儿认知音乐故事中的人物形象，通过角色扮演游戏，增强幼儿音乐故事的表演能力与创造力。

三、活动准备

小椅子围成圆弧形，大屏幕、教学课件、《小红帽》故事视频、钢琴等。

大班儿童
剧：小红帽

四、活动过程

1. 复习歌曲《小红帽》。

教师讲解歌词内容，引导幼儿像小红帽一样拿着糕点出发。她开心地走，路上看到了好多漂亮的花朵，小红帽去采花了。采花的过程中又看到了小蝴蝶，被小蝴蝶所吸引。注意，小朋友们表演要有目的性哦！

2. 观看《小红帽》故事视频资料，幼儿看得投入极了，一下子引发了幼儿的兴趣。

3. 观看完后，教师提问：剧中出现了哪几个人物？每个人物都有什么特点？大灰狼是如何表现的？大灰狼与小红帽是如何对话的？在幼儿兴趣十足的时候，马上进入角色扮演过程。由于幼儿是第一次表演，不知如何进行，这就需要教师通过语言的引导、语气的变化，让幼儿理解不同人物的特点与心理。

4. 教师采用语言引导方式，帮助幼儿尝试角色扮演游戏。

（1）教师提问：剧中的主人公是谁？"小红帽。"剧目开始谁给小红帽布置了一个任务？"妈妈。"什么任务？"让小红帽给外婆去送糕点。"小红帽提出了什么要求？"如果能给我一些巧克力就太好了。"体现出小红帽一个什么爱好？"爱吃巧克力。"剧中小红帽把巧克力分给了谁吃？"各种小动物。"体现出小红帽什么样的性格特点？"善良。"小红帽在路上遇到了谁？"大灰狼。"大灰狼粗声粗气地说什么？"你要去哪里呀？小姑娘。""我要去外婆家。""手里拿的是什么东西呀？""我带给外婆的糕点和水果。"小红帽吓得哆里哆嗦地说。"你外婆住在哪里呀？""住在森林里面，她家门口有三棵树，还有围着的篱笆。"为了骗取小红帽，大灰狼眼睛一转想了一个坏主意。大灰狼建议小红帽做什么？"今天的天气如此好，何不给你的外婆采些鲜花？"小红帽回答说："这真是一个好主意"，小红帽高高兴兴地去采鲜花了。大灰狼赶快飞奔到了外婆家，把外婆一口就吃掉了，随后大灰狼又赶快穿上外婆的衣服，躺在床上等待小红帽的到来……

（2）通过语言的引导，幼儿逐渐进入角色扮演。他们既担心又兴奋，有的小朋友举手要表演大灰狼，瞬间却忘记了大灰狼对小红帽说的话，引得小朋友们开心大笑。

（3）教师适时控制局面，"小朋友们是观众，要仔细观看其他小朋友在舞台上的表演。"这种情境性的表演，更加吸引幼儿的注意力。再次投入剧情表演中，我们换了一名扮演大灰狼角色的小朋友，这个小朋友性格内向、害羞，我引导这名小朋友，学着大灰狼的样子，大声说："你要去哪里呀？小姑娘。"小红帽吓得哆里哆嗦地说："我要给外婆送糕点。"这个扮演小红帽的女孩很投入，表现得非常恐惧、身体哆嗦、语言颤抖。她音乐表现力极强，具有丰富的想象力，语言音调把握得也很好，非常具有音乐剧创作的潜力（图2-3）。

图2-4的幼儿正听着《小红帽》的音乐，进行歌表演的创作。左侧那个饰演小红帽的小女孩正在做在路边采花的动作。你看，她表演得多么投入啊！

图2-3 儿童剧表演：小红帽　　　　图2-4 歌表演：小红帽

五、活动反思

歌表演与戏剧表演一样也充满着创造性。歌表演看似在歌唱过程中增加了一些简单的动作表演，但是，这些动作是基于歌唱者对作品的深刻理解。歌唱者用一招一式表现出其对作品灵魂的塑造。这是一种在一定审美支持下的精神创作活动。虽然幼儿所参与的儿歌表演内容、形式都相对浅显简单，但同样展示出他们对作品的理解和再创造，有利于培养幼儿的审美能力与创造力。

应该说，在歌唱活动中，幼儿的审美能力与创造力还是较容易被激发的。幼儿愿意主动参与音乐活动，愿意主动用语言表达自己的想法，并通过参与儿童故事剧表演，积极探究音乐中的奥秘。

音乐活动与语言、游戏、绘本、绘画、故事相融合，形成丰富的艺术教育内容。艺术教育已不再采用单一的歌唱形式，而是集音乐、美术、舞蹈、打击乐、语言故事等于一体。融合多种形式和内容的儿童剧是幼儿喜爱的艺术表现形式，儿童剧恰恰体现了艺术教育与多领域交叉融合的综合性、多样性、融合性。音乐教育通过不同内容之间的渗透，不同领域活动的汇通，达到促进幼儿情感、态度、能力、知识、技能全面和谐发展的目标。

（三）确定活动目标

1. 活动目标设计明确

歌唱活动目标，是开展歌唱活动教育的导向，是培养幼儿歌唱能力的参照系。歌唱活动的最终目的是通过活动培养幼儿感受美、发现美、创造美的能力。歌唱活动目标不只是音乐目标，还包括品德目标、情感目标与社会性发展目标。教师在活动中既要注重幼儿音乐的感受与体验，又要发挥幼儿的主观能动性，鼓励幼儿探索音乐与生活的奥秘，让幼儿充分地表达自己的想法，激发幼儿的创造力。

设计活动目标时，须注意综合知识、技能、情感三维目标，目标要清晰准确，具体可行。明确、合理的活动目标是教育活动开展的前提，是组织活动的"舵手"，如果大方向定错了，活动就没有了原本的价值。歌唱活动的目标一方面要体现音乐教育有益于实现幼儿的品德、情感与社会性发展等目标，另一方面要注重幼儿的感受和体验。目标在表述上要突出幼儿的主体地位，契合艺术领域的核心价值。

如小班歌唱活动"小小鸡"

活动目标：

1. 知识：初步学唱歌曲，乐于用小鸡的各种动作表现歌曲内容。

2. 技能：在游戏中理解并记忆歌词，唱出2/4拍活泼欢快的旋律。

3. 情感：体验歌曲的快乐情趣，乐于与同伴共同演唱。

2. 歌唱活动三维、三阶段目标

根据《指南》，艺术领域目标为：感受与欣赏、表现与创造。对于歌唱活动，其总目标包括：① 能够感知、理解歌曲的歌词和曲调所表现的内容、情感和意义，知道如何进行创造性的歌唱表现；② 知道要保护嗓子，应用适度的、美的声音歌唱；③ 知道如何用歌唱的方式与他人交往；④ 能理解各种集体歌表演形式所需的合作协调要求，知道如何在集体歌唱活动中与他人合作协调。

歌唱活动不同阶段的三维目标见表2-1。①

---

① 许卓娅. 学前儿童音乐教育［M］. 北京：中央广播电视大学出版社，2008：110，116.

表2-1 歌唱活动不同阶段的三维目标

三维目标	阶段		
	小班	中班	大班
知识	1. 能用正确的姿势歌唱，音域在c^1—a^1之间 2. 学会演唱短小的歌曲，吐字基本清晰，节奏基本正确，逐步唱准音调	1. 能采用正确的姿势、自然美好的声音歌唱，音域在c^1—b^1之间 2. 能够完整地歌唱，节奏正确，吐字清晰，逐步做到在伴奏的情况下，独立地唱准曲调	1. 能采用正确姿势演唱，音域在c^1—c^2之间 2. 基本做到在没有伴奏的情况下可以独立地歌唱，能正确地表现歌曲的节奏、旋律和歌词
技能	1. 能够使自己的歌声与伴奏一致，初步学会小组接唱、对唱 2. 在有伴奏的情况下，能够独立、基本完整地演唱熟悉的歌曲 3. 初步理解和表现歌曲的形象、内容和情感	1. 能够使自己的歌声与伴奏或共同歌唱的其他人的歌声一致，初步学会独立地接唱或与他人对唱 2. 学会在歌唱过程中正确地表现歌曲的前奏、间奏和尾奏 3. 学会用不同的速度、力度、音色变化来表现歌曲的形象、内容和情感，能够唱出2/4和3/4拍歌曲的不同节拍感受	1. 能够根据不同的合作歌唱的要求控制、调节自己的歌声，初步学会领唱、齐唱、二声部轮唱、简单的二声部合唱等歌唱形式。在集体歌唱活动中能够获得初步的默契感 2. 能够用不同的力度、速度、音色变化米表现歌曲的形象、内容与情感。能够唱出2/4和3/4拍歌曲的不同节拍感，初步学习用连贯的或顿、跳的唱法来表现歌曲的不同的意境 3. 会唱弱起的乐句，能较恰当地表现乐曲的起止、首句重音、词义重音和衬词
情感	1. 在老师的帮助下，喜欢为熟悉、短小、工整、多重复的歌曲增编新的歌词 2. 喜欢自己歌唱，也喜欢与他人一起歌唱 3. 知道不能长时间地大声歌唱 4. 学会演唱大量的歌曲	1. 喜欢为熟悉、短小、工整、多重复的歌曲增编新的歌词，能够独立地将新编的歌词填入曲调中并演唱 2. 喜欢在集体中歌唱，也喜欢独立地在大家面前表演 3. 知道不在剧烈运动后歌唱 4. 学会演唱大量的歌曲	1. 喜欢为熟悉、短小、工整、多重复的简单歌曲增编新的歌词，能基本独立地即兴编填新词并即兴演唱 2. 喜欢在集体中歌唱，也喜欢单独表演或用不同的合作形式歌唱 3. 知道不能在天气恶劣、空气污浊的情况下歌唱 4. 学会唱大量的歌曲

【对点案例】

中班歌唱活动：小乌鸦爱妈妈

活动目标：

1. 知识：用身体感受音乐律动，了解歌词大意。
2. 技能：能在模拟情景剧中，表现小乌鸦爱妈妈的具体行为。
3. 情感：尊敬长辈、孝敬父母；愿意参与音乐表演，享受音乐带来的快乐。

儿童剧：小乌鸦爱妈妈

（四）做好活动准备

歌唱活动准备包括物质准备和经验准备两部分。物质准备要求材料充分，使用合理，直观性、趣味性强。经验准备可以为歌唱活动做好铺垫，它可以是认知方面的准备，也可以是某种技能方面的准备。

1. 做好物质准备

（1）出示图谱或图片　歌唱活动中，以语言呈现的歌词较难为幼儿理解，教师通过直观的图谱或图片的呈现，结合重难点词句的讲解与图谱旋律走向的手势引导，既可以促进幼儿对歌曲内容的理解，又可以保证歌唱音准，加强对歌词的理解。图片设计的核心是激发幼儿的兴趣与促进思维的发展。

（2）准备视频资料　视频资料的铺垫，可唤醒幼儿的生活经验。例如，教唱儿歌《小红帽》，如果教师提供一段3分钟的视频，并根据歌曲学习内容的需要对视频中的角色做出浅显易懂的讲解，幼儿会非常有兴趣地学习歌曲，并愿意分角色扮演视频中的人物形象。视频资料可以激发幼儿的表现欲望，在剧目表演中促进创新思维发展。

（3）设计身体动作　幼儿歌唱教学，重点是节奏训练。因此，在教学设计时，幼儿歌曲创编动作应注意如下要求。① 要用身体动作感受音乐，动作需要重复。动作是幼儿理解歌词和进行歌曲演唱的情感表达，通过多次重复的动作有助于幼儿歌唱的学习。② 动作需要合拍，形成节拍感。歌唱中的节奏关键是合拍，没有拍点的动作繁复、没有结构，不利于幼儿学习。③ 提升幼儿创编动作能力。教师为幼儿设计动作的目的不是教给幼儿整套动作，而是引导幼儿创编更适宜的动作，提升幼儿创编动作的能力。

（4）选择玩教具　情境玩教具的选择在幼儿歌唱教学中具有重要的地位。幼儿年龄越小，对情境玩教具的需求越高。因此，小班幼儿歌唱活动离不开情境玩教具的使用。中班、大班幼儿对情境玩教具的需要逐渐减弱，但仍有需要。幼儿歌唱教学活动或角色扮演区角应提供道具。

歌唱活动的物质准备要充分，但不求多，种类太多反而会分散幼儿的注意力，所以物质准备的要求应该是符合幼儿年龄特点的，具体形象的，便于操作的，趣味性强的，对教学有帮助的。

如小班歌唱活动"老母鸡"

教师使用的教具只有一种——乒乓球。乒乓球圆圆的、黄黄的，很像老母鸡下的蛋。在这个蛋的诱惑下，幼儿认真地歌唱，努力表现好老母鸡的形象，还摆出各种老母鸡下蛋的造型，希望自己也能孵出一只可爱的"小鸡"来。这个活动的教具很简单，但很到位，极大地提升了活动的效果。

（天津市幼儿师范学校附属幼儿园潘静老师供稿）

2. 做好经验准备

第一，教幼儿歌唱，最重要的是经验准备，对于幼儿不理解的歌词或内容，需要一些知识的铺垫或者讲解，以此来激发幼儿的兴趣，逐渐让幼儿有所理解。

第二，音乐教育不是死记硬背，而是需要长期地潜移默化。因此，教师要为幼儿提供更多参与歌唱活动的机会，教师自己应与幼儿一起歌唱，以此来鼓励幼儿快乐地歌唱。

第三，幼儿教师不需要高深的演唱技巧，但是要具有敏锐的听觉能力，能够自然、准确、令人愉快、富有表情地演唱歌曲，为幼儿进行正确的示范。最重要的是，教师一定要热爱歌唱，富有童心，具有培养幼儿歌唱意识的愿望和责任。

第四，在歌唱中注意保护幼儿的嗓音。幼儿的发声器官还处于生长发育阶段，非常娇嫩、脆弱，因此，在歌唱活动中要注意保护幼儿的嗓音，不要使发声器官过于疲劳，教给幼儿正确的发声方法，选择适宜的歌曲音域和演唱定调。

如中班歌唱活动"买菜"

活动前教师可以引导幼儿做以下经验准备：参观过菜市场，认识菜市场中几种常见蔬菜的特征。这样一来，幼儿参与歌唱活动的积极性就大大提高了，对歌词中的内容，如鸡蛋圆溜溜呀，青菜绿油油呀，母鸡咯咯叫呀，鱼儿水里游呀……就更容易理解和掌握。

（五）设计活动过程

1. 认知音乐

（1）感知节奏　音乐的节奏是运动的核心，是由音符时值长短、强弱组合而成的。运动即节奏，如果没有节奏，音乐艺术就无法存在。与节奏同时并存，在有强有弱的相同时间片段上按一定次序循环往复的音乐表现叫节拍。

幼儿更喜欢能较好地表现自己肢体律动的歌曲，如《两只老虎》《找朋友》《英语手指儿歌》《来了一群小鸭子》等。以《来了一群小鸭子》为例。这是一首节奏感强、旋律明快的儿歌。"小鸭子嘎嘎叫""乐得眯眯笑""吵着要洗澡""扑通扑通往下跳"，这些活泼有趣的歌词充满了欢快的动感。随着幼儿对该歌曲内容和情感的深入了解，他们越来越主动地通过击打手掌来感受作品的节奏和节拍，并且能够用耳朵听辨出这首歌曲是2/4拍子，能够用嘴巴唱出音乐节奏，有的幼儿甚至手脚并用地击打拍子。幼儿有了这样的学习经历后，会更深刻地体会到，可以通过多个器官的协作运动发声并配合肢体动作来进行音乐学习。音乐学习就是一种运动过程，应该与幼儿以"动"为主线的身心特征联通融合。

歌表演：来了一群小鸭子

（2）感知音乐律动　　音乐律动是指人的身体随着音乐节奏而呈现出来的自由摆动。瑞士音乐家、教育家达尔克罗兹认为，不仅音乐的旋律源自我们肢体的自然律动，而且人类可以通过身体运动将内心的情感转化为音乐，只有掌握音乐的第一乐器——人的身体，把聆听音乐和身体反应结合起来，才能产生理解与表现音乐的巨大力量。[①]

培养幼儿的音乐能力，应从身体运动开始，因为身体是感受音乐、体验音乐最好的媒介。可以通过身体运动，培养幼儿身体肌肉系统对节奏的意识，可以通过日常的反复练习，使幼儿获得肌肉感觉的记忆，逐渐清楚准确地击打节奏。此外，可以通过日常练习增强听觉记忆，提高幼儿控制肌肉的能力，使身体机能更加协调。人的音乐才能是生理和心理的综合素质与能力，包括听觉器官、发声器官、音响感和整个身体的节奏感。在音乐律动活动中，幼儿各展所能，用各种各样的肢体动作感知音乐律动，如一边走一边进行手臂弯曲画拍动作、一边跑一边拍手、一边行进一边歌唱、跳跃中双臂展开等。身体不同部位的动作结合，可表现多声部节奏和多声部音色；由一组步法走向多种步法的转变，形成了丰富多彩的律动变化。

幼儿身体与音乐节奏的同步律动体验，可以增强他们身体的协调性，提高表演动作和语汇交流的准确性。以这种方式感受律动，增强了幼儿参与音乐的主动性，改善了幼儿肢体动作的协调性，培养了他们的审美情趣和合作精神。

（3）欣赏优秀的歌唱作品　　欣赏《小小乌龟上山坡》，培养幼儿迎难而上、勇于攀登的精神。欣赏游戏型儿歌《找朋友》，培养幼儿诚恳友善的品德。

实践教学：小乌龟

2. 设计歌唱方法

（1）新歌导入法　　根据幼儿的情况和歌曲的特点设计适宜的导入环节，如通过教师的启发和引导及与幼儿的谈话交流来引出新歌。常用的导入新歌的方法有情境导入法、身体动作导入法、歌词朗诵导入法、故事导入法、游戏导入法、创编歌词导入法等。运用导入法，可把幼儿的注意力吸引到新歌的题材和意境中，为学习

---

① 杨丽梅，蔡觉民. 达尔克罗兹音乐教育理论与实践［M］. 上海：上海教育出版社，2011：12，21.

新歌、感受音乐、表现音乐打下基础。

① 情境导入法：该方法适用于歌词内容反映简单的情境或事件的歌曲导入，该方法的操作特征是从情境表演开始。例如，学习歌曲《小老鼠上灯台》时，教师采用情境导入法。"晚上，寺庙里静悄悄的，突然听到远处传来很小的吱吱吱的声音，小朋友，你们看是谁来了？"（"小老鼠！"）"它在干什么？"（"偷油吃！"）小老鼠吓得"叽里咕噜滚下来"。教师要学会利用歌词中的隐形内容，采用幼儿喜欢的方式进行教学，激发幼儿的学习兴趣。

② 身体动作导入法：该方法在操作方面的典型特征是从身体动作感受开始，主要应用于词曲简单多重复，歌词内容直接描述动作过程或赋予动作性的歌曲导入。例如，学习奥尔夫《身体音阶歌》时，可以让幼儿听着音乐做指令性动作。

③ 歌词朗诵导入法：适合用这种方法导入的歌曲的语言更加复杂，但情境性和故事性比较弱。该方法的特点是将歌词单独分离出来，用儿歌或诗歌的教学方法进行教学，在第一阶段教学中把幼儿的注意力集中在歌词的音韵节奏方面，第二阶段把幼儿的注意力集中在曲调和歌词的关系上。这种方法在操作程序上的典型特征是从学习歌词朗诵开始或歌词朗诵在前。例如，在学习歌曲《春晓》时，可以朗诵诗歌"春眠不觉晓，处处闻啼鸟，夜来风雨声，花落知多少。"

④ 故事导入法：该方法主要适用于歌词具有完整的故事情节、表述内容与语言结构相对复杂的歌曲导入。歌词内容中包括了时间、事件、人物对话等，以及环境的描述。这类歌曲往往采用讲故事的方法更能被幼儿所接受。该方法操作特征是从讲故事开始。

如中班歌唱活动"懒惰虫"

教师以故事导入歌曲，创设了森林动物园的情境。教师请幼儿听音乐，感受"这个小懒猪怎么都醒不了，怎样才能叫醒它？"然后请幼儿闭上眼睛欣赏，并将欣赏后的感受说出来。由于幼儿是带着问题去欣赏、感受的，所以很快就能将歌词熟记于心。在进行《懒惰虫》歌表演的过程中，他们会展开想象的翅膀，将自己对音乐的理解融入角色表现中，自由地把一些奇妙的想法进行个性化地表达、表现。

（天津市幼儿师范学校附属幼儿园潘静老师供稿）

⑤ 游戏导入法：有许多传统的音乐游戏是伴随着歌曲进行的，幼儿在玩游戏的过程中自然而然地学会了这些歌曲。该方法的主要操作特征是从游戏开始。如学习歌曲《玛丽有只小羊羔》时，就可以采用这种方法。

⑥ 创编歌词导入法：该方法适用于词曲内容简单多重复，具有语言游戏性质的歌曲导入。该方法操作特征是从歌词创编开始。例如，学习歌曲《小鸟　小鸟》时，就可以采用这种方法。

（2）教学方法适宜

① 创设游戏情境，激发创造兴趣：创设富有新意的游戏情境，引导幼儿融入音乐之中，多角度、多方面地展开联想，让其自主探索，在强烈的好奇心中引出主题。在情境创设中，教师要有意识地加入一些探究性的问题，引导幼儿从不同的角度去思考、理解歌词。在幼儿尝试探究的过程中，让他们感受发现的喜悦，体验探索的快乐，以维护这种探究创新的动机，记忆和理解歌词。

② 借助手势和图谱感知歌曲，帮助幼儿准确歌唱：歌曲的演唱难点一个是音调，另一个是歌词与音调的匹配。音调的高低是看不见的，因此幼儿难以感觉音调的范围和"尺度"。教师可以引导幼儿通过简单的手势勾画出大致的音高并唱出来，也可以通过图谱的视觉辅助，帮助幼儿感知音调的高低及歌词的含义，便于幼儿直观地记忆歌词。这既是准确歌唱的练习，也是听觉练习。

③ 旋律引导：有的幼儿歌曲相对来说比较长，乐句结构清楚，教师可以采用问答法演唱。教师演唱相对较复杂的部分，幼儿回答较简单的部分，通过问答法演唱形成师幼互动，既变换了演唱方式又增加了情感交流。同时，教师要注重旋律中出现的音的长短、高低、声音力度大小的变化，声音明暗等音乐要素，增强幼儿对音乐要素的感受力和表现力，促进幼儿对音乐变化的辨别力与鉴赏力，激发幼儿对音乐学习的兴趣，培养幼儿对音乐的创造力。

④ 循序渐进教学，先分解后累加，逐层递进式攻破：主要有整体累进法和难点前置法。整体累进法就是把歌曲难点、节奏或歌词等从空间意义和技能意义上分成若干细小的步骤，循序渐进地累加进行，最后完成整体的教学。难点前置法就是将歌曲学习中的教学难点作为此次活动的突破点，提前渗透在歌唱活动的各环节里。这样幼儿可以在情境游戏中，自然而然地习得经验，突破难点。

在歌唱活动中，运用累进法，能化繁为简，变难为易，大大提高教学效率，促进幼儿的表达、表现。掌握歌曲的顺序不一定是从头到尾。幼儿也许是从中间的某个部分开始记忆，或者是对结尾的某个部分先有了较深的印象。歌曲中那些有特点的、好玩的、多重复的片段容易使幼儿产生记忆。了解了幼儿的这一学习特点，教师可以创造机会，让幼儿多听所要学唱的歌曲；还可以先由教师唱比较难的部分，幼儿唱比较容易的部分或是有象声词、衬词的部分，再引导幼儿逐渐学会全曲。

如大班歌唱活动"小鸟"

这首歌曲的难点是连音与休止符的掌握。教师范唱时有意运用声音变化，夸张地诠释连音和休止符的演唱。教师还可以在活动开始的发声练习中，进行顿音和连音的接唱、对唱练习，这将有益于发展幼儿的内心听觉，集中幼儿的注意力，渐进地将难点前置，解决演唱中的问题。

大班歌唱活动：小鸟

（天津市幼儿师范学校附属幼儿园潘静老师供稿）

3. 设计歌唱具体环节

歌唱活动设计时，要使教学环节安排合理，教学节奏感强，教学密度得当。根据幼儿的年龄特点，教师对每个年龄阶段、每次活动的时间都要有适当的考虑：一般来讲，小班活动时间为15~20分钟，中班活动时间为20~25分钟，大班活动时间为25~30分钟。特别是对活动中各个环节所需的时间，教师应安排恰当，也可在教案中做出标注，否则容易出现重点偏移或虎头蛇尾的现象。在教学环节中，教师还需遵循程度把握原则，通过关注幼儿的状态来设计和调整活动。在幼儿状态处于独立与合作之间、动与静之间、感性与理性之间的时候最适宜开展音乐活动。

（1）设计富有童趣的气息和发声练习　发声练习并不是对幼儿进行歌唱训练，而是让幼儿在歌唱之前进行充分的嗓音准备，以帮助幼儿进行歌唱前的热身并调动幼儿的歌唱情绪。幼儿的练声曲应简单易模仿，一般为有趣的声音模仿或歌曲的片段。练习可以帮助幼儿打开口腔，找到正确的发声位置，有序进入歌唱状态。

幼儿歌唱活动不需要过分强调正规的、技术性的发声练习。为教会幼儿歌唱发声，可以结合幼儿的生活经验，通过游戏情境设置，让幼儿感受和理解正确的发声方法，也可以选择歌曲中的某些片段作为发声练习内容。

如选择儿歌《开汽车》，让幼儿进行气息练习

引导幼儿以游戏形式进行儿歌说唱。

小汽车｜　滴滴滴　｜开到　东来　｜开到西｜　嘀　嘀－‖

幼儿听音乐做"开汽车"游戏进入活动室，教师重点引导幼儿进行气息练习。幼儿按节奏说儿歌，感受连音、顿音的不同唱法及气息方法，为唱歌做准备。

如选择儿歌《春天》，让幼儿进行发声练习

教师和幼儿以对话的形式歌唱，为学习歌曲做铺垫。

师：上行 1 2 3 4｜5　－　｜　　　幼：5　　5　｜5　－　｜

师：下行 5 4 3 2｜1　－　｜　　　幼：1　　1　｜1　－　｜

　　　　风 儿 在 唱 歌　　　　　　　呼　呼　呼

　　　　树 叶 在 唱 歌　　　　　　　沙　沙　沙

　　　　我 们 在 唱 歌　　　　　　　啦　啦　啦

师：上行 1 2 3 4｜5　－　｜　　　幼：5 5 5　｜5　－　｜

师：下行 5 4 3 2｜1　－　｜　　　幼：1 1 1　｜1　－　｜

　　　　风 儿 在 唱 歌　　　　　　　呼呼呼　呼

　　　　树 叶 在 唱 歌　　　　　　　沙沙沙　沙

　　　　我 们 在 唱 歌　　　　　　　啦啦啦　啦

（2）掌握歌曲节奏及律动　　幼儿歌唱活动的主体是幼儿对音乐歌曲作品本身的欣赏与感受。因此，教师要注重听取幼儿对歌曲的感知与理解，鼓励幼儿大胆表达自己的想法，为接下来的歌唱学习奠定坚实的经验基础。

有些歌曲节奏特点鲜明，韵律感较强，词曲结合，朗朗上口。教师可以先带领幼儿感知节奏，然后打着节奏念歌词，进而熟知整首歌曲的节奏特点。幼儿通过肢体律动，感受作品的韵律，培养乐感，提高稳拍合拍能力。

（3）教师范唱　　范唱是教师为幼儿示范歌唱新歌的过程，可以由教师亲自示范，也可以播放录音或视频。教师优美的范唱能感染幼儿，激发幼儿对音乐的兴趣，使幼儿准确感知歌曲。教师在范唱时，不仅应有正确的歌唱技巧，同时应能够运用音色、气息、面部表情、肢体语言等充分表达思想情感，使自己的歌唱具有表现力和感染力。

教师示范教学法时，可以选择能使歌唱和表演相结合的歌曲，将这类歌曲教授给幼儿，会让幼儿在边唱边动中，觉得好玩有趣，有益于培养幼儿的友好合作精神。

幼儿通过聆听、观察和模仿教师来学习歌唱。教师的歌唱状态和方法将直接影响着幼儿的学习质量。清唱可以摒弃许多外在因素的干扰，给幼儿更加明确的导向。教师应该精神饱满，用良好的发声、优美的声调歌唱。

如在小班歌唱活动"老母鸡"中，教师可对教学环节做这样的安排：

● 听律动音乐进活动室（1分钟）；
● 气息、发声练习（4分钟）；
● 学习歌表演：老母鸡下蛋（7分钟）；
● 游戏：老母鸡下蛋（3分钟）。

虽然只有短短的15分钟，但活动会在教师的安排下有序地进行，教师做到心中有数，有助于教学目标的达成。

另外，教学环节也并不是越多越好，教师还需处理好主体与支流的关系。有些教师把活动环节安排得很丰富，但由于时间的限制，很容易出现"走过场"的现象，整个活动下来没有几个环节能落到实处。

（4）鼓励幼儿进行自我反思与评价　　在幼儿演唱歌曲后，教师可以引导幼儿反思与评价学习的阶段性成果。幼儿在初次进行反思与评价时，可能会显得盲目或是不知所措，教师可以参照图2-5的流程帮助幼儿逐步从教师引领阶段过渡到自我反思与评价阶段。

（5）记忆歌词　　有的歌曲歌词内容较复杂，语言要素较丰富，含义较难理解，教师可以出示图片并进行讲解，帮助幼儿理解歌词。教师可以用提问法、图画法等将歌词串起来，引导幼儿掌握歌词。

图2-5 引导幼儿自我反思与评价的流程
（天津市幼儿师范学校附属幼儿园潘静老师供稿）

（6）巩固歌曲　　练唱的目的是让幼儿在学会的基础上，更加熟练自如地歌唱。练习的形式可以多种多样，可以将音乐游戏贯穿其中，避免枯燥乏味。在练习的过程中，教师应注意引导幼儿发现歌唱中的问题，并帮助幼儿解决歌唱难点，避开歌唱误区，处理好歌唱与游戏的关系。

（7）师幼互动　　为进一步加强幼儿对作品的理解，教师可以采用游戏互动的方式，增强幼儿肢体动作的表现力。教师可以请幼儿依据自己对作品的理解，用肢体动作来表达对歌曲的情感，以此来激发幼儿丰富的想象力，促进幼儿与幼儿、幼儿与教师的合作及交流。

（8）活动结束　　当活动接近尾声时，教师可以组织幼儿进行多种形式的互动交流，鼓励幼儿在掌握歌曲的基础上进行合作、分享、交流，还可以根据歌曲和幼儿的兴趣需要，延伸游戏活动、亲子活动、区角活动、主题活动等。

（六）设计活动延伸

歌唱活动的延伸应符合幼儿的内在需求和歌曲的内容特点。延伸活动也体现了教师的教学观察、应变、设计等综合能力。教师可以通过以下几种思路进行歌唱活动的延伸。

1. 延伸为其他类型的音乐活动

有些歌曲具有充分的游戏性，幼儿可以在会唱的基础上，进行歌唱游戏活动，这不仅有助于幼儿进一步掌握歌曲，而且极大地提升了幼儿歌唱的创造力。

2. 延伸为其他领域的活动

有些歌曲的内容思想性较强，在歌唱时体验和表达的情感更容易迁移到其他活动中，为其他领域的活动奠定良好的情感基础。

3. 延伸为亲子活动

有些歌曲的内容专为表达家庭亲情，在歌唱活动时，幼儿可以体验和表达对家人的感情。这类歌唱活动为家园共育提供了良好的素材，可以延伸为亲子活动，促进亲子互动，情感交流，增强幼儿音乐沟通能力。

二、幼儿歌唱活动的指导

（一）提升幼儿的歌唱美感

1. 注重歌唱音准的指导

音准是必备的条件，是歌唱的一项基本要求，如果音不准，歌曲就会被唱得面目全非，且无法准确表达歌曲的情感、内容，但是音准的掌握对于幼儿有一定难度。

有调查发现，在小班初期学唱歌曲而无伴奏独唱时，只有8%的幼儿能够掌握音准，即使到学期末再重复唱同一首歌，也只有20%的幼儿能掌握音准。[①]

（1）幼儿难以掌握歌唱音准的原因　　幼儿歌唱音不准的原因如下：一是幼儿听觉分辨能力比较弱，难以分辨歌曲中音的高低，自然也就难以准确地加以模仿；二是幼儿的大脑对发声器官的控制能力较弱，即使有的幼儿心里想唱准，但是大脑不能较好地控制发声器官，因此还是不能唱准；三是幼儿声带发育不完善，不能自如、准确地唱出音的高低。由此可见，培养幼儿歌唱的音准能力是一项长期、细致的工作。

（2）教学策略　　歌唱活动中，歌唱者必须运用听觉器官检验、校正发声器官发出来的声音。由于幼儿不识谱、不认字，只能依赖听觉印象学习歌唱，所以在歌唱教育活动中，教师的歌唱和琴声是幼儿听觉印象的重要来源，是幼儿学习歌唱音准的重要依据。要培养幼儿歌唱的音准，必须让他们获得音准的印象，同时发展幼儿发声器官的协调能力，从听、唱、律动三个方面相互配合，加强培养。这就要求教师必须为幼儿选择恰当音域的歌曲和合理定调，以适合幼儿歌唱能力的特点；注意教学用琴的音准，弹奏时控制左手伴奏音量，避免压过主旋律，伴奏和声配置应当简单、合理、有效，能够对歌声起有效的烘托作用，和声配置不当会扰乱主旋律，影响幼儿对歌曲旋律、音高的听觉；引导幼儿倾听教师的歌声、琴声，还要在集体歌唱中倾听周围其他幼儿的声音。

2. 培养乐感

歌唱活动中乐感培养主要是指对音乐基本要素的感知和再现能力，包括节奏感、旋律感、结构感、音色感、速度感和力度感。其中，节奏感是指对歌曲材料中的节奏和节拍的感知与表现，既要利用歌曲材料对幼儿进行节奏感的培养，又要加强幼儿身体律动的感受力。根据达尔克罗兹的体态律动教学理念，加强幼儿身体乐器演奏，可以快速激发他们的音乐潜能。身体动作的参与是帮助幼儿感知、表现节奏的最直接的手段。伴随着歌唱活动而进行的身体动作节奏，可以随幼儿年龄的增长新增多种节奏型。借用视觉动画材料或图片，也能帮助幼儿感受和表现歌曲的节奏。

[①]　王懿颖. 幼儿园教师音乐技能［M］. 北京：高等教育出版社，2014：67.

3. 创设轻松的学习环境

为避免幼儿在学习音乐过程中产生畏难、紧张情绪，教师需要创设轻松的音乐学习环境。教师可以让幼儿围坐在活动室内，将活动室变成幼儿随音乐自由律动的空间，使幼儿充分感受音乐并激发学习兴趣。

4. 采用科学多元的方法增强幼儿歌唱表现力

达尔克罗兹教学法，由体态律动、练耳和即兴演奏3部分组成，其中影响最大的正是让身体对音乐做出反应的体态律动。这种由身体对音乐做出反应的体态律动不仅能使个体在不知不觉中把身体的随乐潜能唤醒，而且能促使音乐概念内化，使个体感受到音乐的速度、力度等要素。

再如，具有"元素性音乐教育"体系之称的奥尔夫教学法，其教学主要基于节奏和即兴演奏。奥尔夫强调打击乐在音乐教育中的作用，除了传统的打击乐器外，他还设计了包括高、中、低音常用音域的木琴、钟琴、钢片琴等成套音条乐器，也使用古老的竖笛、鲁特琴等。这些乐器简便易操作，幼儿可以用来演奏、伴唱，甚至可用于即兴音乐创作活动。除了奏乐外，唱歌、律动、舞蹈、游戏乃至包括捻指、拍掌、拍腿、跺脚、朗诵、戏剧也都贯穿在奥尔夫教学法中。人的培养在奥尔夫教学法体系发展过程中不断得到强化，音乐概念并非由外而内强加给幼儿，而是幼儿在感觉和体验中顿悟。

（二）增强幼儿的综合艺术素养

《幼儿园教师专业标准（试行）》强调教师对音乐、舞蹈、绘画、雕塑、文学、戏剧等艺术素养的重要性[①]。

教师艺术素养直接关系着幼儿的艺术学习质量，甚至在一定程度上影响到幼儿的身心健康与未来发展。如果教师能综合运用音乐、绘画、舞蹈、律动、戏剧等形式开展幼儿教育活动，将更能激发幼儿对艺术的兴趣。

为提升幼儿的艺术素养，教师在歌唱活动中应展现歌唱艺术的魅力，让幼儿体悟歌唱的形式美和内容美。同时，教师在歌唱活动中还应体现自己的综合艺术素养，将自身的艺术审美能力和对艺术的领悟传授给幼儿。

为使幼儿具有充分地展现音乐外在美和内涵美的能力，教师在活动中，既要不断提高幼儿的歌唱能力，又要重视幼儿审美和表现美能力的培养，使他们这两方面的艺术能力同步提高。为此，在歌唱活动中，教师应引导幼儿在表演过程中"入戏"，在精神和情感上投入所演唱歌曲的角色中去，让他们感觉到自己就是歌中的人，做的就是歌中的事（图2-6）。让幼儿较多地经历这样的演唱实践与练习，极有

---

① 教育部教师工作司.《幼儿园教师专业标准（试行）》解读. 北京：北京师范大学出版集团、北京师范大学出版社，2013：98.

利于提高幼儿的艺术素养。

图2-6　音乐游戏

例如，在进行"小小理发师"唱歌活动时，教师可以先和幼儿一起复习歌曲《小小理发师》，在幼儿熟悉了歌曲以后，教师提问："这首歌曲中有谁？"幼儿积极抢答："理发师和剪头发的叔叔"。教师又说："我们一起玩'小小理发师'的游戏，谁来扮演其中的角色？"幼儿积极举手，表示愿意参与角色扮演。教师为激发幼儿的兴趣，还可以准备梳子、安全剪刀、衣服等道具。幼儿通过这样边唱边表演的经历，极大地提高了其综合艺术素养。

（三）锻炼幼儿的舞台表演实战能力

教师一方面可以为幼儿创设歌表演环境，如在活动室区域环境创设时，打造一方小舞台，让幼儿演唱，幼儿间相互观赏和品评；另一方面可以在节庆活动如六一儿童节时，举办演唱会，为幼儿提供演唱的实战机会。

为检验教学效果和幼儿的学习成效，教师可利用活动时间，随机请一些幼儿在小舞台上演唱指定的某首歌曲，让幼儿互相欣赏和评价，然后再由教师对每个登台演唱的幼儿进行评价。当幼儿掌握了一定的歌唱技能后，教师还可鼓励尽可能多的幼儿参加幼儿园节庆活动演唱会，并及时给幼儿提供指导。

不管是小舞台上的幼儿演唱，还是参加节庆活动演唱会，幼儿为展示自己学习歌唱的成效，多态度认真，并能相互鼓励和帮助，增强了歌唱学习的主动性。有的幼儿在演唱时能结合自己对作品的理解，在肢体语言的表现上体现自己的特点，在一定程度上发展了创新思维。

实践证明，尽管有的幼儿刚开始时对能否学好歌唱信心不足，但教师对幼儿的理解和尊重，有助于提升幼儿学好歌唱的自信心和主动性，提高幼儿的音乐欣赏能力和创新能力。

【对点案例】

案例一　歌表演：钓鱼记

河北区第七幼儿园教师　李安琪

一、活动目标

1. 体验歌表演的乐趣。

2. 能理解歌词内容，并唱准附点音符节奏。

3. 尝试用身体动作表演歌曲内容。

二、活动重点和难点

1. 重点：理解歌词内容，并唱准弱拍"太阳"两个字。

2. 难点：尝试用身体动作表演歌曲内容。

三、活动准备

1. 物质准备：歌曲音乐及伴奏、图谱、小黑板、图片、钢琴。

2. 经验准备：观察过他人钓鱼。

四、活动过程

（一）听音乐入场

听音乐《小鱼的梦》入场。

重点指导：幼儿能伴随音乐自主地做自己想做的动作。

发声练习：《身体音阶歌》。（用钢琴弹奏音阶作为转换环节）

复习歌曲：《红红的太阳》。（用钢琴弹奏《红红的太阳》前两句旋律作为转换环节）

情境导入，激发幼儿对歌曲的兴趣。

教师：一位渔夫来到了海滩边，他撑起伞，戴上斗笠开始钓鱼。猜一猜他会钓到哪些鱼？让我们在音乐中寻找答案吧！

首次播放歌曲。

教师：渔夫是怎样来到海边的？他钓到了哪些鱼？先钓到了什么，再钓到了什么，最后钓到了什么？（教师在小黑板上出示相应的图片）

指导要点：教师根据幼儿说出的答案依次摆放教具中渔夫、小金鱼、吴郭鱼、美人鱼、大白鲨图片。

边出示图谱，边第二次播放歌曲。

重点指导：引导幼儿边看图谱边尝试跟唱歌曲，并唱准弱拍"太阳"两个字。

如果发现幼儿出现节奏方面的问题，教师可带领幼儿边拍手边说两遍歌词，以让幼儿熟悉歌词，掌握节奏。

（二）和幼儿共同讨论表演的动作

1. 引导幼儿听着音乐做第一段准备钓鱼的动作，并用自然、和谐的声音演唱。

2. 鼓励幼儿尝试听着音乐做第二段钓鱼的动作，引导幼儿重点感知附点节奏。

3. 引导幼儿尝试用渐强的声音力度表现鱼儿越钓越大的情境。

教师：我钓的鱼儿越来越大了，怎样用声音表现出来？

（三）音乐表现

1. 播放伴奏，引导幼儿带着愉快的情绪进行歌表演。

2. 引导幼儿在"钓鱼"游戏中表现歌曲内容。

游戏玩法可和幼儿商量。（如果幼儿表演的愿望很强烈，可让幼儿充当小鱼，一起表演。）

五、活动延伸

教师：你们还想钓到哪些鱼呢？让我们一起把想钓到的鱼也唱到歌词里吧！

听音乐《小鱼的梦》退场。整个活动的示意图见图2-7。

（a）发声练习

（b）出示图片

（c）表演小鱼

（d）举手尝试钓鱼

图2-7　歌表演：钓鱼记

【案例评析】

可从专家和教师两个视角为幼儿音乐教育活动评价提供参考。

专家视角：可用音乐旋律代替教师的指令完成音乐活动各个环节的转换。本活动分两个课时来完成，最好让幼儿第一课时就能学会唱此歌曲。

教师视角：在备课时，教师只备了教材和教案，并未认真地考虑幼儿歌唱时真正的难点在哪儿。教师原以为，幼儿的难点在"钓鱼（5·3）"这个附点节奏上，但是通过实际的活动和专家的指点，教师方明白幼儿真正的难点是在"太阳好大赶快撑起伞"中的"太阳"两个字，因为"太阳"这两个字是弱拍起唱，幼儿不太会抢这个节奏，所以一唱到这里，就显得很仓促。为解决这一问题，可以让幼儿在歌表演之前，先熟悉和掌握歌词、旋律，等到他们会唱了再游戏，不然幼儿就会唱得很模糊。如果考虑幼儿实际情况的话，还可减慢速度，这样幼儿更能听清歌词，也能更好地掌握节奏。

附谱例：

钓 鱼 记

1=C 4/4

♩=80

曾世诗 词曲

$$2 \cdot 2 \quad 32 \quad \times\times\times \quad \| \quad 尾奏$$

戴上　斗笠甩鱼竿　D.C.

（5·3　5·3　535　| 6·4　6·4　646　|

777　66　54　32　| 17　6·6　55　| i000）‖

案例二　大班歌唱活动：我是猫

南开区第31幼儿园教师　孙宝红

一、活动目标

1. 学唱歌曲，感受歌曲优美、诙谐的曲调特点。

2. 尝试用不同音色、力度表现歌曲中不同猫的特点。

3. 感受与同伴一同歌唱、游戏的乐趣。

二、活动重点和难点

1. 重点：学唱歌曲，感受歌曲优雅、诙谐的曲调特点。

2. 难点：根据歌词的变化，尝试用不同的音色、力度表现歌曲。

三、活动准备

1. 物质准备：《我是猫》PPT，《我是猫》的音乐资料（一遍音乐、两遍音乐、多遍音乐），《棒棒糖》音乐，毛线球一个，小桌四张，纸笔、每组放桌牌一个、角色卡四张。

2. 经验准备：幼儿有接触小猫的经验，知道小猫是怎样发声的，可以运用布条进行绘画。

四、活动过程

（一）调动情绪，情境导入，调动幼儿原有经验

1. 进行音乐游戏《棒棒糖》，幼儿进入教室，感受音乐中声音的大小、强弱。

2. 出示《我是猫》PPT，请幼儿说一说最喜欢哪一只猫，为什么？引导幼儿说出不同猫的特点，根据猫的特点发出不同的叫声。

（二）激发兴趣，通过三个游戏进行发声练习

1. 我要玩毛线球。出示毛线球，引导幼儿用叫声表达自己想玩毛线球的心情。

2. 我会玩毛线球。

（1）请幼儿根据教师手中毛线的长短，尝试长音和短音的发声。

（2）请幼儿根据毛线球的位置，进行高低音的探索。

（三）引导探索，学唱歌曲

1. 情境引入，完整范唱，引导幼儿初步感受歌曲内容与旋律。

（1）教师范唱，加入小幅度提示性动作，帮助幼儿记忆歌词。

预想策略：如果幼儿能够顺利说出四种小猫，给予具体的肯定和表扬。如果幼儿不能顺利说出，可再演唱一遍，加深幼儿印象。

（2）提问：刚刚都有谁做了自我介绍？分别是PPT中的哪一种呢？教师根据幼儿的回答，逐一梳理四种小猫。

（3）主要进行可爱猫和威风猫之间的对比，让幼儿感受两种小猫在演唱中音色、力度的不同。

提问：可爱猫和威风猫演唱的时候声音有什么不一样？四种小猫在演唱的时候声音会一样吗？

2．分组讨论并用线条进行绘画。用不同的线条表达不同小猫演唱时的音色和力度。引导幼儿关注音色、力度与小猫性格特点的关系。

（1）展示幼儿作品，请各组演唱，并说一说分别用什么样的线条来代表小猫的声音。在演唱的过程中引导幼儿关注音色、力度及动作。鼓励幼儿大胆表达自己的想法，用不同的声音展示小猫的性格。

（2）四组幼儿分别进行演唱。

3．幼儿完整学唱，尝试表现不同性格特点的小猫。

幼儿完整演唱歌曲，提示幼儿注意小猫的顺序，演唱时注意声音和动作。可以以"我唱你猜"的游戏进行学唱，如采用教师演唱幼儿猜、幼儿演唱大家猜、邀请数名幼儿与教师互动演唱等方式。

预想策略：对能够大胆演唱、积极互动、在音色和力度方面掌握较好的幼儿给予鼓励，使之获得自信。提示不太熟悉歌词的幼儿关注教师的动作指引。引导声音较小或者不能根据角色演唱的幼儿模仿身边的同伴和教师。

4．分组分角色演唱歌曲。

（1）请幼儿自由分组扮演自己喜欢的小猫角色。

（2）根据各组幼儿歌表演的情况提出要求，让幼儿再次自由分组演唱歌曲。

5．游戏《挑选小猫咪》。

幼儿各自挑选自己喜欢的小猫，跟随音乐边演唱边做动作，跟随音乐进行两遍游戏，活动自然结束。

五、延伸活动

1．鼓励幼儿进行创编，将自己的爱好和个性融合到角色中进行歌表演，如演唱跳舞猫、贪吃猫等，增强演唱的趣味性。

2．将角色卡投放到表演区，请幼儿进区时自由表演。

3．尝试让幼儿自主为四种不同性格的小猫设计动作，也可以进行创意绘画。

4．下一课时将进行歌曲《我是猫》的音乐创编活动。

【案例评析】

幼儿有与小猫玩耍的经验，了解小猫喜欢玩毛线球。教师通过调整毛线球的长短，使幼儿发现用声音长短的变化、高低的变化、力度的变化与音色对比的变化等，表现小猫玩耍时的心情。幼儿在全身心投入音乐游戏后，便可在不知不觉中，感受音乐表现元素的趣味。

教师还可以进一步用不同的音色表达不同小猫的性格，让幼儿在音乐互动中充分感受音色的变化、力度的变化等，把小猫的不同性格、独有的心情，淋漓尽致地表现出来。孙宝红老师巧妙地运用音乐元素表现不同小猫的性格，甚至以游戏贯穿活动全过程，使整堂课充满活力与创造力，也给所有听课教师提供了一个很好的音乐活动与游戏相结合、玩转音乐表现元素、使音乐活动变得灵活有趣的范例。

案例三　大班音乐活动：小鸡和蛋

首都师范大学学前教育专业硕士研究生　窦如莹

一、设计意图

艺术源于生活，生活激发了人类表现的愿望，给艺术提供了素材。《3—6岁儿童学习与发展指南》中也提到，"幼儿艺术领域学习的关键在于充分创造条件和机会，在大自然和社会文化生活中萌发幼儿对美的感受和体验"。幼儿的生活经验是幼儿艺术表达的来源，因此，艺术活动应从幼儿的生活中确定主题。

在一次用餐期间，幼儿讨论起了鸡蛋的起源问题。"是先有的鸡，母鸡才能生蛋。""不对，是先有的蛋，鸡都是从蛋里出来的。"鸡和蛋贴近幼儿的生活，符合幼儿的已有经验，而"先有蛋还是先有鸡"的问题又很容易引起幼儿的兴趣。基于这两点，我设计了本次活动，旨在发展幼儿歌唱能力的同时，引发幼儿的科学探究欲望。

二、资源利用与环境创设

1. 图书区

图画书投放：见图2-8～图2-10。

图2-8　小鸡从哪里来　　　　图2-9　小鸡和狐狸　　　图2-10　母鸡萝丝去散步

2. 美工区

提供羽毛、蛋壳、超轻黏土等材料。

3. 科学区

投放盐、适量的水、天平、蛋壳、生鸡蛋、熟鸡蛋等材料。

三、活动目标

1. 感受歌曲诙谐轻松的曲调特点，在反复倾听中熟悉歌曲的曲调并能自如地跟唱。

2. 在教师的感染带动下，能够用不同的声音（连贯、铿锵有力、断顿）和肢体动作进行歌表演。

3. 愿意参加歌唱活动并能体验歌唱的快乐。

四、活动重点和难点

1. 重点：感受歌曲诙谐轻松的曲调特点，在反复倾听中熟悉歌曲的曲调并能自如地跟唱。

2. 难点：用不同的声音（连贯、铿锵有力、断顿）和肢体动作表现不同性格的小鸡。

五、活动准备

1. 物质准备：歌曲图谱、《小鸡和蛋》的歌曲伴奏。

2. 经验准备：幼儿有跟随伴奏歌唱的经验；能识别歌曲的前奏并进行演唱。

六、活动过程

（一）导入环节

问题导入，引起幼儿对歌曲的兴趣并引导幼儿初步感知歌曲的旋律。

提问：我有一个问题一直想不明白，到底是先有鸡还是先有蛋呢？小朋友们你们是怎么想的呢？

引导语：有人说先有小鸡，因为小鸡生下蛋。有人说先有蛋，因为蛋里孵出小鸡。小朋友们说得都有道理，让我们一起听听歌里是怎么唱的。

设计理由："先有鸡还是先有蛋"这一问题是歌曲的主题内容，也是幼儿感兴趣的话题。用这一问题导入能够引起幼儿对歌曲的兴趣。教师清唱歌曲，有助于幼儿听清歌词，用丰富的肢体动作表现歌曲，有助于幼儿理解歌曲内容。

（二）基本环节

1. 出示歌曲图谱，引导幼儿通过节奏念白初步了解歌词内容。（歌词内容及节奏感受）

提问：小朋友们听到歌词里唱了什么吗？

引导语：现在让我们一起来看看歌词。

提问：第一句歌词和第二句歌词一样吗？哪里不一样？

引导语：没错，第一句歌词是先问鸡再问蛋，第二句歌词是先问蛋再问鸡。

设计理由：歌曲图谱是对歌曲视觉符号的表征，这种具象的呈现方式能够帮助幼儿理解歌词，对歌词产生兴趣。以节奏念白的方式来熟悉歌词，可以引导幼儿在了解歌词的同时学习歌词的节奏。第一句歌词和第二句歌词相似，但歌词中鸡和蛋的顺序不同，容易混淆，所以需要特别进行强调。

2. 教师教唱歌曲，引导幼儿以小声跟唱、大声演唱的方式来熟悉歌曲的旋律。（歌曲旋律感受）

（1）教师大声歌唱，幼儿小声跟唱。

引导语：那我们唱的时候也要注意唱对歌词哦。唱第一遍的时候老师大声唱，请小朋友们小声跟着老师唱。（指着歌词带幼儿唱）

（2）幼儿用和教师一样大的声音演唱歌曲。

引导语：现在小朋友们已经熟悉歌曲了，这一遍请小朋友们和老师用一样大的声音来唱。

（3）幼儿大声歌唱，教师小声跟唱。

引导语：现在小朋友们已经唱得比较熟了，这一遍请小朋友们大声唱，老师小声跟着你们唱。

（4）幼儿跟着钢琴伴奏，完整演唱歌曲，教师纠正不准确的歌句。

引导语：好的，小朋友们已经唱得很熟练了，接下来我们跟着钢琴伴奏来演唱歌曲。

设计理由：幼儿在感知音乐内容形象之后，可以开始学习有旋律轮廓线地演唱歌曲。教师先范唱，逐渐引导幼儿自主演唱。

3. 引导幼儿用不同的声音（连贯、铿锵有力、断顿）演唱歌曲。（运用不同音色演唱歌曲及有旋律轮廓线地演唱歌曲）

（1）引导幼儿用温柔、连贯的声音演唱歌曲。

提问：有一天，鸡妈妈生了三只奇怪的小鸡。第一只小鸡叫温柔鸡，温柔鸡应该怎么说话？

引导语：温柔鸡说话的声音很温柔，很连贯。接下来，我们就用温柔鸡的声音来演唱这首歌。

（2）引导幼儿用铿锵有力、连贯的声音进行演唱。

提问：你们猜第二只小鸡是什么鸡？

提问：对，你们真棒，第二只小鸡是强壮鸡，那强壮鸡应该怎么说话？

引导语：强壮鸡应该用铿锵有力、连贯的声音来演唱歌曲，咱们一起来试一试。

（3）引导幼儿用断顿的声音进行演唱，并强调打嗝鸡和强壮鸡两种演唱方式的不同。

提问：鸡妈妈生的第三只小鸡最神奇，它是这样说话的（教师用断顿的方式说话），你们猜，这是什么鸡？

提问：它的名字叫打嗝鸡，那打嗝鸡和强壮鸡说话的方式有什么不一样？

引导语：（用强壮鸡的语气说）强壮鸡说话的声音很大，很有力，很连续。（用打嗝鸡的语气说）打嗝鸡说话是断顿的，是一个字一个字说话的。你们想不想用打嗝鸡说话的方式来演唱这首歌？

（4）依次用三种不同的声音来演唱歌曲并自由地做动作。

提问：刚刚我们认识了三只小鸡，鸡妈妈现在要带着小鸡去散步了，你们想先带哪只小鸡去散步呢？

引导语：好，我们先带××鸡去散步，它喜欢在散步的时候一边唱歌一边做动作。记住××鸡要用××的声音唱歌哦，来，让我们出发吧。（教师一边唱一边做动作，引导幼儿根据不同的声音搭配不同的动作表现歌曲）

设计理由：在幼儿基本学会歌曲旋律之后，教师可以提出用不同的嗓音来表现歌曲形象这一挑战。通过讲故事创设情境引出用不同音色来演唱歌曲的挑战，能够在调动幼儿积极性的同时，调动幼儿的已有经验，用更为形象的方式描述演唱方式。

（三）结束环节

教师提出新问题，向幼儿展示不出声音用动作来表示休止符的办法，激发幼儿继续学习的兴趣。（和着节拍做动作）

提问：散完步后，鸡妈妈带着小鸡和蛋都回家了，那没有了小鸡和蛋，这首歌还可以演唱吗？

教师演示在没有蛋的情况下，如何用动作演唱歌曲，引出下次活动的内容。

引导语：小朋友们可以回家试试看还可以用什么动作来表示蛋，下次活动咱们就一起来玩这个游戏。

设计理由：在结束环节，教师引出下次活动合着节拍做动作的任务。在这一环节，教师不对幼儿的动作做出过多的要求，让幼儿的动作表现成为一种探究学习，可以引起幼儿的兴趣，也能为下次活动做铺垫。

七、活动延伸

1．家园共育

讨论活动：鼓励幼儿回到家后考考父母"先有鸡还是先有蛋"的问题。

2．教学活动

（1）做"蛋"和"小鸡"的动作代替歌词，完整演唱歌曲。

（2）鼓励幼儿想象不同角色的"小鸡"的声音及其动作，感受不同的歌曲情感。

3．区角活动

（1）图书区：续写三只小鸡和蛋的故事。

大班音乐活动：小鸡和蛋

（2）美工区：制作三只不同角色小鸡的头饰道具。

（3）角色扮演区：根据图书区幼儿续写的故事，运用道具进行角色扮演。

【案例评析】

艺术来源于生活，窦老师借用生活中的趣事和大班幼儿一起讨论了"是先有的蛋还是先有的鸡"，这引发了幼儿极大的兴趣。此歌曲节奏上有较多的空拍和弱起，对幼儿有一定的挑战性，为克服这些难点，窦老师在歌曲教学活动中采用连贯、铿锵有力、断顿3种不同的音色，表现不同小鸡的性格，使幼儿在教师有趣的引导中，认识不同性格的小鸡叫声也不同，同时体验音乐元素的不同表现。窦老师从幼儿的生活经验出发，对图书区、美工区、科学区等不同区角玩教具的投放，能引发幼儿各方面的思考。活动结束时，又将音乐活动延伸到家园共育及区角活动等，为教师提供了一个多领域融合、多角度思考问题、促进学前教育五育并举和健康发展的范例。

附谱例：

小 鸡 和 蛋

詹姆斯·托尔斯
陈蓉 译

【作品分析】

《小鸡和蛋》是一首2/4拍的曲子，大多为小三度音程，旋律简单，适合幼儿歌唱，节奏上有较多的空拍和弱起（图2-11），对幼儿有一定的挑战性。歌曲兼具动作性与故事性，符合幼儿的生活经验，便于幼儿产生韵律感，能引发幼儿的审美情趣。

图2-11　小鸡和蛋图谱

一、面试部分

题目：春天

1. 内容

（1）为歌曲配插图。

（2）曲谱。

春　天

春姑娘　来　了，　春　风　吹，
春姑娘　来　了，　春　风　吹，

树　叶　发　芽　花　儿　香，
播　种　插　秧　苗　儿　壮，

小　鸟　歌　唱　蝴　蝶　飞，
布　谷　歌　唱　蜜　蜂　飞，

小　朋　友　手　拉　手　去　春　游。
小　朋　友　手　拉　手　画　春　天。

2．基本要求

（1）插图符合歌词内容，画面生动，富有童趣。

（2）回答问题：如何运用插图来帮助5—6岁幼儿学习这首歌曲？

（3）请在10分钟内完成上述任务。

中班音乐活动：春天

二、笔试部分

1．小乐很有舞蹈天赋，小小年纪已经参加过很多大型比赛，但他不愿意参加幼儿园组织的科学活动，吴老师劝说道："老师很喜欢会跳舞的小乐，可是如果你在其他方面也很能干的话，大家会更加喜欢你。"吴老师的做法（　　　）。

A．合理，教师应该关注幼儿的全面发展

B．合理，幼儿必须在各个学习领域平均发展

C．不合理，不尊重幼儿的兴趣爱好

D．不合理，不利于幼儿发展特长

2．静静是一个很内向的孩子，但某天上课她举手的时候，音乐老师方老师并没有点她唱歌。静静突然站起来说："老师，您为什么不点我唱歌？"方老师应当如何回应？（　　　）

A．我没看到，你举得太低了

B．老师很难注意到每一个小朋友

C．这样吧，现在你来唱一下，好吗

D．你今天能举手太好了，我以后多关注你

2021全国职业院校技能大赛（高职组）
"学前教育专业教育技能"赛项赛卷

1．试卷序号：第02卷。

2．内容：蚂蚁进行曲（中班）。

3．以"蚂蚁进行曲"为题，设计并进行片段模拟教学，要求在活动过程中完整展示歌曲弹唱。时间在9分钟内。

（1）歌曲弹唱要协调、完整、生动，音准、节奏准确，咬字、吐字清晰，声音流畅、自然，塑造儿童歌曲音乐形象，适合幼儿感受与欣赏、表现与创造。

（2）模拟教学活动过程要自然流畅，师幼互动充分，教学实效高。

4．相关资料：图谱、图片（图2-12）。

蚂蚁进行曲

图 2-12 《蚂蚁进行曲》图片

【作品分析】

《蚂蚁进行曲》是一首进行曲风格的歌曲。整首歌速度稍快，且附点节奏较多，节奏型明显，容易和动作合拍，便于幼儿产生韵律感，从而引发审美情趣。经过对歌词的改编后，歌词具备角色、情节等要素，符合幼儿教学生活化的教学原则。改编后的歌曲兼具故事性和动作性的特点，既符合幼儿的兴趣又贴近幼儿的已有经验。

参考答案：

中班歌唱活动：蚂蚁进行曲

首都师范大学学前教育专业硕士研究生　窦如莹

一、设计意图

《3—6儿童学习与发展指南》中提出"幼儿艺术领域学习的关键在于充分创造条件和机会，在大自然和社会文化生活中萌发幼儿对美的感受和体验。"因此，艺术活动应当从幼儿生活中确定主题。

蚂蚁是大自然中常见的昆虫，是幼儿生活中随处可见的教育资源。蚂蚁群居，分工明确、共同合作的习性特点具有丰富的教育价值。幼儿在一次户外观察活动中发现了蚁群合作搬运食物的现象。通过查阅资料，幼儿了解了蚁群内不同种类蚂蚁的分工。因此我设计了本次活动，结合幼儿的已有经验和兴趣，旨在发展幼儿歌唱能力的同时，引发幼儿进一步探究蚂蚁的欲望。

二、活动目标

1．能够理解歌曲含义，较为准确地掌握歌曲中附点节奏的唱法。

2．通过边做动作边演唱的方式，表现进行曲强健有力的演唱风格。

3．感受歌唱带来的快乐，体验用身体动作表演与歌唱的乐趣。

三、活动准备

1．物质准备：蚂蚁图片（见图2-12），《蚂蚁进行曲》的歌曲伴奏、音乐图谱、钢琴。

2．经验准备：幼儿有跟随伴奏歌唱的经验；知道蚂蚁的种类及蚁群分工。学习过二八的音乐节奏。

四、活动过程

（一）导入环节

蚂蚁图片导入，引出幼儿已有经验。

提问：今天老师给小朋友们带来一组图片，请小朋友们来看大屏幕。图片中的蚂蚁在干什么？它们是什么种类的蚂蚁？

引导语：对，它们正在搬运食物，它们是工蚁。老师有一首好听的歌是关于工蚁的，我们一起来听一听。

设计理由：出示蚂蚁搬运食物的直观图片，通过引导幼儿观察它们在干什么，思考它们是什么种类的蚂蚁，调动幼儿已有经验，引导幼儿回忆蚂蚁的种类和分工，让幼儿对音乐材料产生熟悉感。

（二）基本环节

1. 教师弹奏钢琴并完整范唱，引导幼儿初步感受歌词内容。

提问：刚刚小朋友们从歌曲中听到了什么？

引导语：小朋友们听到了不同的词，有的小朋友听到了"工蚁"，有的小朋友听到了找到"食物""巢穴"，还有的小朋友听到了"行进""齐刷刷"。

设计理由：教师现场进行的范唱是活生生的，富有灵气的，充分体现了音乐的本质是表演艺术，还能形成表演者与欣赏者的互动交流，感染幼儿的情感，激发幼儿的模仿欲望。所以我采用了教师现场范唱的方式引导幼儿感受歌曲。通过教师的范唱来引导幼儿去听歌词，初步感受歌曲的大概内容，能够为幼儿接下来熟悉歌词形成心理上的准备，做好歌词记忆上的铺垫。

2. 教师出示音乐图谱，通过念白引导幼儿熟悉歌词。

（1）出示图谱，引导幼儿看着图谱了解歌词

提问：现在让我们一起看看这组图片和音乐图谱，看看歌词究竟讲了些什么。你能说出图片里的蚂蚁在做什么吗？（依次出示不同图片）

引导语：没错，第一、二句歌词是蚂蚁一队一队地行进，嘿呦［对应图2-12（a）和图2-12（b）］。第三句是工蚁找到了食物，开始运回巢穴［图2-12（c）］。第四句是它们共同建造温暖的家，齐刷刷［图2-12（d）］。（教师有节奏地总结幼儿的回答）

设计理由：由于歌词具有概括、简明的特点，所以只让幼儿听字面意思很难激发幼儿参与音乐学习的热情。图谱是音乐视觉符号的表征，这种具象的呈现方式能够帮助幼儿深入理解并记住歌词。幼儿良好节奏感的培养不仅仅要靠教，还要靠教师举手投足时的合拍性，所以教师在总结图片里的蚂蚁在做什么的时候，也是按照歌词的节奏说出来的。

（2）教师拍手打节奏，幼儿跟节奏进行歌词念白，感受附点节奏

引导语：现在老师拍手，请小朋友们跟着老师的节奏来念词。

设计理由：引导幼儿合拍不能单靠语言指令而要靠教师准确的示范，以边拍手边进行节奏念白的方式来熟悉歌词，可以引导幼儿在了解歌词的同时感受附点节奏。

3. 教师教唱歌曲，幼儿能够按节奏完整歌唱，较为准确地把握附点节奏。

（1）教师大声歌唱，幼儿小声跟唱

引导语：现在请小朋友们和老师一起演唱这首歌曲。唱第一遍的时候老师大声唱，请小朋友们小声跟着老师唱。

设计理由：幼儿在感知音乐内容形象之后，可以开始学习有旋律轮廓线地演唱歌曲。音乐不是教出来的而是熏陶出来的，培养幼儿的旋律感需要教师准确地范唱。所以第一遍演唱由教师大声唱，幼儿小声跟唱。

（2）引导幼儿用和教师一样大的声音演唱歌曲并感受歌曲中的附点节奏

提问：咱们刚刚唱的这首歌曲和以前唱的歌曲的节奏有些不一样，你能说说是哪句歌词比较特别吗？它不一样在哪里呢？

引导语：没错，（教师边拍手打节奏边念歌词）"蚂蚁一队一队地行进"这句歌词的节奏不太一样。它是一长一短、一重一轻的，就像我们受伤时一瘸一拐的样子。现在老师来拍节奏，我们一起来念一下歌词，感受一下这个节奏。

引导语：现在小朋友们已经熟悉歌曲了，这一遍请小朋友们和老师用一样大的声音来唱歌。

设计理由：节奏是较为抽象的概念，在向幼儿介绍附点节奏时，通过教师示范并边拍手边念歌词节奏的方式来让幼儿更加深刻地感受到附点节奏的特点，并且以更加贴近幼儿生活的"一瘸一拐"的形象来引导幼儿理解附点音符前重后轻、前长后短的特点。

（3）幼儿大声歌唱，教师小声跟唱

引导语：现在小朋友们已经唱得比较熟了，第三遍请小朋友们大声唱，老师小声跟着你们唱。

设计理由：教师不能一直和幼儿一起歌唱，否则幼儿很容易模仿教师，从而抑制旋律表象的产生与旋律记忆机制的运用。教师应逐渐引导幼儿自主歌唱，让幼儿能自主歌唱，听到自己的声音。所以教师由大声范唱逐步过渡到小声跟唱甚至不唱，留给幼儿独立歌唱歌曲的机会。

4. 幼儿合乐做动作，边表演边歌唱。

（1）教师引导幼儿创编工蚁找到食物、运回巢穴的动作，并且合钢琴伴奏做动作

引导语：现在我们已经学会唱这首歌曲了，你们想不想像蚂蚁军人一样，边做动作边歌唱呢？

提问：小朋友们需要思考一下，你想在歌唱时做什么样的动作。第一句和第二句蚂蚁行进可以用什么样的脚步？第三句蚂蚁怎么找到食物运回巢穴？第四句蚂蚁温暖的家是什么样的？小朋友们自己可以设计一下动作。

引导语：那现在老师来弹钢琴伴奏，小朋友们跟着钢琴伴奏把刚才的动作做一做，想要演唱的话也可以跟着老师一起唱。

设计理由：合乐做动作是幼儿节奏能力的集中体现，能合乐做动作说明幼儿能对

音乐作品中的节拍、速度、力度等与节奏有关的音乐元素做出准确的反应。节奏经验是幼儿音乐学习中的核心经验之一，所以设计了合乐做动作这一环节，帮助幼儿更好地理解歌曲内容。因为歌曲旋律线和歌曲的动作都是幼儿刚刚接触到的经验，直接让幼儿边唱边做动作是比较困难的，所以引导幼儿先根据歌词设想动作，跟着音乐只做动作不唱歌，让幼儿熟悉动作和歌曲的配合，再让幼儿边做动作边歌唱。

中班音乐活动：蚂蚁进行曲

（2）教师播放歌曲伴奏，引导幼儿边做动作边歌唱

引导语：现在咱们要加入小蚂蚁的队伍中了，咱们要边做动作边歌唱了，蚂蚁军人们要开始行进啦！

设计理由：这个环节的音乐我选择播放歌曲伴奏而非现场伴奏，一是因为幼儿边做动作边歌唱可能还不太熟练，教师可以近距离感染幼儿，示范部分动作，带动幼儿参与表演。二是因为伴奏音乐作曲编配更加丰富，能最大限度地保证作品的形象完整性，更能带动幼儿的情绪进行歌曲表演。

说课：中班音乐活动"蚂蚁进行曲"

（三）结束环节

教师提出新问题，引出蚁群中更多的蚂蚁种类，激发幼儿的好奇心和探索欲。

引导语：今天我们唱了工蚁的歌，蚁群里还有其他种类的蚂蚁，它们的分工各不相同，想知道它们有哪些不同吗？下次活动我们再来学习其他蚂蚁的歌。

设计理由：蚁群中有其他种类的蚂蚁，并且不同种类的蚂蚁有不同的分工，教师可以改编《蚂蚁进行曲》的歌词，引导幼儿了解并歌唱更多种类的蚂蚁，这是丰富的音乐教育资源，也能引发幼儿对其他种类蚂蚁的好奇心。

针对全国技能大赛片段教学歌表演分析与指导

项目三

3

幼儿韵律活动的设计与指导

学 习 目 标

知识目标

☐ 了解幼儿韵律活动的基本特点和内涵，熟知幼儿韵律活动的常见类型和经典游戏，懂得幼儿韵律活动的教育作用与价值。

能力目标

☐ 学会设计幼儿韵律活动，能够独立撰写幼儿韵律活动方案，掌握组织幼儿韵律活动的技能与方法。

素养目标

☐ 呵护幼儿的艺术天性，掌握韵律活动的基本规律，关注幼儿动作表演艺术表现力的有效发展，注重韵律活动的创造性和游戏性，让幼儿在律动活动中感受音乐的美妙和乐趣，形成寓教于乐的教育素养。

知 识 导 图

幼儿韵律活动的
设计与指导
- 幼儿韵律活动的概念
- 幼儿韵律活动的意义
  - 有助于调节幼儿的情绪
  - 有助于培养幼儿的动作协调性
  - 有助于发挥幼儿的想象力和创造力
  - 有助于促进幼儿人格的健全和完善
- 幼儿韵律活动能力的发展特点
  - 小班幼儿韵律活动能力的发展特点
  - 中班幼儿韵律活动能力的发展特点
  - 大班幼儿韵律活动能力的发展特点
- 幼儿韵律活动的设计
  - 选择活动内容
  - 确定活动目标
  - 设计活动形式
  - 做好活动准备
  - 设计活动过程
  - 设计活动延伸
- 幼儿韵律活动的指导
  - 培养幼儿动作发展的协调性
  - 重视幼儿动作发展的随乐性
  - 培养幼儿动作发展的表现性

职场
体验

乐乐今年4岁了，他平时最喜欢模仿爸爸、妈妈、爷爷、奶奶的动作了，模仿起来惟妙惟肖，总是会引得家人们开怀大笑。这天幼儿园老师给乐乐和他的小伙伴们布置了一份小作业："一边听音乐一边根据音乐提示模仿爸爸妈妈日常的动作"。这可把乐乐开心坏了，乐乐想：这不是我经常表演的动作吗，我一定能得到老师夸奖。可是当音乐响起时，乐乐却手忙脚乱了，不知道该在哪一步开始，也不知道在音乐的哪里结束，爸爸妈妈的动作还弄反了，乐乐难过极了。

上述情境发生在幼儿园的一个韵律活动中。请思考，如何在韵律活动中，既促进幼儿身体协调能力的发展，又培养幼儿的随乐能力，还能帮助他们掌握韵律活动的基本规律呢？

知识
探究

知识点1　幼儿韵律活动的概念

"韵律活动"这个概念最早由瑞士音乐家、教育家达尔克罗兹提出。达尔克罗兹经过研究发现，学生通过歌唱或演奏无法表现的音乐技能，通过身体的动作却能自然地进行表现。鉴于此，达尔克罗兹认为，身体律动可以作为学生学习音乐的重要媒介，将音乐素材转化为体态律动，可以有效激发学生在音乐中的肢体运用能力，引导学生学习用身体的肌肉来感知音乐的起伏波动，帮助学生全身心地投入音乐学习，有效提高学生学习音乐的激情和效率，让学生从内心深处感知音乐，让音乐支配动作。

幼儿韵律活动是指幼儿通过感知音乐，有意识或无意识地运用一个或一组自然的、有节奏的身体动作来贴合音乐素材律动的艺术表现活动。进入学前教育阶段，幼儿逐渐从未分化的不随意阶段进入初步分化的动作阶段，此年龄阶段的幼儿在开展韵律活动时不仅需要进行身体肌肉和各器官的耐力、关节和韧带的柔韧性等方面的训练，还需要培养幼儿的音乐感知力和随乐能力，力图让幼儿在感知音乐的过程中，基本做到身体律动与音乐协调一致。在此基础上，要充分发挥幼儿的想象力和创造力，激发幼儿创造性艺术表现的意识和能力，促进幼儿的身心协调发展。因此，幼儿韵律活动能力的发展是一个漫长的过程，需要教师发挥主导作用，为幼儿提供良好的活动环境和必要的教学帮助。

知识点 2　幼儿韵律活动的意义

幼儿韵律活动重点培养幼儿的身体律动和随乐性，强调幼儿的音乐感知能力和肢体运用能力，是幼儿音乐教育活动的重要内容，也是幼儿审美教育的重要组成部分。运用多种手段和途径开展幼儿韵律活动具有以下意义。

（一）有助于调节幼儿的情绪

幼儿好奇心强，观察力和模仿能力强，同时也处于无意注意阶段，注意力不集中，容易受外界因素干扰，且情绪变化较快、不稳定，兴趣爱好广泛但专注某一兴趣爱好的时间较短。韵律活动借助多感官联合感知音乐，通过肢体来表现音乐的节奏、情绪、速度等变化，让幼儿在活动的过程中有规律并稳定地做出富有律动性和观赏性的艺术动作，加深了幼儿对音乐作品的领会。韵律活动独特的游戏性、互动性、表演性和反复性，可以增强幼儿的趣味体验，有效调节幼儿尤其是小班幼儿的情绪，帮助幼儿在良好的情绪状态下适应教育，满足学前教育阶段幼儿的情绪安抚需要。

（二）有助于培养幼儿的动作协调性

幼儿韵律活动强调视觉、听觉、动觉等多方面的协调发展，需要幼儿在活动过程中联合多感官感受音乐语言。由于神经系统协调能力不断发展，幼儿的动作协调性在这一阶段得到大大的提升，从大动作发展阶段慢慢向精细动作过渡。在良好的韵律活动教育下，幼儿能够逐步学会自由地运用肢体来做类型丰富的动作，动作由单一到复杂、由局部到联合、由个体到合作。大班幼儿不但能敏锐地用动作来表现音乐，还能针对不同的音乐结构采取不同的反应，身体的节奏律动逐渐与音乐的节奏相协调，幼儿的动作协调性得到大幅度提高。

（三）有助于发挥幼儿的想象力和创造力

想象，是打开艺术世界大门的钥匙。幼儿是天生的艺术家，他们自从来到这个世界，就开始了对这个世界的探索和思考。在他们还不会用语言表达意志的时候，肢体就是最好的沟通媒介，他们会用摆手表示不乐意、用摇摆上身表达开心、用摔东西来引起关注等，肢体是他们最先使用的"语言"。韵律活动是有节奏地表现音乐的身体律动，建立在肢体协调的基础之上，是幼儿对音乐素材的灵活表现，他们可以运用自己的想象和特有的方式去表达作品。幼儿教师可以通过韵律活动来充分挖掘幼儿的表现力和创造力，为他们提供创造和想象的空间，延续幼儿的探索精神，开发幼儿的创造本能，使幼儿的艺术潜能和与生俱来的艺术天赋得到持续发展。

（四）有助于促进幼儿人格的健全和完善

韵律活动作为音乐活动的重要内容之一，具有浓郁的情感色彩。当幼儿沉浸于作品欣赏过程中时，他们会思考音乐作品的内容，并且尝试控制自己的肢体去演绎作品。例如，在演绎表达母爱的歌曲时，他们会模仿妈妈抱宝宝的温情动作来体现妈妈的爱。类似这样的模仿韵律活动还有很多，这些潜移默化的模仿对幼儿情感的塑造有着不可或缺的作用。控制、协调、模仿、合作、创造，这些韵律活动中潜在的需求可以帮助幼儿学会理解、学会思考、学会欣赏、学会创造。韵律活动既是帮助幼儿快速成长的密码，更是幼儿人格健全和完善的基础。

知识点 3　幼儿韵律活动能力的发展特点

（一）小班幼儿韵律活动能力的发展特点

1. 动作能力

小班幼儿的动作能力主要处于非移位动作阶段，3—4 岁幼儿的身体平衡能力和重心控制能力较弱，所以此阶段幼儿的韵律活动多以上肢运动为主，逐步学会利用上肢自如地做一些简单的动作，如点头、拍手、抬手等。随着幼儿精细动作的发展，该阶段幼儿亦逐渐尝试一些简单的连续性移位动作和联合动作，如一边跑一边拍手，或一边踏脚一边抬手等。

2. 随乐能力

小班幼儿还没有完全形成动作与音乐相一致的意识，往往只把音乐作为动起来的信号，而不关注音乐的结构特征。多数幼儿无法使身体律动与音乐节奏保持一致，且不同幼儿对同一首音乐素材的肢体反应也有所不同。小班幼儿的动作能力还不完善，导致他们的随乐动作类型也较为单一、僵硬，注意力容易被分散。

3. 合作能力

小班幼儿的合作伙伴，逐渐从照顾他们的大人向同龄的小伙伴转变，他们开始萌发合作的欲望，并逐步具备交往的能力，在韵律活动中，3—4岁的幼儿可以通过合作来观察并尝试模仿小伙伴的动作，通过模仿来达到相互间动作上的协调。

4. 创造能力

小班幼儿已具备了一定的语言表达能力，并且大部分幼儿在这一时期能用动作表现不同素材的音乐，比如，用乌龟爬表现节奏慢的音乐，用兔子跳表现节奏快的音乐。受动作能力发展的限制和随乐能力的影响，幼儿的创造能力还处于积极开发阶段。

（二）中班幼儿韵律活动能力的发展特点

1. 动作能力

随着年龄的增长，中班幼儿的大动作和精细动作得到充分的发展，这一阶段的幼儿逐渐可以控制自身的肌肉，由小班的以非移位动作为主向以移位动作为主过渡，他们可以学会做比较精细的腕部动作、指部动作，还可以较为自如地联合上肢和下肢做动作，除此之外，该阶段幼儿还会做出部分复杂的连续性动作，如小垫步、前后跑、交替步等，肢体动作更加灵活轻松。

2. 随乐能力

中班幼儿的音乐敏感度随着年龄的增长和音乐学习经验的积累有了明显的进步，4—5岁幼儿的随乐能力逐渐凸显，在教师的引导下，他们能够集中精力关注音乐片段，并根据音乐节奏的快慢，适当调整自己的动作，在听到比较熟悉的乐曲时，他们还会经常调换不同的动作来表现作品，表达自身的感受。

3. 合作能力

丰富的教学内容和有趣的教学形式为中班幼儿的合作意识增添了动力。他们的合作愿望越来越强烈，合作的内容也越来越丰富，思想上也从小班时期由教师引导

随乐表演：会跳舞的叶子

合作向主动寻求合作转变，他们能够主动邀请同伴或自觉加入集体活动中，并且享受合作的乐趣。

4. 创造能力

中班幼儿的韵律活动创造能力随着活动能力的发展而得到进一步的开发，他们在已有基本舞蹈动作的基础上，会做出很多创造性的移位动作，并且会根据音乐素材的变化，发挥自己的律动想象，用较为丰富的动作语言演绎作品。中班幼儿在创造性表现能力上，还会邀请小伙伴一起来表现音乐，从个体到集体、从局部到整体。一些乐感较好的幼儿，还可以根据不同节拍编创不同的动作，如听到2/4拍，学解放军叔叔走路，听到3/4拍，拉着小伙伴跳圆圈舞。

（三）大班幼儿韵律活动能力的发展特点

1. 动作能力

大班幼儿的平衡能力和重心控制能力已趋于完善，并且可以随心所欲地根据自我意识调控自己的肢体，也能自如控制动作的幅度和速度。联合性移位动作能力在这一阶段也得到很好的发展。在完成特定的韵律动作时，大班幼儿不但可以协调身体的每一个部位，还可以维持肢体的稳定性。一些控制能力较强的幼儿除了能控制自己的肢体协调性外，还会主动追求韵律动作的美感和精细度。

2. 随乐能力

大班幼儿的音乐掌控能力越来越强。这一阶段的幼儿无须高度集中注意力关注音乐风格，就能够自如地做出合拍的动作，动作的律动感也更加自然、轻松，韵律的节奏感也日益稳定。音乐不再是单纯的动作信号，而是他们展现的作品。该阶段的幼儿能清晰地把握音乐作品的开始和结束，可以处理乐段与乐段间的动作协调性，在乐曲的速度和力度的变化上，也能够用相匹配的动作进行完美地呈现。

3. 合作能力

大班幼儿的合作对象不再局限于人，而逐渐辐射到物。这一阶段的幼儿逐渐开始有道具意识，会主动要求小伙伴一起利用道具进行韵律活动展示，还会自发地和自己的小伙伴一同布置活动场地。除此之外，大班幼儿也逐渐萌发了团队意识，他们会处理团队与团队之间的关系，注重小团队和大集体的和谐性。

4. 创造能力

大班幼儿的音乐理解能力逐步提高，对于韵律活动创造性表现的参与也越来越积极。他们会开动自己的小脑袋，用自己喜欢的方式去理解音乐和演绎音乐。例如，在演唱《在农场里》这首歌曲时，幼儿会想象自己是吃饱的小猪、睡醒的小猪或者玩游戏的小猪。他们会用不同的动作来编创同一首歌曲，让韵律活动更加精彩和有趣。

一、幼儿韵律活动的设计

（一）选择活动内容

幼儿韵律活动的内容选择要符合幼儿的身心发展需要及韵律活动的内容性质，基于幼儿不同发展时期的接受能力和综合应用能力，从音乐素材、动作两个方面考虑。

1. 音乐素材选择的基本要求

为幼儿韵律活动选择音乐作品时，要注意音乐作品的题材、旋律、节奏和速度，不同年龄阶段幼儿对音乐的理解能力有差别，要根据幼儿的年龄特点选择旋律动听、节奏适中、情绪感染力强的作品，充分发挥韵律活动的调动作用，锻炼幼儿的协调能力、应变能力和迁移能力。

小班：3 岁幼儿在良好的音乐氛围熏陶下，已能较好地感知节奏明朗、旋律简单的儿童歌曲。但由于其肢体协调能力尚在发展中，且随乐能力还有待提升，所以小班幼儿韵律活动的音乐素材多以旋律轻快、节奏清晰、曲调简单的音乐风格为主，且多采用经典儿童歌曲，多数为一段体音乐作品，注重音乐作品的工整性，如《在农场里》《两只老虎》《小星星》等。

中班：4—5 岁幼儿音乐素养逐渐提高，音乐感知力得到极大的提升，不但能敏锐地用动作表现音乐速度变化及力度变化，还能根据不同风格的音乐做出不同的动作。依据该阶段幼儿的能力特征，中班幼儿韵律活动的音乐素材可着重选择旋律优美、形象鲜明的音乐作品，进一步扩大音乐作品的风格范围，适当挑选一些具有地域风情的民族歌曲，并强调音乐作品的力度变化和速度变化，如《小雨沙沙》《小马去玩耍》《春天》《金孔雀》等。

大班：5—6 岁幼儿的创造性表现能力得到极大的提升，喜爱的音乐风格也更加随意。根据幼儿随乐能力的发展，可以选择速度稍快或稍慢，以及速度突然变化或逐渐变化的歌曲来组织韵律活动，如《幸福拍手歌》《菠菜进行曲》等。除此之外，该阶段幼儿对音乐的适应性和节奏的感知力也逐步提高，在音乐素材内容的选择上可不再局限于儿歌，一些无歌词的纯音乐也可以作为韵律活动的音乐选材对象。

2. 动作选择的基本要求

幼儿韵律活动中所采用的动作分为三种：基本动作、模仿动作和舞蹈动作。

基本动作是指幼儿最基本的动作能力，是在自然情况下能直接表现出来的肢体动作，是人类随着身心发展逐渐所具备的肢体运用能力，不需要教师的额外训练。基本动作包括爬、走、跑、跳、点头、摇头、抬头、低头、拍手、举手、弯腰、屈膝等。

模仿动作是指幼儿对特定事物外在形态的再现，贯穿学前教育阶段幼儿韵律活动学习的全部过程，是幼儿极容易掌握且极喜欢的韵律动作，分为对自己日常生活行为的模仿，如洗手、穿衣、吃饭、刷牙、打球、跳绳、游泳等；对他人行为的模仿，如老师上课、爸爸开车、妈妈做饭、同伴做游戏、牧民骑马等；对自然现象的模仿，如水里游的鱼、天上飞的鸟、地上跑的狗，或者阴天刮的风、地里盛开的花、茁壮长大的树等。

模仿动作：
骑马

舞蹈动作是指具备欣赏性的程式化艺术表演动作，来源于人类对日常生活和自然界等各种运动形态的模拟和再加工。幼儿所掌握的舞蹈动作是一些较为基础的、常见的动作形态，如手腕花、小碎步、踏点步、秧歌十字步、屈肘、胳膊画圈等容易掌握的动作。

模仿动作的
应用：时间
像小马车

为幼儿选择韵律活动的动作时，要考虑幼儿的肢体协调性和幼儿的兴趣，且依据幼儿的灵活度选择适宜该年龄阶段难度的动作，逐渐从单纯的、不移位的、大肌肉的动作向复合的、移位的、精细的动作转变。韵律动作编创的数量要和音乐作品结构匹配，注重韵律动作的难度递增和内容形式的复杂转变。

小班：以基本动作为主、模仿动作为辅。选择3—4岁幼儿更加能够接受的不移位动作，如单纯的上肢大肌肉动作，以连续的、重复性动作为主，仅要求幼儿做到像，不要求幼儿做到准。

动作选择示
例：婆婆烧
茶（中班）

中班：以基本动作、模仿动作为主，适当添加基本舞蹈动作。教师要根据幼儿的适应能力和学习能力，增加移位动作的锻炼，主要包括下肢大肌肉动作、上下肢联合动作和肢体精细动作的训练。不仅要求幼儿做到准，还要求幼儿能尝试做到变。

大班：以模仿动作、舞蹈动作为主，加强幼儿编创动作的能力。教师要注重大班幼儿动作运用能力的培养，给予幼儿更充沛的创造时间，鼓励幼儿积极参与到编创活动中，发散幼儿的思维。既要求幼儿能做到变，还鼓励幼儿能做到新。

动作选择示
例：白龙马
（中班）

（二）确定活动目标

1. 确定目标的基本要求

幼儿韵律活动的目标，是开展幼儿韵律活动教育的导向，是培养幼儿的随乐能力和身体协调能力的风向标，其最终目的是通过活动让幼儿感受美和创造美，激发幼儿的身体机能发育。

（1）强调韵律活动内容的系统化。

（2）侧重不同年龄阶段幼儿协调能力的开发。

（3）注重幼儿对美的感受和体验。

2. 具体目标（三维）

幼儿韵律活动的总目标包括：① 能够感知、理解韵律动作所表现的内容、情感和意义，明白音乐与律动的关系，知道如何使自己的动作与音乐相协调，并进行创造性的动作表现；② 能够比较自如地控制肢体，能够比较协调地做出各种韵律动作，并能够运用肢体进行创造性表现；③ 喜欢参与和体验各类韵律活动，能够在活动中收获快乐。

幼儿韵律活动不同阶段的三维目标见表3-1。

表3-1 幼儿韵律活动不同阶段的三维目标

三维目标	阶段		
	小班	中班	大班
认知	能够初步跟随音乐节奏做简单的上肢或下肢大动作，并尝试伴随音乐变化动作	能够跟随音乐节奏做上肢和下肢联合的基本动作、模仿动作和舞蹈动作	能够伴随音乐做较为精细或复杂的动作。在活动中自觉参与互动，学会与人交往
技能	能够学会一些简单的模仿动作和基本动作，掌握简单的集体舞	能够自如地运用韵律活动中的道具，并运用简单的空间知识、技能进行创造性动作表现	能够自如地运用自己的肢体，有效地控制自己的表情，并与他人合作、交往
情感	愿意参与到韵律活动中，并在活动中收获快乐、树立信心	喜欢探索各类韵律活动，愿意与人互动和合作，并收获快乐	喜欢自发地伴随音乐自由舞蹈，发挥想象力，积极参与创造性韵律活动

【对点案例】

小班韵律活动：小鸟飞

活动目标：

1. 知识：熟悉歌曲《小鸟飞》的旋律和曲式结构，学习走小碎步，能用前脚掌点地轻轻移动模仿鸟飞的动作。

2. 技能：在教师的启发和引导下，探索手臂摆动的姿势；初步学习找空地方练习动作，模仿鸟飞过不同地方的动作。

3. 情感：体验鸟飞的乐趣。

附谱例：

小 鸟 飞

杨丽华 词

1=F 2/4

（三）设计活动形式

1. 韵律活动类型

歌表演是幼儿韵律活动中普遍常采用的类型，主要是指幼儿在教师的指导下伴随歌唱做与之匹配的身体律动。歌表演的韵律动作往往以歌词为依据，用简单的肢体动作来灵活地展现歌曲的精华。该活动类型的教学重点在于歌唱伴随动作，要求幼儿在理解和掌握歌词内容和歌曲旋律后，用肢体动作来表现歌曲的内容和性质，该类型更适合小、中班幼儿。

节奏表演通常包括语言节奏和动作节奏表演，主要是借助语言和动作来培养幼儿的节奏感和规律性。例如，小班幼儿教师可以通过水果、蔬菜、人名、地名、儿歌等内容来对幼儿进行节奏的训练；而中班幼儿教师可以利用幼儿的身体作为打击乐器，结合音乐作品，让幼儿学会利用身体的各个部位，进行多声部的节奏练习，丰富课堂活动的形式。

动作游戏表演是以伴奏乐作为游戏指引，按照音乐的节奏、内容、形式等信息进行韵律游戏，具有一定的律动规则和动作要求，注重培养幼儿对音乐作品的感知力和听辨力。

2. 韵律活动表演形式

幼儿韵律活动中采用的表演形式分为三种：独舞式、双人或三人舞式、群舞式。

独舞式韵律活动是指个体独立完成的具有观赏性质的舞蹈动作，分为独自一人表演和在群体舞蹈时不与其他舞者沟通交流而独自完成舞蹈动作两种舞蹈形式。

双人或三人舞式是指两人或三人间互相配合、协作而共同完成的舞蹈形式，这种舞蹈形式非常适合运用于幼儿韵律教学活动中，既可以表现幼儿的律动能力，也可以培养幼儿的协作能力。

群舞式韵律活动是指由三人以上成员共同完成的多人舞，该韵律活动形式人数不定，分为群舞（所有人做同样的韵律动作）、领队群舞（以一人领舞为主，集体舞为辅）两种形式，有严格的队形要求和动作规范，具有整齐性、集体性和表演性特征，多运用于幼儿舞台会演中。

【对点案例】

中班韵律活动：勤劳的小精灵

案例分析：

"勤劳的小精灵"活动来源于绘本《肚子里有个火车站》，幼儿通过动作、语词、游戏体验音乐带来的乐趣，感受优秀绘本故事的童趣。《肚子里有个火车站》是一本传递健康饮食、认识消化系统的绘本，游戏活动选取的音乐是一首有名的弦乐 The Ragtime Dance，选取了音乐中比较有特点的部分，以对应绘本中描述的几种食物落下时的节奏点。活动通过小精灵在肚子里帮助茱莉亚进行食物的消化、最后坐上火车的情境，让幼儿感受两种音乐节奏的不同变化和相应的肢体表现。教师加入懒惰小精灵的角色，使活动充满趣味，可以引起幼儿的积极情绪体验，使幼儿置身于具体而生动的学习情境中。

一、活动目标

1. 感受乐曲结构，尝试用肢体动作夸张地表现精灵在 A 段接食物、B 段消化食物、C 段赶火车的故事情节。

2. 通过观察模仿和练习，感受 B 段音乐断顿和连续两种不同的节奏型，尝试合乐进行单圈游戏，观察对比两个角色的动作并能在音乐结束时迅速反应并追赶。

3．了解食物要细嚼慢咽的健康理念并心怀通过劳动快乐助人的美好愿望。

二、活动准备

1．物质准备：音乐、图谱，场地内画16个圆点，1顶帽子。

2．经验准备：熟悉故事《肚子里有个火车站》，初步了解人体的消化系统。

三、活动过程

（一）故事导入

师：还记得我们曾经看过的绘本《肚子里有个火车站》吗？茱莉亚的肚子里住着勤劳工作的小精灵，它们走到这里捣一捣，走到那里切一切，再走到这里拉一拉，每天都在进行食物的消化，让我们一起来听一听吧！

（初步感知，熟悉旋律，以配乐讲故事的形式导入，帮助幼儿初步熟悉音乐旋律，回忆故事内容，为用音乐讲故事做好铺垫。）

（二）学习动作

1．完整听音乐，观察教师律动，初步感知小精灵的动作

（1）师：小精灵做了哪些动作？（幼儿回忆动作）

幼儿1：拍手，伸手。

幼儿2：手一下一下地捣，还有切一切的动作。

幼儿3：开火车的动作，手在转圈。

教师小结并出示图谱，将幼儿的回答按顺序贴好，梳理幼儿零散的已有经验。

听A段故事：拍拍手接食物。

听B段故事：走，捣碎——走走，切——拉，停。

听C段故事：火车来啦，双手握拳做绕圈动作。

（2）师：刚开始做了什么动作？为什么要接？

幼儿：小精灵要接住吃下去的东西才能开始干活。

（3）师：还有什么动作呢？

幼儿：还有拉的动作，像拉面一样。

教师小结：是的，原来是因为茱莉亚没有好好嚼碎，直接吞下去了，所以要把这些食物都弄碎。

（4）师：那这些捣、切、拉的动作都在嚼碎什么食物呢？（匹配动作和相对应的食物）

幼儿1：捣的动作，音乐听起来轻轻的，像图中的一颗颗小豆子和小糖果。

幼儿2：切，重重的，应该是一大块肉。

幼儿3：拉是拉面，因为面条都太长了，所以要把它拉断。

教师小结并完善图谱。捣——豆子；切——肉块；拉——面条。

（教师的关键提问是梳理环节的重要策略，三个关键提问可以帮助幼儿厘清A段故

事内容，并梳理A段小精灵的动作，给幼儿自主学习节奏律动做好充分的准备，幼儿在回忆故事的同时匹配茱莉亚吃下去的东西。）

2. 再次倾听音乐，熟悉动作顺序

★A段故事，解决拍手的次数

（1）师：小精灵拍手接食物一共做了几次？

幼儿：四次、八次。

（2）师：为什么每次干活都要走呢？

幼儿1：因为小精灵要找食物在哪里。

幼儿2：小精灵边走边找食物，一边走一边干活。

（3）师：最后小精灵坐着什么去运输这些消化的食物？

幼儿：坐上了火车。

教师补充幼儿零碎的回答并完成图谱。

师：原来小精灵都是这样干活来消化食物的，你们都看懂了吗？让我们跟着音乐来试一试吧。

幼儿坐在座位上跟随音乐做上肢动作。

幼儿回答图谱。

（自主观察，了解顺序。幼儿仔细观察图谱的内容，发现A段故事小精灵的动作顺序。A段故事的内容比较简单，看图谱律动之后幼儿可以自己看图谱了解动作的顺序。）

3. 游戏挑战，增加趣味

师：小精灵都准备好开始工作了吗？我们要走着去干活啦。

★B段故事，三种食物圈上练习

师：看这列火车有好多的站点，小精灵可要仔细地去每一个站点找没有嚼碎的食物哦，请小精灵们迅速找到火车站点就位。

师：捣碎豆子的时候我们该如何走到下一个站点去捣一捣呢？为什么？音乐是怎么提示我们的？

师：怎么走着去切肉块呢？

师：勤劳的小精灵们是很仔细的，每一次找食物都前进几个站点呢？拉面的时候需要前进吗？

幼儿1：前进一个站点，不然会两个人碰到。

幼儿2：拉面的时候，切肉的时候都是在原地的。

师：哼唱旋律（语令），练习圈上做消化豆子和肉块的动作。

（逐步累加，律动表现B段故事中的三段不同音效的变化，幼儿先通过动作感知三种不同食物的种类，再用动作表现消化三种不同食物的行进动作的变化。音乐是抽象的，动作是具象的，幼儿有了图谱的辅助支架，通过辨别音效可以将抽象的音乐用具象的动作表现出来。）

★C段故事，确定坐上火车的时间

师：小精灵们工作结束要上火车了，我们该怎样开动呢？

幼儿：火车开了，火车开了，火车开了，上车，坐下。

师：在什么时候赶紧坐下？

幼儿：音乐结束说到坐下的时候。

（1）合乐进行单圈游戏，反思评价。

师：刚刚在行进的时候有没有什么问题？

幼儿1：我前进到前面站点了，前面的小朋友还没有走，我们俩在同一个站点了。

幼儿2：没有合上音乐节奏，两个人会撞在一起。

教师小结：所以我们要用耳朵听音乐，合上节奏，注意脚步的变化，每次只前进一个站点。

（2）再次合乐进行单圈游戏，巩固动作。

（反思评价、寻找原因。反思评价不仅仅运用于教师课后的反思，在课堂中，通过教师的反馈和幼儿的反思，可以更快地找出随乐律动中出现的问题。幼儿通过自己的发现能获得成功的体验。这体现了幼儿在前、教师在后的教学理念，幼儿自己发现问题并解决问题。）

四、活动反思

本次活动用音乐来表现绘本故事，符合幼儿的认知发展水平，在活动中充分体现了"幼儿在前、教师在后"的教学理念，教师在每个环节中以引导者的身份引导幼儿倾听音乐，在音乐中寻找答案，培养幼儿良好的倾听习惯，通过多种感官通道帮助幼儿自主学习，观察图谱，了解动作顺序。通过绘本这个载体将整个活动串联起来，使音乐活动和健康知识相互碰撞，幼儿在音乐活动中懂得了吃东西要细嚼慢咽、不贪吃的道理，有助于幼儿养成良好的饮食习惯。[1]

（四）做好活动准备

幼儿韵律活动准备包括内容准备、经验准备、教具准备、空间准备等多个方面，教师要充分结合幼儿的身心发展能力确定活动内容，基于活动内容准备合适的活动道具，以及根据活动的空间需要选择合适的场地，要给予幼儿舒适轻松的活动环境，便于幼儿发挥创造性。

1. 准备好教学内容，提前设计好律动动作

教师在课前要做好充分的活动准备，选择适宜的音乐，熟悉音乐作品的内容、

① 吕晶珍. 中班韵律游戏：勤劳的小精灵 [J]. 教育观察，2020，9（12）：69-71.

主题、风格和形象，提前进行弹唱练习，并在活动前预想好律动动作，处理好音乐与动作之间的关系。

2. 准备好活动教具

注重活动教具的实用性。幼儿韵律活动中运用的教具，要在不妨碍幼儿做动作的同时增添幼儿动作的表现力。因此，要选取形式新颖、容易拿取、方便抓握、轻便简单的实用性教具。例如，在进行方位律动活动时，可以在幼儿的手上戴上象征性的手腕花或小丝带等，帮助幼儿很好地进行分辨。

注重活动教具的欣赏性。韵律活动中运用的教具要小而巧，能培养幼儿的艺术美感，教具不用过于逼真昂贵，但不可粗制滥造，要能充分发挥幼儿的主动性，让幼儿参与到活动准备中米。在材料的选择上也多采用常见的废旧材料，这样既能培养幼儿的审美创造能力，也能增强幼儿的健康环保意识，为幼儿提供舒适的韵律教学环境。

3. 准备好活动空间

幼儿韵律活动有较多的肢体运动，所以需要一定的空间，教师要根据活动设计的内容，有针对性地选择相对宽松的活动室，为幼儿提供较为舒适的活动场所，鼓励幼儿在舒适的空间内大胆表现自己。

（五）设计活动过程

1. 过程设计的基本要求

幼儿韵律活动是由教师引导开展的集体性音乐活动，是教师有计划、有目的地组织幼儿开展的活动。教师在活动设计过程中，要参考幼儿的身心发展特点，选择科学、合理的指导方法，依据教学内容采用多元化的教学手段，遵循课堂教学活动动静交替的基本原则，发挥幼儿的艺术表现力，培养幼儿的动作协调性。

2. 导入具体环节

（1）动作导入　　动作主要指韵律活动中最主要的肢体和骨骼的活动。对于需大量运用上、下肢联合复杂动作的韵律活动，可采用"动作观察""动作模仿""动作探索""动作迁移"等方式引导幼儿回忆和巩固已掌握的基本动作，帮助幼儿积累丰富的动作表达语言。

（2）队形导入　　结合幼儿已有的韵律活动经验，根据活动内容的定位，可采用队形导入的方法。幼儿园的舞蹈队形学习是促进幼儿空间概念形成和人际交往能力发展的重要媒介。以基础队形学习和巩固的方式导入，有助于帮助幼儿迅速了解韵律活动的整体排列方式，形成整体舞蹈形象的架构。

（3）故事导入　　一般来说，有情境性内容的歌舞表演或戏剧化风格明显的韵律内容，可采用故事导入的方式，导入故事的内容要与活动内容相契合。故事内容的讲述者可以是教师，也可以由教师启发幼儿讲述。故事环节要具有铺垫价值，在讲述故事时可以适当加入相关动作的描述或音乐色彩的渲染，以此帮助幼儿更好地理解音乐和为律动动作的学习做准备。

3. 聆听音乐，熟悉音乐作品的风格和内容

教师要给予幼儿充分聆听和欣赏音乐的时间，让幼儿先熟悉韵律活动的音乐，并尝试感受音乐的情感、节奏、结构、曲调风格。教师要为幼儿进行详细的音乐分析和讲解，让幼儿能够更好地理解音乐内容。

4. 动作示范，幼儿完整欣赏律动、歌表演或舞蹈

韵律活动的动作示范要分三步走。第一步随乐完整示范，教师可以通过视频播放律动、歌表演或舞蹈的视频素材，让幼儿率先了解韵律动作的内容，对韵律活动的内容有完整的了解和认知。第二步教师示范分步讲解，教师在无伴奏的情况下，放慢韵律动作的速度，对动作进行分步讲解，要确保动作的准确和形象，指出动作设计的要领。这一过程，教师可以充分发挥自己的主导作用，给予幼儿充分的思考时间，帮助幼儿发挥他们的想象力，学会动作联想和动作模仿，引导他们自己通过模仿和联想自主展示动作，从而更好地掌握动作。第三步教师随乐完整地示范动作，教师要将动作进行整合，并以饱满的情绪为幼儿展示律动、歌表演或舞蹈，从而加深幼儿对活动内容的印象。

5. 动作学习，教师引导幼儿学习并掌握动作

（1）简单动作整体教　　教师在指导幼儿学习动作前，要对音乐律动的难度及幼儿的能力进行划分，对音乐织体较为简单、歌词形象或韵律舞蹈动作较为简单的活动内容，可以放慢教学，让幼儿一边唱一边模仿教师动作。例如，小班儿歌《蓬蓬头》，曲调简单、歌词指向性强，动作模仿难度低，教师就可以采用简单动作整体教的方法来进行教学。

【对点案例】

小班韵律活动：蓬蓬头

动作建议：

1. 小手举高高变蓬蓬头。

2. 小手自由转动搓泡泡。

3. 小手在脸上揉揉表示洗洗脸。

4. 双手抱怀洗出小宝宝。

附谱例：

蓬 蓬 头

1=C $\frac{3}{4}$

傅小声 词
陈 康 曲

| 1̲ 3 3 | 1 | 5̲ 3 2 | - | 1̲ 3 3 | 1 | 5̲ 3 2 | - |

蓬蓬头 呀 沙沙沙， 肥皂泡 呀 白花花。

| 3̲ 5 5̲ 5 5 | 2̲ 4 4̲ 4 4 | 3̲ 1 2 | 4 | 3̲ 2 1 | - |

洗呀洗呀洗 洗呀洗呀洗， 洗出一 个 小娃娃。

（2）复杂动作分解教 对于韵律活动中需要用到上、下肢联合的复杂动作，教师要尽可能地从幼儿的生活经验出发讲述动作的要领，并对动作进行分解，可以先教上肢动作，再教下肢动作，让幼儿先分别练习，再进行动作整合练习，这样可以帮助幼儿更快地掌握动作。

【对点案例】

中班韵律活动：盖房子

动作建议：

1. 砌墙加砖：双臂在身前，左右臂轮流在上由低到高表示越砌越高。

2. 抹水泥：双手同时由上而下，两拍一下地做抹水泥动作，每抹两次转一个方向，表示房子四周均抹好。

3. 房子：小手高举，做一个房顶的动作造型。

4. 烟囱：双手抱圈，由低到高，做一个烟囱的动作造型。

5. 呱呱叫：自由发挥，拍手或竖大拇指。

附谱例：

盖 房 子

1=G 4/4 中速

汪爱丽　译配

5 5 | 1 1 1 3 | 3 3 5 5 5 3 3 3 | 4 4 2 2 | 1 — — 5 5 |
砌块砖，加块砖，砌块砖，加块砖，我的房子盖得高。　　砌块

1 1 1 3 3 3 | 5 5 5 3 3 3 | 4 4 2 2 | 1 — 0 5 5 |
砖，加块砖，砌块砖，加块砖，房子盖得更加高。　　抹呀

6 6 6 i 7 6 | 5 5 5 3 3 3 | 4 4 2 6 | 5 — — 5 5 |
抹，抹呀抹，抹呀抹，抹呀抹，四周墙壁已抹好。　　盖上

6 6 i 7 6 | 5 5 3 3 3 | 4 4 7 2 | 1 — — |
大房顶，加上高烟囱，房子盖得呱呱叫。

（3）不同角色分别教　　不同的音乐作品和内容，在角色上也有区别，例如，儿歌《小雨沙沙》，歌曲中有小雨也有种子，不同的角色动作内容也有很大的区别，不同的形象表现的情感也有偏差，为保证幼儿能够更清晰地领略每个角色的特点，要将角色进行划分并分开指导，待幼儿掌握动作后再组合随乐练习。

【对点案例】

中班韵律活动：颠倒歌

动作建议：

1. 第1—4小节，两只小手侧合起来扮小老鼠，竖起大拇指称大王。

2. 第5—8小节，小手张开放至脸两边扮大狮子，耸肩、双手怀抱、拍肩，表示害怕小老鼠。

3. 第9—10小节，左右手食指竖在头顶弯曲，表示蚂蚁。

4. 第11—12小节，用手模拟长鼻子，表示大象。

5. 随乐完整表演。

中班韵律活动：颠倒歌

附谱例：

颠 倒 歌

1=D 2/4

汪爱丽　曲

[1]
5 5　3 1 | 5 5　3 1 | [3] 3　6 | 5　- | [5] 6 6　6 | 5 6　5 3 |

1.小小 老鼠 树林 里面 称 大 王， 大狮子 害怕 那个

2.小小 鱼儿 飞呀 飞在 蓝 天 里， 小鸟儿 游呀 游在

[7]
5　3 | 2　- | [9] 3 3　3 2 | 3　0 | [11] 6 6　6 5 | 6　0 |

小 老 鼠， 蚂蚁 扛大 树， 大象 没力 气，

大 海 里， 公鸡 会生 蛋， 母鸡 喔喔 啼，

[13]
2 2　2 3 | 5 0　5 3 | [15] 2 2　3 2 | 1　- ‖

事情 全颠 倒， 哈哈！你说 多可 笑。

事情 全颠 倒， 哈哈！你说 多可 笑。

当幼儿完全掌握律动、歌表演或舞蹈动作后，教师要带领幼儿进行随乐完整表演。为能够更好地指导幼儿的动作细节，教师可以让幼儿分段或分组进行表演，采用多种方式和教具，帮助幼儿巩固相关动作要领，以达到韵律活动的预期效果，从而促进幼儿动作协调能力的发展。

（六）设计活动延伸

韵律活动过程要充分发挥幼儿的想象力，给予幼儿创造性表达的机会。在幼儿掌握活动的基本内容后，教师要允许幼儿按自己的意愿表达音乐，尤其是在活动中大量采用模仿类动作，以及幼儿自编动作。教师要积极启发幼儿，调动幼儿的学习兴趣，对幼儿的个性表达表示支持和肯定，让幼儿在欢快的活动氛围中获取新的技能，在愉快的活动中发挥个性，从而激发幼儿无限的创造力。

1. 游戏化韵律拓展

根据活动内容的趣味性，以及幼儿天生好动的能力发展特点，为培养幼儿的动作感知、思维和表达能力，可以将韵律活动的内容与音乐游戏相结合，既可以让幼儿更熟练地掌握活动内容，也可以培养幼儿的独立性，让幼儿在游戏活动中结束韵律活动。

2. 戏剧化韵律拓展

针对内容具有角色区别的韵律活动，教师可以引导幼儿进行角色上的划分，采用幼儿戏剧表演的风格，让幼儿融入角色展示中，用更丰富的肢体行为和动作语言诠释音乐作品。

【对点案例】

小班韵律活动：在农场里

活动过程：

（1）倾听音乐，熟悉音乐旋律。

（2）根据音乐歌词内容，逐步编创动作，感受音乐的节奏。

（3）分成不同的小组，对应不同的角色。

（4）随乐进行角色扮演，完成韵律活动。

附谱例：

在 农 场 里

3. 表演性韵律拓展

教师根据活动内容，以及幼儿的艺术表现天赋，鼓励幼儿进行分组表演或集体舞蹈性韵律展示。让幼儿在开放的空间中表现自己，自由发挥，编创动作，放飞艺术创想的天性，体验和同伴一起舞蹈、相互依赖、共同生活的快乐。

【对点案例】

小班韵律活动：小青蛙躲猫猫

案例分析：

小班幼儿在"春天"的主题中有观察蝌蚪变化的经验，他们知道小蝌蚪长大后会变成青蛙。在"小青蛙躲猫猫"韵律活动的设计中，选择乐曲《小跳蛙》及幼儿喜欢的"躲猫猫"游戏为活动的线索和支架，帮助幼儿用身体动作感受和欣赏音乐，通过有节奏地合乐来表现小青蛙的不同动作，激发幼儿的上肢造型创意。在幼儿律动的过程中，遵循"动静交替"原则，同时用语言提示帮助幼儿在游戏中控制情绪，以便让幼儿以更好的状态投入音乐游戏中。在本设计中，音乐活动的主线里渗透着科学的"空间"探索：A段，邀请幼儿用下肢探索活动场域的空间；B段，幼儿要编创"青蛙造型"，探究上肢动作的空间组合；C段，在最后的游戏中鼓励幼儿学习用语言描述空间位置，进行猜谜游戏。循序渐进的领域渗透性教学设计可以促进小班幼儿专注力、自控力、创造力等学习品质的形成。

一、活动目标

1. 初步理解故事脉络，合乐做"青蛙叫、青蛙跳""跳下水、游上来"等游戏动作。

2. 在教师的示范和游戏进程的递进中，编创"游上来"后青蛙的不同造型。

3. 愿意遵守游戏规则，体验游戏的快乐。

二、活动准备

1. 物质准备：多媒体课件、《小跳蛙》音乐剪辑（乐1～乐9）、桌子、盖布、小椅子。

2. 经验准备：幼儿见过青蛙、玩过"躲猫猫"游戏。

3. 曲谱和动作建议：A、B、C三段动作建议如下。

A段

第2—3小节：双手五指张开在头部两侧，说"呱！呱！"（节奏型 × 0 | × 0 |，第6—7，10—11，14—15小节与此相同）

第4—5小节：跳三下。（节奏型 × × | × 0 |，第8—9，12—13小节与此相同）
B段

第16小节：跳两下。（节奏型 × ×）

第17小节：口令"跳下"，双手五指张开做准备起跳动作。（第21，25，29小节与此相同）

第18小节：口令"水"，做双手触底动作。（第22，26，30小节与此相同）

第19小节：口令"游上"，做双手五指张开在身体两侧从下往上移动的动作。（第23，27，31小节与此相同）

第20小节：口令"来"，做小青蛙的定格造型。（第24，28，32小节与此相同）

C段

第34—35小节：拍手。（节奏型 × 0 | × 0 |，第38—39，42—43小节与此相同）

第36—37小节：口令"快回家！"（节奏型 × × | × － |）

第40—41小节：口令"游戏开始了！"做蒙住双眼的动作。

第44—45小节：口令"猜猜它在哪儿？"双手打开。

三、活动过程

（一）观看课件，初步了解故事发展

师：我是青蛙妈妈，今天要带着小青蛙一起来做游戏。你们看，大屏幕里也有一只小青蛙，它会做什么呢？（播放多媒体课件，幼儿猜测）

师：小青蛙在荷叶上跳来跳去，现在它去哪里了呀？（继续播放多媒体课件）

师：跳进水里了，是不是呢？看！游上来了！小青蛙还想和你们玩一个游戏呢，请你看一看玩的是什么游戏？（随乐1）

设计意图：多媒体课件呈现给幼儿具体的视觉表象，帮助幼儿更好地理解和记忆故事线索，教师的前置问题可以引起幼儿对教师合乐动作的有意注意。

（二）感受音乐，初步理解表征动作

师：刚才青蛙妈妈说了什么呀？猜猜它在哪儿？小青蛙不见了，它会在哪片荷叶下面呢？（猜测荷叶数字）啊呀！是不是小青蛙呢？（不是）原来是螃蟹（或螺蛳）。

设计意图：被邀请猜测的幼儿可以在之前积极回答问题的幼儿中选择，帮助集体建立游戏规则，以便更好地投入活动中。游戏设计中，每组游戏都是螃蟹、螺蛳和青蛙的组合，教师根据排列组合的规律进行超链接的设置，只有猜到第三次时才能猜到青蛙。

师：没关系，这次，我们一起来找小青蛙吧！青蛙是怎么叫的呢？我们一起来哦！（随乐2，此次"游上来"的动作造型和随乐1不同）

设计意图：幼儿再次感受音乐，跟随教师表现音乐，在B段"跳下去、游上来"的部分，教师做与第一次示范不同的"青蛙"上肢造型，帮助幼儿积累动作语汇、初步感受辨别异同，为后期幼儿编创动作造型做准备。

1. 增加造型动作，编创挑战

师：小青蛙会在哪里呢？（猜测荷叶数字）又不是，它是谁呢？（螃蟹或螺蛳）你们知道小青蛙在哪里，是不是？嘘……小声一点，不要让它听见了。青蛙妈妈有个问题，小青蛙游上来的时候，两只小手可以放在哪里呢？（讨论，练习）那这一次，小青蛙游上来的时候，可以做自己喜欢的动作哦，可以和妈妈不一样。（随乐3）

设计意图：后续游戏的猜测者可以从青蛙造型有创意的幼儿中选出。

2．增加空间位置，变化挑战方式

（1）增加原地站立空间

师：你们还想再猜一次吗？好的，小青蛙躲好了，那么这一次，我们站在座位前玩一玩。注意哦，小青蛙跳几下，我们来试一下。这次"游上来"也可以做你喜欢的动作哦。这次我们站起来玩一玩。（随乐4，游戏同上）

设计意图：站在座位前，加入下肢动作，不仅增加了空间的挑战，也锻炼了幼儿的自控能力。A段，教师要观察幼儿是否能在音乐响起后等待教师喊"预备"的过程中控制自己要跳跃的冲动，先原地"蛙叫"两声再跳三下，在跳三下后是否能及时停下进行后续合乐动作。B段，教师要观察幼儿能否跳蹲下再站起来，而不倒在地上。

（2）增加散点运动空间

师：找一个空的地方玩一玩。（随乐5和随乐6，随乐6解决随乐5出现的问题）

3．增加游戏规则挑战

师：这次，我们的小青蛙要"躲猫猫"了，让小朋友们来猜一猜。这里有一片大大的荷叶（盖着盖布的桌子），我们邀请小青蛙来躲一躲，它会躲在中间，或者靠门的这一边，还是靠窗的那一边呢？我们能猜到吗？我们先邀请一只小青蛙来躲一躲，我们来猜一猜。（练习）

师：全体起立，准备好哦！（随乐7）

依据课堂真实情况，可以请一个幼儿也可以请两个幼儿躲（随乐8），是否需要随乐9视情况而定。

四、活动反思

此活动设计的另一个隐性目标是促进幼儿对空间的探索：在活动场域中进行下肢"跳一停"的空间探索、上肢动作定格造型的不同方位组合、快速找到座位"回家"的反应等。部分幼儿会出现较为兴奋的游戏状态，此时教师需要在情境中引导幼儿遵守相应的规则，若有必要，可以在合乐前先进行部分练习。"选谁来猜""选谁来躲"也可以帮助幼儿明晰规则，进行自我控制。[1]

---

① 陈静奋. 小班韵律活动：小青蛙躲猫猫［J］. 教育观察，2019，8（34）：79-80.

二、幼儿韵律活动的指导

（一）培养幼儿动作发展的协调性

1. 给予幼儿快乐自由的学习氛围

幼儿，尤其是小班幼儿，由于身体的协调能力发展还未完善，且对于集体活动的认知不足，往往过于在乎教师的要求，反而不能自如地做自己已经掌握的动作。例如，明明已经掌握方位的幼儿，在教师要求做抬右手并弯曲胳膊时，由于将注意力过于集中于弯曲胳膊而抬起了左手；或者明明平时不同手同脚的幼儿，在集体舞蹈活动中出现了同手同脚的现象。鉴于此，教师在课堂活动过程中，要营造欢快的学习氛围，减少幼儿的紧张情绪，降低对幼儿尤其是小班幼儿动作精准度的要求，让幼儿能够在活动中感受到快乐。

2. 尊重幼儿发展的顺序性，注重教学动作难度的循序渐进

幼儿的身心发展具有顺序性，其手眼协调能力还在发展中，精细动作也尚待完善，再加上每个幼儿的感觉统合能力有差别，对动作的掌握和运用能力也参差不齐，因此，教师在安排活动和教学内容时要充分尊重幼儿自身的掌握能力和协调能力，要注意幼儿原有的动作能力，要依据幼儿的生理特点，设计符合幼儿身体协调发展规律的律动，使幼儿身体协调能力能够得到更好的发展。

3. 动作速度由慢到快，采用幼儿感觉舒适的速度

幼儿对动作的理解能力和运用能力有限，过快的活动速度会影响幼儿对动作的掌握程度，这也是造成幼儿身体动作难以协调的原因之一。教师在教幼儿动作时，要将动作进行分解并逐步教学，由简到繁、由易到难，采用幼儿能够接受的速度，避免过快或过慢，让幼儿能够一边观察教师的动作一边自由地学习做相应的动作，以此来锻炼幼儿的协调能力。此外，教师在教学过程中，要努力做到兼顾所有幼儿，并根据不同幼儿的反应适当调节动作速度，让幼儿逐渐适应教学节奏之后，再逐步调节课堂的教学节奏。

4. 从自然动作向艺术性动作过渡

幼儿的动作内容是直白的，日常教学活动的内容也以基本动作和模仿动作为主，但在更为丰富的律动活动中，动作的艺术性和舞蹈性也占据较为重要的地位。为了让幼儿更好地理解舞蹈动作的内涵，活动过程中必须以基本动作和模仿动作为基础，教师要引导幼儿尽可能地模仿日常行为，帮助幼儿在利用自然动作再现生活的基础上，逐渐培养对舞蹈动作的艺术感知力，让幼儿能够更好地掌握艺术性的律动动作。

（二）重视幼儿动作发展的随乐性

1. 边唱边跳，鼓励幼儿手舞足蹈

培养幼儿发展动作的随乐性的重点之一，就是要让幼儿能够尽可能地做到一边唱一边跳，这样既有利于幼儿更快地掌握音乐律动的内容，也能够通过音乐歌词的内容对幼儿的行为进行引导，有助于帮助幼儿对音乐产生快速的反应，更加促进幼儿动作随乐能力的发展。

2. 适当调节教师的配乐节奏，用音乐伴随动作

小、中班幼儿的动作随乐能力受身体协调能力发展的影响，往往不能做到动作节奏与音乐律动节奏完全一致。为了很好地锻炼幼儿对音乐律动的反应能力，教师在通过哼唱或乐器配乐为幼儿伴奏时，应当观察幼儿的动作表现，适当调节配乐的速度，让音乐伴随幼儿的动作前进，努力做到音乐与动作一致。当幼儿在活动的过程中发现律动与音乐一致的舒适感和协调性后，会逐渐产生主动追求节奏一致的律动意识。随着能力的不断增强，幼儿的随乐能力也会逐步发展起来。

3. 多采用幼儿熟悉的音乐，减轻幼儿学习新音乐的压力

从幼儿尤其是小班幼儿的音乐能力来看，过于复杂或陌生的音乐，会分散幼儿学习音乐和表现音乐的注意力，也会增加幼儿学习音乐的负担。教师在进行活动设计准备时，要依据幼儿的律动能力，多选用幼儿熟悉的歌曲作为律动音乐，能够帮助幼儿较快地进入韵律活动氛围中，并自发地用肢体表现自己熟悉的音乐，进一步提高了幼儿动作的随乐水平。针对中班的幼儿，也可以采用歌曲旋律一致，但歌词内容不同的歌曲，帮助幼儿更好地辨别歌曲的内容，并用不同的动作进行展示。

4. 关注音乐风格，引导幼儿动作表现与音乐内容相一致

教师除了要培养幼儿对音乐节奏的协调能力外，还要培养幼儿对音乐内容的把握能力，包括歌曲的情绪情感、风格与结构等。韵律活动过程中，要引导幼儿积极地感知音乐并理解音乐的内涵，注意动作和音乐的情绪情感等相一致，这样更有助于幼儿随乐能力的进一步发展。

5. 简单动作多重复，突出动作的整体美感

幼儿掌握动作的能力有限，在进行动作设计时，要兼顾音乐与动作的复杂程度，既要考虑幼儿对动作的记忆程度和表现能力，也要考虑整体动作的美感。

（三）培养幼儿动作发展的表现性

1. 结合活动内容，为幼儿提供动作范例

幼儿先天具有节奏本能，但需要通过一定的手段进行激发和培养，教师在为幼

儿设计韵律活动动作时，要基于幼儿的能力表现，通过多种途径为幼儿提供动作范例，帮助幼儿更好地理解和掌握相关动作要领。如教师为幼儿直接提供动作范例，指导幼儿参与表演活动，或借助影片、动画等媒介来积累动作表现语汇。

2. 提供表现机会，鼓励幼儿积极模仿

教师要给予幼儿舒适自在的教学环境，启发幼儿的想象力和创造力，鼓励幼儿模仿日常生活中的所见所闻，包括教师的言行、父母的言行、同伴的言行、自然界的万物等。

3. 利用艺术的通感效应，激发幼儿大胆表现

教师可以充分发挥艺术的通感效应，用音乐以外的艺术作品来激发幼儿的表现能力，如可以通过美术创作活动，鼓励幼儿用动作积极表达内心的情感；在文学作品欣赏过程中，用动作描述他们的内心情感和外显活动等。

【对点案例】

小班韵律活动：含羞草之舞

班级植物角的一盆含羞草吸引了孩子们的注意力，也不知道是谁先发现了它"一触碰就收缩"的秘密，于是孩子们一有机会便驻足观察。如何追随幼儿的兴趣深入地探索含羞草的秘密呢？教师以《绿野仙踪》音乐原声为基础，剪辑成ABA三段体结构。乐曲所用乐器为萧与钢琴，A段音乐节奏悠扬舒缓，听起来让人有想随之起舞的感觉；B段音乐轻快、断顿，好似在玩"触碰"游戏。整个活动有小班幼儿喜欢的富有变化的音乐，以幼儿的已有经验为铺垫，让幼儿在活动情境中以角色扮演的形式感受音乐的节奏和韵律，在与音乐的有效互动中充分表现含羞草的不同形态。

一、活动目标

1. 感知音乐的优美旋律及温柔、舒缓和轻快、断顿两种不同的节奏。

2. 能用舒展的肢体动作表现含羞草生长的形态，并根据节奏玩"触碰—收缩"的游戏。

3. 感受含羞草生长的美好景象，在故事情境中体会与同伴玩游戏的乐趣。

二、活动准备

1. 物质准备：《小草之舞》视频短片，剪辑音乐《绿野仙踪》，小瓢虫头饰，蝴蝶胸饰，小羊胸饰。

2. 经验准备：幼儿触摸过含羞草，知道含羞草触碰后会立刻收缩，离开后马上恢复原状的特点。

三、活动过程

（一）音乐导入，激发幼儿参与活动的兴趣

教师播放剪辑音乐《绿野仙踪》，调动幼儿参与活动的兴趣。

师：小朋友们，暖暖的风儿吹来了，小花儿开了，小虫子也飞出来了，让我们跟着音乐玩起来吧！

【评析】采用音乐导入的方式，让幼儿跟随音乐边用动作表现以上情境边走进活动室。这一环节旨在带领幼儿入情入境，让幼儿对音乐的整体风格进行初步的感知。

（二）了解小草生长的故事，编创"发芽""吹泡泡"等动作并随乐表现

1. 观看小草生长的视频，编创"发芽"动作。

教师播放《小草之舞》视频短片，引导幼儿跟随音乐做小草"发芽"的动作。

2. 用动作完整表现故事情节。

引导幼儿根据故事内容，跟随音乐做出小草"发芽""吹泡泡"的动作。

【评析】直观的视频和生动有趣的故事适宜小班幼儿进行多元感受。在本环节中，幼儿了解了小草的生长过程及含羞草与小瓢虫游戏的有趣情节，为编创动作、完整表现故事内容奠定了基础。此过程要重点关注幼儿对音乐节奏的把握和动作的表现。

（三）编创不同方向开花的动作，丰富韵律动作

师：含羞草每次开几朵花？除了开在前面，还可以开在哪里呢？小朋友们可以试一试让两朵花开在不一样的地方吗？（引导幼儿完整表演，重点在于编创不同方向"开花"的动作）

【评析】此环节重点在于引导幼儿尝试开两朵不同方位的"花"，并用语言表述。幼儿通过观察、模仿、尝试学习，达到拓展动作表现的目标。

（四）引入小瓢虫角色，表现含羞草"触碰—收缩"的状态

师：猜猜这么好看的花儿会把谁吸引来呢？

师：小瓢虫飞过来"叮"了一下含羞草，含羞草发生了什么变化？

师：现在老师扮演小瓢虫，小朋友们扮演含羞草，我们一起来玩"触碰—收缩"的游戏吧！（教师在B段音乐处头戴小瓢虫头饰，与"含羞草"们玩"触碰—收缩"的游戏）

【评析】"含羞草"与"小瓢虫"之间的互动是整个活动中最具趣味性的环节。根据B段音乐的节奏，幼儿后于教师做出相应的动作反馈，这样的反应式互动符合小班幼儿年龄特点，幼儿在游戏情境中玩得乐此不疲。

（五）引入不同的小动物角色，提升幼儿游戏兴趣

师："含羞草"们，请你们找一个好地方把自己"种"下来吧，你们想"种"在哪里呢？（教师做播撒种子状，请幼儿离开自己的座位，散点分布在教室内，做小草生长发芽的动作）

师：蝴蝶飞来了，它准备跟你们玩游戏呢，赶快准备好！（教师佩戴好蝴蝶胸饰，

与幼儿互动）

师：你们还想跟谁玩？会是它吗？（教师在B段音乐戴上小羊胸饰）

师：小羊来了，请"含羞草"们藏好自己哦，否则要被小羊吃掉哦！

【评析】教师做播撒种子状，幼儿扮演"含羞草"种子，散点分布在教室，随乐完整表现小草生长发芽的过程，助推韵律活动达到高潮。教师角色的变换、种植地点的变换给幼儿新鲜的刺激，特别是教师在扮演小羊时，边表演边独白："咩……我的肚子好饿呀！啊呜，怎么是一堆枯草，我才不要吃呢！"幼儿初步感受到自然界动物与植物之间不同的关系链。

（六）收获新种子，播种到高山上，自然结束活动

师：含羞草的花儿开了又谢了，结出的果实就是一粒粒的小种子，现在把你们的种子送到老师的袋子里来，让我们一起把种子种到高高的山坡上去吧！①

面试部分

题目：大锣小鼓敲起来

1. 曲谱

大锣小鼓敲起来

---

① 徐朗煜. 小班韵律活动：含羞草之舞［J］. 福建教育，2021（25）：52-53.

2. 要求

（1）弹唱歌曲。

（2）完整、流畅地弹奏，节奏准确。

（3）有表情地歌唱，吐字清晰、准确，把握音高。

（4）音乐律动展示：根据歌曲的节奏，编创相应的肢体动作，如边哼唱边打拍子，把握节拍强弱，表情自然，肢体动作与音乐节奏相符。

2021全国职业院校技能大赛（高职组）
"学前教育专业教育技能"赛项赛卷

片段教学

1. 内容：我是快乐的小蜗牛（中班）。

2. 以"我是快乐的小蜗牛"为题，设计并进行歌舞片段模拟教学，要求在活动过程中完整展示歌表演。时间在9分钟内。

（1）能根据幼儿特点合理运用各种舞蹈语汇进行编创，舞蹈动作协调、顺畅、优美，表情适宜，富有美感和童趣。

（2）模拟教学活动过程要自然流畅，师幼互动充分，教学实效高。

我是快乐的小蜗牛

1=D 3/4

从容地、有趣地

(5 － 3 5｜6 6 6｜3 － 5 3｜2 2 2｜

3 2 3｜5 6 5｜3 － 3 2｜1 1 1)｜

5 － 3｜5 6 5｜1 － 5 4｜3 3 3｜

我　　是　快　乐　的　小　　蜗　牛　呦　呦，
我　　是　快　乐　的　小　　蜗　牛　呦　呦，

5 － 3｜5 6 5｜5 1 5 4｜3 3 3｜

背　　着　房　子　　去　　旅　游　呦　呦。
天　　南　地　北　　去　　旅　游　呦　呦。

2 － 2｜2 － 5｜3 － 5 3｜2 2 2｜

伸　　出　两　只　小　　犄　角　呦　呦，
刮　　风　下　雨　我　　不　怕　呦　呦，

片段教学：我是快乐的小蜗牛

2 － 2｜2 － 5｜3 － 3 2｜1 1 1｜

一　　边　看　来　一　　边　走　呦　呦。
躲　　进　小　屋　乐　　悠　悠　呦　呦。

5 － 3 5｜6 － －｜3 － 5 3｜2 － －｜

咿　　呀儿　呦，　　　呀　　咿儿　呦。

竞赛指导：音乐韵律在片段教学中的运用

3 2 3｜5 6 5｜3 － 3 2｜1 1 1‖

我　从　来　不　回　头　不　　回　头　呦　呦。

项目四

4

幼儿打击乐活动的设计与指导

学 习 目 标

认知目标

☐ 理解幼儿打击乐活动的教育意义及内涵，了解幼儿打击乐器的选用原则，掌握打击乐的配器原则。

能力目标

☐ 能尝试设计打击乐集体教学活动，能模拟组织开展幼儿打击乐活动。

素养目标

☐ 注重培养幼儿的合作协调意识，激发幼儿探索的兴趣。

知识导图

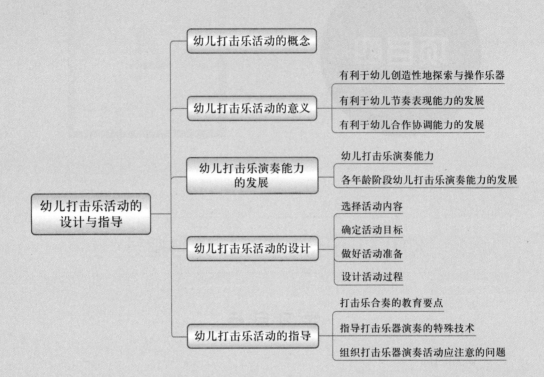

职场
体验

在组织小朋友们排队喝水时，李老师发现班上有两个小朋友拿起水杯"当当"地玩游戏，当李老师前去维持秩序时，其中一个小朋友却小声说："小水杯一起唱歌为什么不行呀！"于是，有心的李老师根据小朋友们的兴趣，设计了以"听一听，生活处处是音乐"为主题的教育活动，其中包括"小小瓶子会唱歌"的音乐活动，引导幼儿通过敲打注水量不同的玻璃瓶，尝试听辨以前学过的歌曲，创作及演奏自创音乐，获得了小朋友们的喜爱和同事的好评。

上述情境是发生在幼儿园的一个游戏场景。请思考，在这个主题下还可以设计什么样的活动呢？

知识
探究

知识点1 幼儿打击乐活动的概念

幼儿打击乐活动是幼儿运用打击乐器来进行的一种游戏活动，一般以集体教学的形式开展，是幼儿园音乐教育活动的一个重要组成部分。活动中幼儿在音乐伴随下，用打击乐器敲打节奏演奏的音乐叫作打击乐，可分为由打击乐队演奏的打击乐和为唱歌或韵律性活动伴奏的打击乐。节奏准确，乐器音色和谐，音响动听地表达音乐的内容情感，是打击乐演奏的基本要求。主旋律与伴奏部分主次分明是打击乐伴奏的基本要求。教师可以教幼儿演奏编配好的打击乐谱，也可以启发、引导幼儿自编节奏谱来演奏，以培养他们的创造力。

知识点 2　幼儿打击乐活动的意义

打击乐器是人类较早掌握的乐器种类之一，也是幼儿易于掌握的乐器。乐器演奏是幼儿喜爱的极自然的音乐表达方式。打击乐活动不仅能帮助幼儿初步掌握乐器演奏的一般知识和技能，发展节奏感，而且能发展幼儿对音色、曲式结构、多声部织体表现力的敏感性，促进其音乐能力和社会性的发展。

（一）有利于幼儿创造性地探索与操作乐器

在打击乐活动中，幼儿可以通过感知生活中和自然界的声音，发挥想象和联想，利用打击乐器模仿他们感知到的音色、节奏，营造属于他们自己的音乐氛围。在打击乐活动中，教师要尊重幼儿的自发选择，不拘泥于演奏乐器的姿势和技法，鼓励幼儿尝试敲击乐器的不同部位、编创短小的节奏动机。借用生活中的物品尝试演奏或者制作低结构的乐器，也是幼儿创造性地探索乐器的活动形式。

（二）有利于幼儿节奏表现能力的发展

通过音乐节奏活动，幼儿在演奏乐器时会控制音量的高低大小。随着学习的不断深入，幼儿能够通过控制和调整用力的方法和强度，演奏所需力度和音色，音乐能力不断提高，意识不断增强。音乐演奏可以帮助幼儿认识和感知音乐作品，使他们对作品的乐段、乐句结构有更深刻的认识，并提高他们的乐器演奏能力和表现能力。

（三）有利于幼儿合作协调能力的发展

在幼儿打击乐活动中，幼儿需要在演奏过程中聆听自己的演奏。同时，更需要关注同伴和团队的表演，幼儿可以尝试演奏每一个声部，根据总体声音和形象塑造要求明确最合适的声部进行演奏。初级阶段，整体齐奏、合奏是主要的幼儿演奏形式。幼儿可以根据教师的指导和教学进行练习，与同伴甚至教师合作演奏，如果达到优秀的音响效果，他们将更能在演奏中感受到音乐的欢乐，自身的情绪也更加饱满，更乐于跟随小组表演。在初（中）级水平，幼儿会提出更高的要求，因为通过之前积累的大量合奏作品，他们的合作协调能力得到了极大提高。合作协调的重要性在这个阶段更加凸显。在中（高）级阶段，幼儿开始尝试指挥，尝试音乐方面的创新，并通过他们自己对音乐的理解和集体成员中的默契来协调不确定的音乐节奏活动，达到整体的和谐。在这个过程中，幼儿的协调能力得到了极大的提升，在其中获得的快乐和喜悦也是不言而喻的。

知识点3　幼儿打击乐演奏能力的发展

（一）幼儿打击乐演奏能力

幼儿打击乐演奏能力可以从以下四个方面加以提升。在幼儿打击乐集体教学活动中，教师需要全面地促进这些方面的发展。

1. 乐器操作能力

对乐器的操作能力主要是指运用乐器奏出特定音响的能力。在幼儿年龄尚小的时候，他们开始探寻用摇、敲、摩擦等动作，使自己所接触到的物体发出不同的声音。进入课堂教学之后，他们能够怀着想象力和创造力在乐器上探索和发现不同的音色。

2. 随乐能力

随乐能力指幼儿在演奏打击乐器的过程中使奏出的音响与音乐协调一致的能力。这里的协调一致是指在奏乐活动中，按照音乐的节拍、旋律、速度等要求，熟练地运用打击乐器演奏。

无音高打击
乐器情境模
拟：下雨了

3. 合作协调意识

合作协调意识主要是指在打击乐器演奏过程中注意聆听同伴和自己的演奏，并且有意识地在音量、音色等方面与集体形成默契，服从于整体音响形象的塑造要求。

4. 创造性表现

创造性表现指的是运用节奏、音色、速度、力度的变化设计配器方案和进行演奏表现活动。

（二）各年龄阶段幼儿打击乐演奏能力的发展

1. 小班幼儿的打击乐演奏能力

小班幼儿初入幼儿园，有机会接触到正规的打击乐教学活动，通过满足他们对打击乐演奏欣赏的乐趣，激发他们对打击乐艺术的好奇心。

在打击乐活动中，主要是运用大肌肉动作来进行演奏，铃鼓、串铃、碰铃等乐器比较适合小班幼儿演奏。这些乐器不但易于操作与模仿，而且可以通过改变演奏方式奏出不同的音色，激发幼儿对演奏和音色感知的兴趣。这一阶段的幼儿大多不能做到基本合拍地随乐演奏，但通过一段时间的教育与影响，幼儿到4岁时能具备初步的合拍随乐意识。在引导下，他们能够学会注视和理解指挥的手势，与集体一致地开始和结束。在尝试为熟悉的音乐选择乐器时，如果意见得到采纳或鼓励，往往会激发他们探索的兴趣。

【对点案例】

打击乐活动：我有小手（第一课时）

河北区第一幼儿园教师 宋 军

一、活动目标

1. 认识打击乐器碰铃、沙球，初步尝试用乐器演奏歌曲《我有小手》✕ ✕ | ✕ — 的节奏。

2. 对打击乐活动感兴趣，初步尝试用声势、语言、唱歌等方式表达节奏。

二、活动重点和难点

1. 活动重点：认识乐器——碰铃和沙球。

2. 活动难点：用正确方法演奏碰铃和沙球。

图4-1 场地与乐器准备

三、活动准备

1. 物质准备：每人一套小乐器（碰铃、沙球）音乐，幼儿坐成半圆形，见图4-1。

2. 经验准备：幼儿会唱《我有小手》的歌曲。

四、活动过程

（一）情境导入

1. 听音乐入场：在音乐的伴奏下教师带领幼儿进入活动室做热身律动等，音乐自选。

2. 创设游戏情境：根据本班幼儿的特点，教师自主创设幼儿喜欢的情境导入活动（讲故事、谈话、图片、视频等），情境贯穿始终。

3. 复习歌曲《我有小手》，听音乐演唱歌曲，边唱边拍手。

（二）认识乐器及演奏方法

1. 认识打击乐器：碰铃。

今天有乐器朋友和小朋友们来做游戏，先来看看它长什么样子？（出示碰铃）

它的名字叫"碰铃"，引导幼儿多说几遍。

听一听碰铃唱歌是什么声音？手拿碰铃，说一说、打一打：我有碰铃叮叮叮。小朋友们也来找一找自己的碰铃，手拿手柄，轻轻敲打铃碗。

2. 认识打击乐器：沙球。

看看这种小乐器是谁？这是沙球。多提问引导幼儿正确说出名称。听一听沙球唱歌是什么声音？手拿沙球，说一说、打一打：我有沙球沙沙沙。小朋友们也来找一找自己的沙球，沙球是怎么发出声音的？引导幼儿尝试，手拿手柄，上下摇动，注意不要互相敲哦。

3. 小结：我有碰铃叮叮叮，我有沙球沙沙沙。

（三）多种形式表达节奏

1. 用声势表达歌曲节奏（播放《我有小手》音乐）。

小乐器会发出好听的声音，我们的身体也是小乐器呢。听听这是哪里发出的声音？我有小手拍拍拍，我有小脚点点点，我会弹……

2. 语言表达节奏：边说儿歌边使用乐器演奏。

这是什么小乐器？它的声音是什么样的？我们一边说儿歌一边来演奏。

3. 唱歌表达节奏：边唱边听音乐使用小乐器演奏。

我们先演奏什么小乐器？幼儿自选乐器，听音乐演奏。

（四）总结、放松

1. 今天，小朋友们认识了两种打击乐器，还记得它们的名字吗？碰铃、沙球。它们是怎么唱歌的？

2. 收整乐器，听音乐出教室。伴随"我有小脚走走走"，和教师一起出教室。

2. 中班幼儿的打击乐演奏能力

中班幼儿的主要演奏乐器依然以无音高打击乐器为主，并开始逐步学习使用小肌肉动作来演奏乐器。他们在模仿成人的演奏和探索乐器的其他演奏方式上有了很大的进步，可以基本合拍地演奏，对音色、力度、速度的调整和控制能力也有所提高。他们也能够胜任多声部的配合演奏，懂得通过注意指挥的手势来调整演奏方式、演奏力度及协调配合地完成自己负责的声部演奏等。随着对音乐感知能力的增强，他们也可以创造性地尝试用一些基本节奏语汇来表达音乐。

3. 大班幼儿的打击乐演奏能力

大班幼儿在控制、调整演奏力度和演奏方式方面可以有更高的要求。在演奏一些便于操作、对肌肉力量要求较小的打击乐器时，如三角铁、双响筒、铃鼓等，可以进行丰富的技巧练习。他们会更加自觉地注意聆听音乐，并努力调整自己的力度、速度，初步学会用两种以上的节奏型跟随音乐合奏。在合奏中，他们也能主动关注整体音响，并努力保证整体音响的协调性，并尝试自己担任指挥。这一时期，他们对音色变化、节奏变化的探索和即兴活动更加主动、积极和大胆，甚至可以尝试自制乐器及即兴指挥。

总之，在良好的教育和引导下，幼儿通过参与打击乐活动，不仅能逐步建立起对打击乐演奏活动的热情、累积一定的音乐感知经验，也能初步掌握一些简单的、基本的打击乐演奏方法，对音乐进行表现与创作。

【对点案例】

打击乐活动：我有小手（第二课时）

河北区第一幼儿园教师 宋 军

一、活动目标

1. 认识打击乐器串铃棒、小镲，能用乐器演奏歌曲《我有小手》× × | × − 的节奏。

2. 感受共同参与音乐活动的快乐。

二、活动重点和难点

1. 活动重点：认识乐器串铃棒、小镲及其演奏方法。

2. 活动难点：听音乐节奏准确地进行演奏。

三、活动准备

1. 物质准备：每人一套小乐器（碰铃、沙球、串铃棒、小镲），音乐，幼儿坐成半圆形。

2. 经验准备：幼儿会唱《我有小手》的歌曲，有使用碰铃和沙球演奏的经验。

四、活动过程

（一）情境导入

1. 听音乐入场：在音乐的伴奏下教师带领幼儿进入活动室，音乐自选。

2. 创设游戏情境：教师根据本班幼儿的特点自主创设幼儿喜欢的情境导入活动（讲故事、谈话、图片视频等），情境贯穿始终。

3. 复习歌曲《我有小手》，听音乐演唱歌曲，边唱边拍手。

（二）认识乐器及演奏方法

1. 出示乐器碰铃、沙球，复习它们的演奏方法。

2. 认识打击乐器：串铃棒、小镲。

今天又有两种小乐器来和我们做游戏。出示串铃棒，介绍乐器的名称，听听是什么声音？铃铃铃的声音。小朋友们找到乐器里的串铃棒，尝试摇一摇。出示小镲，介绍乐器的名称，小镲互相敲一敲。

3. 小结：串铃棒唱歌铃铃铃，小镲唱歌才才才。

（三）多种形式表达节奏

1. 用声势表达歌曲节奏（播放《我有小手》音乐）

小乐器会发出好听的声音，我们的身体也是小乐器呢。听听这是哪里发出的声音？我有小手拍拍拍，我有小脚点点点，我会弹……

2. 语言表达节奏：边说儿歌边使用乐器演奏。

这是什么小乐器？它的声音是什么样的？我们一边说儿歌一边来演奏。

3. 唱歌表达节奏：边唱边听音乐用小乐器演奏。

与幼儿商量先演奏哪种小乐器，再演奏哪种？尊重幼儿的自主选择，用四种乐器分别进行演奏。

（四）总结、放松

1. 今天小朋友们又认识了两种打击乐器，我们已经认识四种打击乐器了，还记得它们的名字吗？串铃棒、小镲、碰铃、沙球，它们是怎么唱歌的？

2. 收整乐器，听音乐出教室，伴随"我有小脚走走走""我有小脚跑跑跑"等动作和老师一起出教室。

附谱例：

我 有 小 手

选自许卓娅《我和音乐一起玩》
韩之云 编配

1=F 2/4

| 5 | 1 | 3 | 53 | 5 | 4 | 4 | — | 5 | 7 | 2 | 42 | 4 | 3 | 3 | — |

我 有 小 手 拍 拍 拍，　 我 有 小 手 拍 拍 拍，
我 有 碰 铃 叮 叮 叮，　 我 有 碰 铃 叮 叮 叮，
我 有 沙 球 沙 沙 沙，　 我 有 沙 球 沙 沙 沙，
我 有 串 铃 棒 铃 铃 铃，　 我 有 串 铃 棒 铃 铃 铃，
我 有 小 镲 才 才 才，　 我 有 小 镲 才 才 才，

0 0 0 0 × × × 0 | 0 0 0 0 × × × 0

107

| 5 | 1 | 3 | 5 3 | 5 | 4 | 4 | — | 5 | 4 | 3 | 2 | 1 | — | 1 | 0 ‖ |

我　有　小　手　拍　拍　拍，　　　我　有　小　手　拍　　　收。
我　有　碰　铃　叮　叮　叮，　　　我　有　碰　铃　叮　　　收。
我　有　沙　球　沙　沙　沙，　　　我　有　沙　球　沙　　　收。
我　有　串铃棒　铃　铃　铃，　　　我　有　串铃棒　铃　　　收。
我　有　小　镲　才　才　才，　　　我　有　小　镲　才　　　收。

0　0　0　0　×　×　0　｜　0　0　0　0　×　　　0

注：“收”指把乐器放到小腿上不发出声音。

一、幼儿打击乐活动的设计

（一）选择活动内容

幼儿在打击乐器演奏活动中，可以了解和掌握与乐器有关的知识技能、与配器有关的知识技能、与“指挥”和“看指挥”有关的知识技能等。幼儿打击乐器演奏活动教育内容主要包括以下几个方面。

1. 打击乐曲选择

幼儿打击乐器演奏活动中使用的“素材”一般可以分成两类：一类是伴随歌曲或旋律乐器演奏的器乐曲进行的打击乐器演奏乐曲；另一类是纯粹由打击乐器或替代性的打击乐器演奏的打击乐曲。这些打击乐曲的演奏方案，有的是由专业的音乐工作者创作的，有的是由幼儿园教师创作的，也有的是在幼儿教师的帮助下由幼儿自己创作的。

2. 打击乐器选择

在为幼儿选择打击乐器时，一般应考虑音色好，形状、大小、重量适合幼儿持握，特定演奏方法适合特定年龄幼儿运动能力发展水平的打击乐器。为保证幼儿的打击乐活动科学有序地开展，在选择乐器时可遵循以下原则。

第一，幼儿打击乐教学所选择的打击乐器音色一定要优美，不宜选择噪声太大、音色刺耳的乐器；第二，幼儿骨骼与肌肉正在发育，因此在打击乐器的选择上，要考虑幼儿的承受力度，选择的乐器要便于携带和操作；第三，乐器的选择可以根据幼儿不同的成长阶段及学习的难易程度逐渐调整。比如，3—4岁的幼儿可以选择铃鼓、沙蛋、雪橇铃等操作简单的打击乐器。4—5岁的幼儿可以选择木鱼、小钹、小铙等打击乐器，这些乐器对幼儿的手腕力度有了进一步的要求，在演奏的过程中需要通过力度的变化有效地控制音色，同时也加强了幼儿的手眼配合。5—6岁的幼儿可以选择三角铁、双响筒等乐器。这一时期幼儿的上肢力量、手眼协调能力有了一定提高，可以在打击乐演奏的方法上提高要求，加入诸如捏奏法、擦奏法的演奏要求。

幼儿打击乐
演奏：万疆

3. 乐器的管理及分类

教师作为幼儿打击乐活动的主要组织者和教学活动的开展者，需要具备一定的乐器分类及管理知识，这样可以尽可能地优化打击乐器的教学资源。比如，教师根据幼儿人数购置和分配乐器，依照活动主题合理分配乐器的种类。同时，教师按组整理、放置、保养乐器，可以延长乐器的使用寿命，培养幼儿爱护公共教学工具的行为习惯。幼儿园常用的打击乐器分为无音高打击乐器和音条类打击乐器两大类，此外，也包括教师和幼儿根据不同材质的物品的音色特点，手工制作的一些乐器（图4-2）。

图4-2　奥尔夫音乐教室

（1）无音高打击乐器　　按照乐器的材质，无音高打击乐器可分为皮革类、木质类、金属类乐器。按照演奏的音响效果，无音高打击乐器可以分为长音类、短音类、散响类和特殊效果类乐器（图4-3）。

（2）音条类打击乐器　　音条类打击乐器包括钢片琴组、木琴组和小钟琴组。其中，钢片琴组由低音钢片琴、中音钢片琴和高音钢片琴组成。由于是金属制作的音条，其音色有延音较长的特点，常用毛毡锤或者毛线锤演奏。木琴组由低音

音条琴演奏：两只老虎（编配：上海音乐学院陈蓉老师）

木琴、中音木琴和高音木琴组成。由于音条为木质，其音色短促有力，基本无延音，常用毛毡锤或者毛线锤演奏。小钟琴组由中音小钟琴和高音小钟琴组成，音条也由金属制成，但与钢片琴组相比，无共鸣腔，因此延音较短，音色清脆明亮（图4-4）。

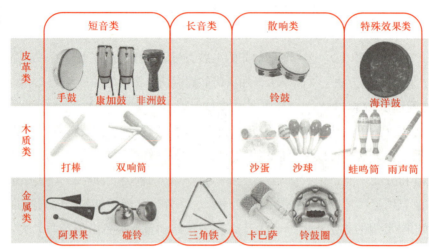

图4-3 无音高打击乐器

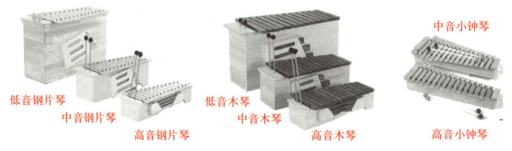

图4-4 音条类打击乐器

音条类打击乐器的音域跨越14度，具体排列情况如图4-5所示。

（3）手工乐器 在进行手工乐器制作时，可以遵循中国传统乐器的"八音"分类法，分成金、石、土、革、丝、木、匏、竹八类，选用自然事物引导幼儿探索自然界蕴含的打击乐之声；也可通过仿制幼儿感兴趣的乐器，引导幼儿了解乐器的发声原理（图4-6）。

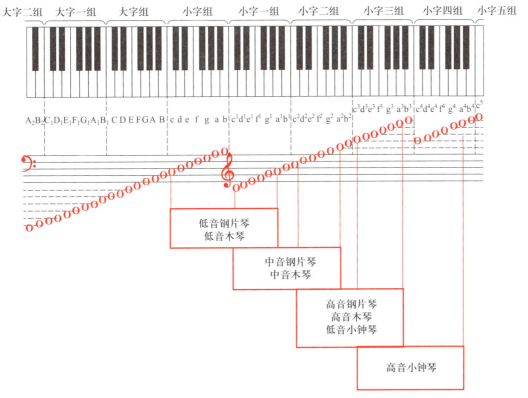

图4-5 音条类打击乐器音域一览

图4-6 富有童趣的自制打击乐器

（二）确定活动目标

1. 学前儿童打击乐演奏活动的总目标

根据《3—6岁儿童学习与发展指南》的要求，学前儿童打击乐演奏活动的总目标应包括情感目标、认知目标与技能目标。

（1）情感目标

● 能够体验并努力追求参与打击乐器演奏的快乐。

● 喜欢探索乐器的演奏方法和音色变化的关系，喜欢运用已掌握的节奏型进行创造性地表现。

● 能够注意并努力追求演奏出美好的、有表现力的音响。

● 能够注意并努力追求与音乐相协调的演奏。

● 能够注意并努力追求集体演奏活动中的声音和谐与情感默契。

● 爱护乐器，并能自觉遵守保护乐器的要求。

（2）认知目标

● 能够初步辨别各种常见打击乐器的音色，并知道如何运用各种乐器音色变化的简单规律进行创造性地表现。

● 能够掌握一些常见的简单节奏型，并知道如何运用节奏型的变化规律进行创造性地表现。

● 知道要用适度、优美的音色演奏。

● 能够感知、理解集体演奏活动中的协调需要，知道如何使自己的演奏与集体相协调，与音乐相配合。

● 知道保护乐器的意义和常用的乐器名称。

（3）技能目标

● 能够比较自如地用一些常见的打击乐器进行演奏。

● 能够比较熟练地运用乐器进行再现性和创造性地表现，能够奏出和谐、美好、有表现力的音响。

● 能够比较迅速、准确地根据指挥手势进行演奏。

● 能够在集体演奏活动中有意识地控制、调节自己奏出的声音。

● 能够在发放、使用、收藏乐器的活动中规范有序地保护乐器。

2. 学前儿童打击乐器演奏活动的年龄阶段目标

（1）小班

● 学习并掌握几种最常用的打击乐器（如碰铃、串铃棒、铃鼓等）的演奏方法。

● 喜欢演奏打击乐器，喜欢参加集体打击乐演奏活动。

- 能够为简单、短小的二拍子和四拍子的歌曲及乐曲伴奏。
- 初步学会看指挥手势开始和结束演奏。
- 了解并遵守集体打击乐演奏活动中的一些基本规则，如乐器取放的恰当位置等。

（2）中班

- 进一步学习并掌握一些打击乐器（如木鱼、响板等）的演奏方法。
- 喜欢演奏打击乐器，喜欢参加集体打击乐演奏活动。
- 能够用乐器为二拍子、三拍子、四拍子的歌曲和乐曲配不同的简单伴奏。
- 进一步学会看指挥手势开始、结束和变化演奏。
- 能初步尝试部分地参与打击乐演奏配器方案的讨论。
- 能较自觉遵守集体打击乐演奏活动中的一些常规，养成爱护乐器的态度和习惯。

（3）大班

- 进一步学习并掌握更多打击乐器（如三角铁、双响筒、钹等）的演奏方法。
- 喜欢并积极参与集体打击乐演奏活动，能部分地参与打击乐演奏配器方案的设计。
- 能正确地根据指挥的手势开始、结束和变化演奏。
- 能在集体打击乐演奏活动中有意识地注意在音色、音量和表情上与集体协调一致。
- 能自觉地遵守集体打击乐演奏活动中的一些常规，养成爱护乐器的态度和习惯。

（三）做好活动准备

1. 打击乐活动中音乐的选择

为幼儿选择的音乐一般应该节奏清晰、结构工整、旋律优美、形象生动鲜明；为年龄较小的幼儿选择他们已经比较熟悉的歌曲、韵律活动曲或欣赏曲；为幼儿选择含两个及两个以上乐段的乐曲时，段落之间最好是对比鲜明的。

2. 打击乐配器方案的准备

幼儿打击乐演奏活动的配器方案要突出学前艺术教育的要求与特点，配器的原则如下。

（1）教师在配器方案的设计中，要考虑适应幼儿的实际操作能力　一方面，在学前教育阶段，幼儿打击乐演奏活动所选用的乐器种类及所教授的演奏方法一定是此年龄阶段幼儿所能掌握和接受的内容；另一方面，在幼儿打击乐演奏活动中所使用的配器方案在节奏和音色的变化过程中，幼儿能够对演奏内容及时地做出回应。

只有这样，幼儿打击乐演奏活动的开展才能够真正地符合幼儿的实际操作能力。

（2）幼儿打击乐演奏活动的配器方案要具有丰富和鲜明的艺术性　　一方面，为音乐旋律加入的配乐伴奏一定要契合原谱的音乐风格、思想情感，与音乐的旋律走向、整体结构要相辅相成，使音乐的音色和音响效果更加丰富；另一方面，幼儿打击乐演奏活动的配器方案要融入丰富的创新思维，既要兼顾音乐的整体艺术内涵，更要体现幼儿的身心特点及对音乐艺术的体验，音乐伴奏应该充满童真童趣，让人产生耳目一新的感受。

3. 教师还应注重对幼儿配器策略的正确指导

让幼儿熟悉音乐作品，反复地聆听音乐，感受音乐的内容，分析音乐的主题，揣摩音乐的风格和特色，分析音乐节奏和音乐结构。从音乐作品的总体布局出发，进行配乐方案设计时，可选择统一或者对比的配乐变化。进行音乐配乐的整体演奏尝试，并在演奏实践中进行合理的配乐调整，从而使音乐与配器更加完整统一。

一般来说，配器主要有以下几步。第一步，熟悉音乐，对音乐进行反复哼唱、弹奏、倾听、感知、体验。第二步，揣摩、分析。揣摩音乐的情绪、风格和趣味，注意抓主要矛盾，对非主要细节作省略处理或模糊处理。第三步，分析音乐的形式、节奏、旋律和结构特点，感知音乐结构中部分与主体的关系、重复与变化的关系，找出有呼应、有对比、有变化的地方，选用相应的乐器。第四步，试奏和调整。组织幼儿用初步的配器方案进行演奏，对可选用多种乐器或使用多种节奏型的地方，可尝试调整或重新安排。

打击乐常见配器策略如下。

（1）根据强弱选择　　大鼓、钹和锣等乐器往往用在强拍、乐曲的高潮或结尾处；铃鼓、碰铃、三角铁、沙球等乐器在强拍、弱拍都可使用；铃鼓、碰铃、三角铁等的延续音，可用在时值较长时，用柔和的演奏法表现颤音的效果。

（2）根据乐曲结构选择　　在呼应和重复的乐句及不同的乐段中，更换不同的乐器，以丰富和加强音乐的新鲜感和表现力。

（3）根据音乐形象选择　　音色清澈、明亮、有延长音的碰铃、三角铁、钢（铝）片琴组等适宜表现优美和抒情的音乐形象；音色清脆且响亮的木鱼、双响筒等适宜表现轻盈和跳跃的音乐形象；铃鼓、钹、锣等适宜表现热烈和欢快的音乐形象。

（4）根据力度来选择　　在整个演奏过程中，可通过乐器的强奏、弱奏或增减乐器的件数和种类来产生不同的力度对比效果。一段乐曲往往有着一定的情绪、风格或性质，配器时所安排的节奏型和音色要与乐曲相统一。对于年龄小的班级及比较简单的作品，可多采用"相辅相成"的处理方法，即音乐的节奏密，配器的节奏也密；音乐的节奏疏，配器的节奏也疏。对于较大年龄的班级及比较复杂的作品，偶尔也可以采用"相反相成"的处理方法，即音乐的节奏密，配器的节奏就疏；音乐的节奏疏，配器的节奏就密。

4. 幼儿打击乐总谱的设计与使用

打击乐总谱对于在短时间内较快地帮助幼儿理解和记忆乐曲的节奏、音色结构是十分有效的。目前，常用的总谱主要有动作总谱、图形总谱和语音总谱三种。

（1）动作总谱　动作总谱主要用身体动作表现配器方案，一些节奏动作、模仿动作、舞蹈动作、滑稽动作等都能作为创作动作总谱的材料（图4-7）。

图4-7　动作总谱

（2）图形总谱　图形总谱通常用形状和色彩表现配器方案（图4-8）。先通过示范、模仿、练习掌握作品配器的整体布局，再分声部合练；或先通过示范、模仿、练习掌握主要声部的演奏方式，再学习将其他配合的声部一一累加上去。待幼儿已能初步演奏该作品后，再尝试各种创造性发展练习的方案。先让幼儿通过模仿或集体探索、讨论的方法获得作品节奏配置的整体布局，然后再通过实施教师或幼儿设计指挥或即兴指挥的方法逐一尝试演奏各种不同的配器方案。先让幼儿感知音乐或了解将要表现的形象、内容，然后再引导幼儿集体探索、讨论、设计打击乐的配器方案，最后再尝试演奏并逐步增加这些方案的完善性。先让幼儿倾听、观看、学习专门设计的有关故事、图画或韵律活动，然后再引导幼儿将隐含在其中的音乐结构及节奏抽取出来，转换成相应的打击乐曲配器方案，最后再进行演奏或其他的发展性学习活动。先引导幼儿在有趣的游戏活动中对某一种或几种特定的打击乐器进行探索，了解在什么情况下可能发出什么样的声音，然后再引导幼儿应用探索中获得的有关经验进行配器及演奏的实践。

打击乐演奏：东方红

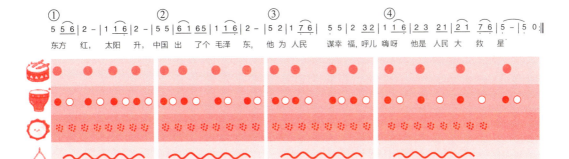

图4-8　《东方红》打击乐合奏谱

（3）语音总谱　　语音总谱指教师用语音模仿乐器发出的音色与节奏，提示幼儿演奏的方式（图4-9）。

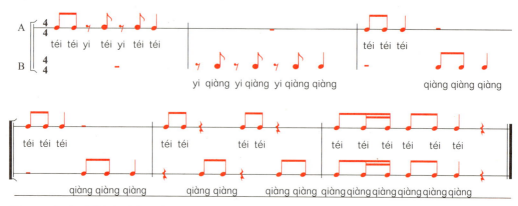

图4-9　打击乐《狗相咬》语音总谱

5. 打击乐活动中的指挥与部署

（1）活动开始和结束时的常规　　听音乐的信号整齐地将乐器从座椅下面取出或放回。这些音乐信号可以由教师提出，也可以由教师和幼儿共同商议而定。乐器拿出后，凡不演奏时须将乐器放在腿上，不发出声音，眼睛也不看乐器。有些乐器应双手分开持握放在两腿上，如碰铃、沙球等；有些乐器只需单手拿放，如可用左手手掌托住圆弧响板放在腿上；还有些乐器应双手同时持握，如双手同时抓住铃鼓的木制圆框，鼓面朝下，放在腿上等。开始演奏前，按指挥的手势整齐地将乐器拿起，做好准备演奏的姿势。例如，指挥双手向前伸出，手心向上，就表示"拿起乐器做好演奏的准备"。演奏结束后，按指挥的手势将乐器放回腿上。例如，指挥双手手心朝下，缓缓地放下，就表示演奏结束，将乐器放在腿上。活动结束后，自己收拾乐器并整理场地。

（2）活动进行时的常规　　演奏时身体倾向指挥，眼睛注视指挥，积极地与指挥交流，注意倾听音乐和他人的演奏，注意力集中，不做与演奏无关的事情。交换乐器时，须先将原来使用的乐器放在座椅上（不要放在座椅下面），再迅速无声地找到新的座位，拿起新乐器，坐下后马上把新乐器放在腿上做好演奏准备。交换过程中，不与他人或场内的座椅相互碰撞，坐下时不使座椅发出声音或发生移动。

（四）设计活动过程

幼儿打击乐演奏的教学应该循序渐进地进行，教学步骤与方法要根据教学的具体情况进行设计。常用的打击乐活动分为：以演奏为主的打击乐活动、打击乐参与的音乐综合活动。下面将针对这两种不同类型的活动分析其活动的过程与方法。

1. 以演奏为主的打击乐活动

（1）认识打击乐器，探索演奏方法　　教师在介绍前，可为幼儿提供探索打击乐器发声方法和音色特点的机会。然后，教师再通过生动、形象的语言及教师的示范演奏等向幼儿介绍各种乐器，让幼儿了解乐器的名称、外形、构造、音色特点等。在这个基础上，通过示范、模仿练习等方法指导幼儿正确使用打击乐器，逐一尝试各种乐器的演奏方法（图4-10）。

图4-10　认识打击乐器（供图：天津市河东区第一幼儿园　吴树莹老师）

如果所运用的打击乐器是幼儿已经学过的，那么学习的侧重点则是复习与巩固，或者可视情况省去这一过程。

【对点案例】

中班打击乐活动：鸭子

一、设计意图

乐器的学习是从认识乐器开始的，但仅仅告诉幼儿乐器的名称是没有意义的，要帮助他们建立一种直观的联想。可以引导幼儿从触觉感受乐器的材质，从听觉感受乐器的音色，从视觉感受乐器的色彩等方式来认识乐器。本活动通过教师编创的情境主题故事，向幼儿介绍了两种音效特殊的乐器：齿木和颤音器。

二、活动目标

1. 通过观察及模仿教师以不同速度、不同力度演奏乐器，感受用乐器表现故事的分寸感和情境感，获得有控制地演奏的快乐。

2. 了解齿木和颤音器的名称、音色、形状和演奏方法。

3. 通过观察及模仿，能独立完成演奏，在教师的情境故事提示中适时插入演奏音效。

三、活动重点和难点

在情境中完成乐器演奏表演。

四、活动准备

1. 物质准备：鸭子彩图、颤音器、齿木。

2. 经验准备：幼儿见过鸭子，知道鸭子的叫声和步态。

五、活动过程

1. 教师和幼儿围坐成一圈，教师拿出鸭子彩图（图4-11），请幼儿说说展示的是什么动物，鸭子的叫声是什么样的。

2. 教师拿出齿木（图4-12）和颤音器（图4-13）放在身边，向幼儿讲述音乐情境故事。

图4-11 鸭子

图4-12 齿木

图4-13 颤音器

情境故事：

（慢速）有一只年迈的老鸭子🦆，摇摇晃晃慢慢地走着🦆。

它晃到这里，又晃到那里🦆，🦆。

它晃到了街道上，老鸭先生走得实在太慢了🦆，堵塞了交通🦆。

（稍快）警察先生快点来，快来给老鸭先生帮帮忙🦆。

（快速）老鸭先生努力地快走🦆🦆🦆🦆，快走，快走🦆🦆🦆🦆。

走到河边，扑通一声跳进河里✓，溅了警察一身的水花，快游，快游🦆🦆，老鸭先生。

3. 教师邀请几个幼儿，演奏乐器。

（2）熟悉和欣赏打击乐曲 向幼儿简单介绍打击乐曲的名称、内容、性质，然后由教师弹奏乐曲或播放音响，使幼儿初步感受乐曲的基本风格、曲式结构、速度、力度和节奏特点等。

（3）感知打击乐曲的配器，练习基本节奏型　在初步熟悉打击乐曲之后，教师应引导幼儿了解打击乐曲的配器情况。例如，共配置了哪些乐器，哪些乐器及哪些声部在演奏中起主要作用，主要的节奏型是什么，在乐曲中的表情作用等，以帮助幼儿对打击乐曲有一个整体的认识。同时，教师可通过示范、讲解、节奏练习等方法，带领幼儿进行基本节奏型的学习，为顺利进入乐曲演奏做好准备。

（4）徒手练习演奏　在幼儿了解配器的基础上，按各自不同的演奏谱进行分声部分组徒手拍击节奏练习，也可让幼儿采用模仿某一乐器的演奏动作或用嗓音发出相应的响声来进行练习，这样能取得较好的效果。徒手练习的时间不宜太长，不要等到幼儿完全掌握再拿乐器练习。因为，幼儿在乐器使用的过程中可以继续学习相关的节奏型和演奏法。长时间的徒手练习会降低幼儿学习的积极性，不利于幼儿音乐能力的发展。

（5）分段练习演奏　有的打击乐曲具有对比乐段，可以让幼儿分段练习，分段掌握。如《喜洋洋》是一首中速、欢快、热情的节奏乐，单三部ABA的曲式结构。A段欢快、热情，B段抒情、喜悦，各段所配置的节奏型和有关打击乐器的演奏方法不相同，所以，可让幼儿一段一段地练习，分段掌握。

（6）持乐器合奏练习　要互相倾听、互相配合，养成良好的倾听习惯和合作意识。在合奏中，请幼儿担任指挥，不但可以帮助幼儿很好地掌握指挥的简单方式，还可以使幼儿从指挥的学习中获得美的享受。

【对点案例】

大班打击乐活动：喜洋洋

一、活动目标

1. 在熟悉乐曲旋律的基础上，学会用身体动作表现乐曲节奏。

2. 尝试用打击乐器为乐曲《喜洋洋》伴奏。

3. 体验活动带来的快乐。

4. 通过整体欣赏音乐、图片和动作理解歌词内容。

5. 在感受歌曲的基础上理解歌曲意境。

二、活动准备

1.《喜洋洋》音乐、PPT、打击乐器（双响筒，碰铃，铃鼓）。

2. 打击乐谱。

喜 洋 洋

1=G 2/4 (5 2) 120拍/分钟

刘明源 编曲

三、活动过程

1. 倾听音乐，感受音乐情绪。

师：我们来听一首曲子，听完说说这首曲子听上去感觉怎么样。

师：这是一首很欢快、热闹的乐曲，曲子的名字就叫《喜洋洋》。

2. 听辨乐句节奏，鼓励幼儿用身体动作表现乐曲。

出示乐句节奏图谱，感受乐曲ABA结构。

师：你觉得这首乐曲能分成几段？

师：这首音乐是ABA式的三段体：第一段感觉很热闹，像一群人在敲锣打鼓；第二段很舒缓，像大家在一起跳舞；第三段跳完舞后，大家又开开心心地在一起迎新年。

看PPT，听辨乐句的节奏。

师：这里有两条乐句的节奏，一条是A段的，一条是B段的，你们听一听哪条是A段的，哪条是B段的？

尝试用身体的各部位表现音乐节奏型。

师：不一样的节奏型打出来的节奏是不一样的，能不能用我们的身体来打一下节奏呢？

看图谱，配乐演奏身体部位的节奏。

3. 听音乐尝试用乐器分声部演奏。

出示乐器和节奏型，自主配乐练习。

师：咱们用打击乐器来演奏。

看指挥用乐器演奏一遍。

师：乐队演出是有要求的，你知道有哪些要求吗？

交换乐器演奏乐曲。

四、活动延伸

尝试以不同的配乐方式演奏乐曲。

五、活动反思

教师在尊重幼儿认知特点的基础上，利用多媒体制作的CAI课件，运用视听结合的方法解决音乐教育中的难点，让孩子们在轻松的氛围中感受、理解、表现音乐。从感受乐曲到理解乐曲再到表现乐曲，孩子们的参与欲望都十分强烈，他们能用连贯的语句、词汇说出自己对乐曲的感受，能用肢体动作的快慢来理解乐曲的节奏变化，能用不同节拍来表现A、B、A乐段，在喜洋洋的音乐声中，他们兴致盎然。整个活动孩子们都十分愉悦。本活动借助直观、生动的PPT，采用视听结合的方法，帮助幼儿感受、理解乐曲ABA的结构形式，使幼儿获得愉悦的体验。

2. 打击乐参与的音乐综合活动

此类型活动目前在幼儿园比较常见，打击乐是整个综合音乐活动的一部分或一个环节。打击乐的运用目的是以多种形式玩音乐、以多重感官感受音乐，从而使幼儿更深入细致地感知音乐作品，如为乐曲或歌曲选择合适的乐器、编配合适的节奏型等，同时打击乐器的加入能够保持和提高幼儿对玩音乐作品的兴趣，增加综合音乐活动的丰富性。

打击乐为活动的一部分或一个环节，打击乐加入时，幼儿已对音乐作品有了一定程度的熟悉，对乐曲或歌曲的情绪、性质、风格、内容、节奏、乐句、乐段等特点有一定印象。运用打击乐的步骤具体如下。

第一，用有趣的方法引入打击乐。教师根据打击乐作品的特点，灵活选择语言（如讲故事、回忆性谈话、朗诵儿歌等）、教具（如图片、玩具、实物、多媒体课件等）等方法导入主题，引起幼儿学习的兴趣。例如，组织《玩具兵进行曲》的打击乐演奏活动时，教师出示课件图片，引导幼儿观察："请小朋友们看看，这些士兵在做什么？对，他们在奏乐呢！让我们和他们一起奏乐好不好？"

第二，为音乐作品编创节奏型。在熟悉打击乐曲的基础上，教师引导幼儿编排出多种节奏型进行练习。可以让幼儿分组讨论与设计，分组展示与交流，然后由教师将每组幼儿的设计进行总结、整理，初步确定演奏所用的节奏型。

第三，徒手随乐练习新的节奏型。教师在确定演奏所用的节奏型的基础上，组织幼儿先逐一练习，再按各自不同的演奏谱进行分声部、分组徒手随乐拍击节奏练习，最后，以不同的节奏动作来表示不同的节奏型，分组进行多声部练习。

第四，选择打击乐器，配乐演奏。教师引导幼儿根据打击乐曲的情绪、性质、风格、节奏特点等选择恰当的打击乐器，并与节奏动作相匹配进行配乐演奏。练习时，可一次递增一个声部进行，逐渐达到完整地合奏。

第五，探索不同的配器，随乐演奏。教师应启发和引领幼儿运用增量法与减量法、替换法、润色、填空等变异及探索的方法改变节奏与乐器音色，使之形成对比与变化，产生新的配器方案，取得和谐、生动的音响效果。

如《粗心的小画家》，一方面，可以尝试把木鱼替换为圆舞板，把沙球替换为小鼓；另一方面，可启发幼儿尝试将铃鼓的演奏放在第一乐段休止上，第二乐段领奏采用问答式设计，以形成音色、力度上的对比变化。可见，配器方案是可以多种多样的。教师对幼儿的稚嫩创作应给予表扬和肯定。

在引导幼儿编创演奏的活动中，教师要事先做好充分的准备，要对打击乐曲进行分析研究，设计编制好可能演奏的打击乐谱，并且在组织幼儿进行编创配器的过程中，教师又不能把自己的设计强加给幼儿，应充分发挥幼儿的主动性和创造性，并给予适当的帮助，不断提高幼儿的想象力与创造力。

【对点案例】

大班打击乐活动：小鞋匠

一、设计意图

本活动为打击乐合奏活动，在幼儿建立了一定的乐器音色聆听经验、乐器知识与演奏经验之后开展。通过创设敲榔头—钉钉子—磨鞋底—缝鞋子的小鞋匠修鞋子的生活情境，让幼儿模仿和探索卡巴萨、阿果果、三角铁等乐器的演奏方法，并在教师的指挥下合奏小作品。

二、活动目标

1. 建立看指挥演奏的意识，享受自主探索乐器音色的乐趣及看指挥与其他幼儿协作演奏的乐趣。

2. 通过教师的故事讲解，了解乐器演奏的音色及演奏的顺序。

3. 能在教师的指挥下演奏乐器。

三、活动重点和难点

在教师的指挥下，协同配合，准确而生动地表现作品。

四、活动准备

无音高打击乐器若干。

五、活动过程

（1）教师展示各类无音高打击乐器，请幼儿思考用什么样的乐器可以表现用榔头敲鞋底、打磨鞋底、钉钉子、用针缝合鞋子四种场景。

参考乐器：表现用榔头敲鞋底可用手鼓（图4-14），表现打磨鞋底可用卡巴萨（图4-15）或齿木，表现钉钉子可用阿果果（图4-16）或指擦，表现用针缝合鞋子可用三角铁（图4-17）或碰铃。

图4-14　手鼓　　　　图4-15　卡巴萨　　　　图4-16　阿果果　　　图4-17　三角铁

（2）教师用图片引导幼儿将修鞋子的顺序排好，按照敲榔头—钉钉子—磨鞋底—缝鞋子的节奏演奏（图4-18～图4-21）。

图4-18　敲榔头：× ×｜× 0 ‖

图4-19　钉钉子：× × × ×｜× × × × ‖

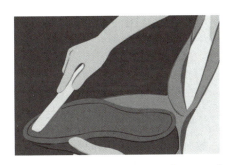

图4-20　磨鞋底：× ×｜× 0 ‖

图4-21　缝鞋子：× －｜× － ‖

（3）教师请幼儿根据所选乐器进行分组，并逐句引导幼儿演奏。

（4）教师可以在教室中央进行指挥，请幼儿根据教师的指挥按顺序进行演奏。

（5）教师播放音乐，提示幼儿可以交换乐器进行演奏。

（6）教师请幼儿记忆所有乐器的节奏型，即兴指挥，排列不同的乐器演奏的顺序，也可以请幼儿用两种不同的乐器演奏相同的节奏型。

二、幼儿打击乐活动的指导

打击乐器演奏以固定节奏型作为学习的出发点和终点，要求教师要竭尽所能帮助幼儿了解和把握所有声部合起来演奏时的整体音响形象。它还要求各声部在演奏时随时注意倾听其他声部的演奏，让幼儿在协调配合中体验合奏的美感与乐趣。

（一）打击乐合奏的教育要点

打击乐合奏教育价值表现在以下几个方面：能使每个参加演奏的幼儿更清楚、全面地认识和掌握作品配器的结构和总音响形象的性质、趣味；能更有效地促进幼儿对多声部音乐感知能力的发展，这其实也是多声部打击乐演奏活动的重要目标之一；能使幼儿在演奏过程中获得更多理智上的满足和更精细、更完整的审美享受；为幼儿进行创造性多声部打击乐演奏活动打下良好的知识、技能基础；提高幼儿学习演奏打击乐作品的积极性和效果。

在幼儿打击乐器演奏活动中，使用整体教学法时应注意：将设计的步骤划分出更多更细致的层次，以使活动开展更灵活；较早地加入伴唱或伴奏，并注意伴唱、伴奏速度的适宜性，以及伴唱、伴奏对演奏转换及演奏情感体验、表达的暗示性和激励性；让幼儿有更多创造性参与的机会；利用幼儿的已有经验；指示语言和辅助性的体态能够引起幼儿的普遍注意和正确理解；让全体幼儿都能够看清指挥的动作，注意在指挥时使用好语言、眼神、体态的预先提示，以减轻幼儿的记忆、反应负担，减缓疲劳进程，增加享受演奏过程的快乐；设计和实施打击乐器演奏活动的过程中将有关常规整体地融入其中；养成幼儿集中注意力看指挥和集中注意力听同伴演奏和倾听音乐的习惯。

（二）指导打击乐器演奏的特殊技术

1. 哼唱曲调的技术

幼儿在初学演奏时跟随录音比较困难，因此，教师有必要用哼唱曲调的方法帮助幼儿随乐演奏。

教师在哼唱时要正确使用唱名法，要使哼唱的速度与幼儿最舒适的演奏速度相一致；音色、节奏型转换前要有意放慢速度，新音色或新节奏型开始时要重新换气，用动作、音量、眼神表示"预备起"；教师要把曲调背得很熟，熟到可以在任何需要的地方开始唱。

2. 节奏语言提示技术

教师应善于使用节奏语言提示技术，没有习惯使用这种技术的教师应学会事先设计和事先练习。当然节奏语言提示技术还可以与其他技术结合使用，用眼神、身体动作等提前暗示。有时，在幼儿初学演奏时，教师还要能做到在哼唱曲调时穿插节奏语言。具体实践中应注意以下两点。

（1）应该学会在声部转换之前，将头部和目光转向下一个将要演奏的声部。在建立声部时，尽量使用手势和眼神，同时尽量减少语言指示。即使必须使用语言，也应经常注意辅以相关的体态。

（2）不使用击画节拍法，而要使用击打节奏型法，必要时还要将幼儿演奏乐器的模仿动作做出来以提示幼儿，减轻幼儿的记忆负担，使幼儿能够轻松自如地正确演奏并享受音乐。

【对点案例】

大班打击乐活动：大地飞歌

孙栗原老师设计

一、活动目标

1. 感受乐曲的欢快情绪。

2. 运用响板、手摇铃、铃鼓、木鱼等乐器进行演奏。

3. 尝试分部演奏、初步合奏，体验合作的乐趣。

二、活动重点和难点

1. 重点：熟悉并掌握不同打击乐器的演奏方法。

2. 难点：学习看指挥进行打击乐的演奏；与同伴的演奏保持协调，体验合作演奏的快乐。

三、活动准备

1. 物质准备：音乐，响板、手摇铃、铃鼓、木鱼、大鼓等乐器。

2. 经验准备：了解不同打击乐器的演奏方法。

四、活动过程

（一）导入

1．游戏：取乐器。教师指导幼儿以小组为单位到相对应的乐器箱里取乐器，并放到自己的小椅子下面。

2．完整欣赏乐曲，感受乐曲的欢快情绪。

（二）熟悉乐曲

1．幼儿安静地倾听，熟悉音乐旋律和节奏型。

2．教师借助动作示范的策略，帮助幼儿掌握正确演奏不同打击乐曲的方法。

3．教师指导幼儿掌握乐器的拿法和敲击方法，学习在敲击乐器的过程中做强弱的变化。

4．教师：我们试着用小乐器来演奏吧。教师引导幼儿听音乐并使用乐器进行演奏。幼儿随音乐进行尝试。

5．幼儿听音乐分组进行空手演奏练习，进一步感受音乐。

6．教师运用指挥动作来提示幼儿，引导幼儿看教师的指挥动作进行演奏。

7．教师引导幼儿倾听同伴的演奏。

8．教师有意识地由慢到快地指挥幼儿进行乐器演奏，培养幼儿看指挥的习惯。

9．将幼儿分为四组：铃鼓组、木鱼组、摇铃组、响板组。

铃鼓组和摇铃组幼儿在长音符上演奏，木鱼组和响板组幼儿打稳定的节拍。

10．座位排为人字形，铃鼓组和木鱼组幼儿为左侧阵型，摇铃组和响板组幼儿为右侧阵型。两个阵型的幼儿可相互观摩演奏。

11．请两个阵型的幼儿交换乐器进行演奏。

（三）活动结束

教师：小乐器回家了。播放音乐，指导幼儿跟随节拍边走边敲，自主有序地将乐器放回相应的乐器箱里。

打击乐演奏：大地飞歌

五、活动延伸

幼儿自由选择乐器进行演奏。

3．空间处理技术

在打击乐器演奏活动中，要创造出活动整体的审美效果，需要注意声部音色的混响效果与幼儿座位安排的有序性。教师要对各乐器组的空间位置进行合理的处理，在空间处理时注意将相同音色的乐器集中安排在一起。

（1）常见演奏队形　一般来说，幼儿乐器演奏活动常用的队形有以下几种：半圆队形（图4-22）、马蹄队形（图4-23）、品字队形（图4-24）和满天星队形（图4-25）。

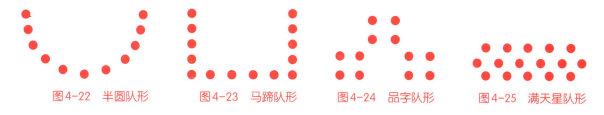

图4-22　半圆队形　　　　图4-23　马蹄队形　　　　图4-24　品字队形　　　　图4-25　满天星队形

（2）教师在队形中的移动　　教师常因为各种教学指导需要，在演奏队形内进行合理移动。① 让幼儿明白教师的指挥意图。例如，当教师站在双马蹄队形的内部，张开双臂，就是示意此时应由后两排的幼儿演奏，若加上语言提示，则后两排的幼儿将更容易明白教师的意图，两侧纵排的幼儿也更容易明白自己不在教师所指挥的范围内。② 让幼儿明白教师控制程度的变化。教师向幼儿靠近，意味着更多的指导和帮助；教师离开幼儿，意味着更多的信任和解放。③ 教师移动意味着对个别幼儿的特殊提醒。此类幼儿主要表现为走神、违纪、情绪低落、技术困难等。④ 眼神交流技术。教师应特别注意用眼神交流，将自己的愉快心情不断地传达给全体幼儿。并注意用目光的短暂停顿与有特殊需要的幼儿进行特殊的"对话"。使用目光交流可以在不中断指挥、演奏的过程中给幼儿各种"支持"。这种指导方式在完整的演奏练习中尤为重要。

（三）组织打击乐演奏活动应注意的问题

1. 创设音乐区角，全面开放打击乐器

为便于幼儿玩耍、操作、探索、熟悉打击乐器，进一步激发幼儿学习演奏的兴趣，教师应创设音乐区角，在区角中放置不同的打击乐器和一些相对固定的材料，如音响录放设备、表演用的道具、节奏卡或相关的图谱等。创设音乐区角，提供相应的机会和条件，满足幼儿表演的欲望，有利于发展幼儿的音乐素质和能力。

2. 充分利用废旧材料制作打击乐器

幼儿园如无条件购置打击乐器，或配置不齐全，不能满足教学的需要，教师可以自己制作或指导幼儿一同参与制作打击乐器。如在易拉罐和塑料瓶等中分别装入豆子、沙子、小石子，可制作成沙球；用树杈、饮料瓶盖或铁皮盖等制成手摇铃；用竹板制作响板；用罐头盒蒙皮革或不蒙皮革制作小鼓；用玻璃杯、酒瓶、碗盛水后用小竹棒或筷子敲击也能演奏旋律等。自制打击乐器，不仅充实了打击乐活动的器材，而且还锻炼了幼儿的创造性思维和动手能力。

3. 善于捕捉生活素材，引发幼儿的想象和创造

在我们的周围环境中，无论是自然界还是现实生活中，到处都有好的素材。如窗外动听的鸟叫声、街头嘈杂的汽笛声、空中震耳的雷鸣声、活动室里的阵阵欢笑声……这些都是好的素材。教师要抓住契机，将其纳入教学活动中，用打击乐进行表现。拍拍手、跺跺脚、扭扭腰、点点头、捻捻指、拍拍椅子……再配以不同的乐

器演奏，生动有趣的音响效果就产生了。

4. 根据音乐素材合理设计与恰当运用演奏图谱

教师要在对教材深入分析的基础上，结合各种变通总谱的设计要点进行设计。如关于图形总谱的设计，跳跃的旋律可用短线或圆点表示，连贯、优美的旋律可用连线或圆形表示，兴奋、激烈的音乐可用曲线或三角形表示等。再如，语音总谱的设计，所用的语言应简单、有趣和易于上口。

5. 鼓励幼儿积极参与配器的探索

在探索性打击乐演奏教学中，教师要引导、协助幼儿，鼓励幼儿积极提出建议，将已获得的经验进行迁移，尝试为歌（乐）曲编配打击乐进行有创意的演奏活动，发展幼儿的想象力和探索精神。

组织演奏时，应合理安排打击乐器的配置和队形，将同类乐器安排在一起，这样既便于指挥，也使音色更为集中。演奏中要求幼儿注意演奏的方法，采用适当的音量，养成互相倾听的习惯，追求协调一致、和谐动听的效果。

6. 帮助幼儿学习看指挥与当指挥

在幼儿的打击乐演奏活动中，指挥包含两重含义：一是看指挥演奏的能力；二是指挥演奏的能力。由于幼儿年龄小，音乐经验少，这里的指挥演奏主要是学习如何开始、结束、交替、轮流演奏和击打出演奏的节奏型，并且能够在需要时做一些模仿乐器演奏的动作来指挥。幼儿在这样的学习演奏中，能较好地学习如何与人沟通、合作及协调，从而获得快乐和自信，这对幼儿的音乐素质、能力和非音乐素质、能力的发展有着积极的作用。具体而言，幼儿应学习掌握的指挥技能包括：准备、开始和结束的动作，要求动作简洁、明确，能让演奏者清楚、明白并做出反应；善于运用相关的动作来表现出节奏和音色的对比变化；与演奏者积极交流，以较好的体态和表情调动演奏者的热情，指挥的动作要与音乐作品相适应。

【对点案例】

大班打击乐活动：泡泡指挥家

一、设计意图

本活动通常设置在幼儿能识别一些常用乐器，并掌握其演奏方法之后，以幼儿喜闻乐见的事物——泡泡作为媒介，通过引导幼儿关注泡泡落地的过程与状态，启发幼儿养成在演奏中关注指挥的习惯。

二、活动目标

1. 通过以泡泡的落地为指令，控制自己演奏的开始和停止，养成在演奏中遵循规则、集中注意力的习惯。

2. 了解泡泡飘在空中时要演奏、落地时要停止的规则。

3. 能集中注意力，根据泡泡的"指挥"开始演奏或停止演奏。

三、活动重点和难点

根据泡泡的"指挥"准确做出开始或停止的演奏反应。

四、活动准备

无音高打击乐器若干、吹泡泡玩具、纸、蜡笔。

五、活动过程

1. 教师和幼儿围坐成一圈。教师吹出一个泡泡，请幼儿观察：在泡泡吹出之后，泡泡有哪些不同的状态?（飘在空中、落地）

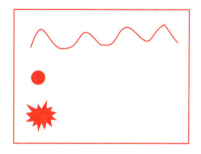

图4-26　泡泡状态示意图

2. 请幼儿就近分成2~3人一组，给每一组幼儿分发纸和蜡笔。请幼儿再次观察泡泡运动的整个过程，并画出两种抽象符号表示泡泡飘舞及落地的状态。每组幼儿完成一幅画作即可。泡泡状态示意图如图4-26所示。

3. 教师给每个幼儿分发一件无音高打击乐器。

4. 教师将幼儿的乐器分为四组。

（1）皮质类：代表泡泡碰到地面破灭的状态，可选用邦加鼓（图4-27）和手鼓。

（2）散响类：代表泡泡飘浮在空中的状态，持续演奏。可选用沙蛋（图4-28）、卡巴萨、串铃（图4-29）、牛皮握铃（手摇铃）（图4-30）。

图4-27　邦加鼓

图4-28　沙蛋

图4-29　串铃

图4-30　牛皮握铃（手摇铃）

（3）木质类：在泡泡落地时演奏，可选用打棒（图4-31）、双响筒（图4-32）、响板（图4-33）。

（4）金属类乐器：代表泡泡在飘浮过程中的长音音色，可选用三角铁、阿果果、指镲（图4-34）。

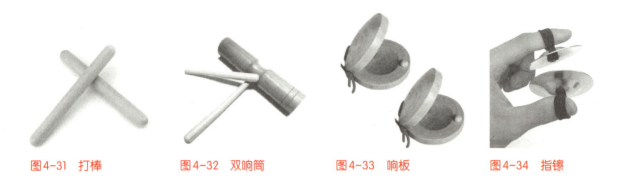

图4-31 打棒　　　　图4-32 双响筒　　　　图4-33 响板　　　　图4-34 指镲

5. 教师吹出泡泡，引导幼儿分别观察泡泡，配合演奏，可重复多次。

6. 教师请幼儿尝试做"泡泡指挥"，吹出泡泡指挥其他幼儿分组演奏。

7. 建立打击乐演奏活动常规

教师在打击乐演奏活动中要注重培养幼儿良好的活动常规，这是活动顺利开展和有序进行的根本保证。集体打击乐演奏活动的常规包括：明确演奏开始和结束的音乐信号并能做出积极的反应；看指挥演奏并积极交流，演奏时养成倾听整体音响效果的习惯；注意控制演奏的音量，努力做到与集体协调一致；按要求交换乐器演奏；遵守乐器的发放、收取、分类收藏的原则等。

打击乐器的分发与收回一般有两种方式：一种方式是在活动前将乐器分声部或分组放在幼儿的座椅下面，可节省活动时分发乐器的时间，有利于保证教师组织教学的流畅性；另一种方式是现场分发，这样教师可根据情况灵活掌握，但占用了一定的练习时间，对幼儿的练习会有所影响。两种方式各有利弊，在实践中应视实际情况来安排。如果幼儿已形成良好的打击乐常规，可让幼儿自己拿取乐器，更好地发挥幼儿的主动性。

国考链接

面试部分

1. 试卷序号：第05卷。

2. 内容：大鼓和小鼓（中班）。

3. 以"大鼓和小鼓"为题，设计并进行片段模拟教学，要求在活动过程中完整展示歌表演。时间在9分钟内。

（1）能根据幼儿特点合理进行弹唱，根据音乐节拍规律及力度变化，编创打击乐演奏谱，并进行演奏。

（2）模拟教学活动过程要自然流畅，师幼互动充分，教学实效高。

大鼓和小鼓

日 本 儿 歌
小林纯一　词
中田喜直　曲
陈水连　译配

1=F 2/4

3 33 1 1 | 5̣ 5̣ | 3 33 1 1 | 5 5 5 |
擂起了 大鼓，咚 咚， 敲起了 小鼓，嗵嗵 嗵，
mf *f* *p*

6 55 3 3 | 5 33 2 2 | 5̣ 5̣ | 1 1 1 |
擂 起了 大鼓，敲起了 小鼓， 咚 咚， 嗵嗵 嗵。
f *p* *f* *p*

实践教学：大鼓和小鼓

实践教学：大鼓响咚咚

幼儿教师资格面试：音乐类面试指南

赛场
直击

2021全国职业院校技能大赛（高职组）
"学前教育专业教育技能"赛项赛卷

片段教学（大班）

1. 试卷序号：第03卷。

2. 内容：小纸船的梦（大班）。

3. 以"小纸船的梦"为题，设计并进行片段模拟教学，要求在活动过程中完整展示歌曲弹唱。时间在9分钟内。

（1）歌曲弹唱要协调、完整、生动，音准、节奏准确，咬字、吐字清晰，声音流畅、自然，塑造儿童歌曲音乐形象，适合幼儿感受与欣赏、表现与创造。

（2）模拟教学活动过程要自然流畅，师幼互动充分，教学实效高。

小纸船的梦

1=F 3/4

金波　词
徐思闲　曲

中速，向往的

5̣ 1 2	3 － －	2 3 2 7̣	1 － －
我 折 一 只	小	纸 船，	

3 4 5	6 － －	3 ⌒ 4 3	2 － －
让 它 浮 在	小	河 上，	

5̣ 1 2	3 － －	7̣ 2 7̣ 5̣ 7̣	6 － －
它 牵 引 着	我 的 目 光，		

5 5 4 0 0 6̣	4 4 3 0 0 5̣	7̣ 3 2	1 － － ‖
一 直 到 那 看 不 见 的 远	方。		

大班音乐活动：小纸船的梦

幼儿音乐欣赏活动的设计与指导

学 习 目 标

认知目标

☐ 了解幼儿音乐欣赏活动的目标和意义，掌握幼儿音乐欣赏活动的选材要求。

能力目标

☐ 学会设计音乐欣赏活动，能独立撰写音乐欣赏活动教案，主动尝试实施音乐欣赏活动。

素养目标

☐ 注重激发幼儿欣赏音乐的兴趣，重视音乐的审美感受与表达，树立陶冶幼儿情操、开发幼儿想象力、完善幼儿品格的教育责任感。

知 识 导 图

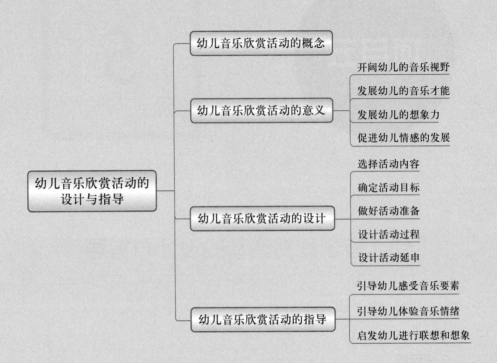

幼儿音乐欣赏活动的
设计与指导

- 幼儿音乐欣赏活动的概念

- 幼儿音乐欣赏活动的意义
  - 开阔幼儿的音乐视野
  - 发展幼儿的音乐才能
  - 发展幼儿的想象力
  - 促进幼儿情感的发展

- 幼儿音乐欣赏活动的设计
  - 选择活动内容
  - 确定活动目标
  - 做好活动准备
  - 设计活动过程
  - 设计活动延申

- 幼儿音乐欣赏活动的指导
  - 引导幼儿感受音乐要素
  - 引导幼儿体验音乐情绪
  - 启发幼儿进行联想和想象

职场
体验

天空中挂着一道美丽的七色彩虹。小朋友们,我们一起走进神秘的音乐彩虹王国吧!彩虹王国有七个彩虹小人,他们每个人都穿着不同颜色的衣服,分别是赤、橙、黄、绿、青、蓝、紫这七种颜色。彩虹小人们热情地问:"你们好呀!你们叫什么名字呀?"小朋友们答道:"我们是豆豆、乐乐、天天。你们叫什么名字呀?"彩虹小人笑着说:"我们七个人分别叫do、re、mi、fa、so、la、si!咱们做好朋友吧!"豆豆、乐乐、天天相互看了看,异口同声地说道:"原来你们就是美妙的音符呀!"彩虹小人说:"我们会变魔法呢!我们能变长、变短;变明、变暗;变大、还能变小!怎么样?神奇吧?"小朋友们说:"真的吗?快让我们看看!"彩虹小人和小朋友们手拉手说道:"跟上我们,一起去音乐彩虹王国去探索吧!"

以上是幼儿园一次音乐欣赏活动的导入环节。请思考,导入是否适宜?教师对幼儿进行了怎样的启发和引导?这个故事可以怎样更好地与音乐欣赏作品衔接呢?

知识
探究

知识点1　幼儿音乐欣赏活动的概念

音乐欣赏,是欣赏者聆听音乐,并从中获得音乐美的享受、精神愉悦和理性的满足的活动。音乐欣赏是一种直接、具体的审美教育活动。它以一定的音乐为审美对象,以参与欣赏活动的人为审美主体,通过对音乐的聆听,实现对音乐美的感受和鉴赏。

幼儿音乐欣赏活动是指幼儿通过倾听音乐,对音乐作品进行感受、理解和初步鉴赏的一种审美活动，是幼儿园音乐教育的一个重要组成部分。[①]

知识点 2 幼儿音乐欣赏活动的意义

幼儿音乐欣赏活动作为幼儿音乐活动的重要组成部分，与幼儿的身心发展密切相关，对幼儿音乐能力的培养具有非常重要的作用。

（一）开阔幼儿的音乐视野

通过欣赏，幼儿有机会接触更多的音乐作品，可以开阔音乐视野，丰富欣赏音乐的经验，增长知识，增强对音乐的兴趣爱好。

（二）发展幼儿的音乐才能

听觉是感受音乐的基础。幼儿在欣赏音乐的过程中会自然而然地对声音的高低、强弱、长短及不同音色等特点有所感受，幼儿辨别声音的听觉能力也会随之发展。在反复倾听音乐的旋律、节奏型等要素的过程中，幼儿的音乐记忆能力也能得到一定发展。

（三）发展幼儿的想象力

对幼儿来说，音乐在促进想象、形象思维、创造性思维能力上起着特殊作用。幼儿在欣赏音乐时，有很多机会需要运用想象力进行创造。例如，在留神倾听、欣赏音乐时需要通过自由地想象来体会作品的意境，为音乐加上自己编创的歌词，或者跟随音乐节奏创编舞蹈动作等。

（四）促进幼儿情感的发展

美好的音乐作品具有强大的感染力，能够触动人们的感情。欣赏音乐能够使幼儿不仅获得美的感受，而且愉悦精神。幼儿不是被动地接受音乐，而是在聆听音乐时获得了快乐与悲伤、喜欢与厌恶等丰富的情感体验。音乐能够促进幼儿情感的发展，使幼儿懂得对美好的喜爱和对丑恶的憎恨，养成幼儿活泼开朗的性格和对待世界的积极态度。

[①] 吴文青. 幼儿园音乐欣赏活动中的教学策略研究［D］. 兰州：西北师范大学，2013：2.

岗位
对接

一、幼儿音乐欣赏活动的设计

（一）选择活动内容

《3—6岁儿童学习与发展指南》中对幼儿的音乐欣赏活动明确指出："经常让幼儿接触适宜的、各种形式的音乐作品，丰富幼儿对音乐的感受和体验。"教师在选择幼儿音乐欣赏活动的内容时，应考虑音乐对幼儿的可感性和可接纳性，所选内容应符合幼儿的身心发展需求，如旋律优美、节奏清晰、形象鲜明、结构工整、长度适中、音乐要素（音高、音长、音强、音色）富于变化、可参与性强等。生动、有趣的教学内容能够激发幼儿对音乐学习的兴趣和主动性，让幼儿更好地融入音乐欣赏中，积极体验并感受音乐的魅力。为开阔幼儿的艺术视野，教师在选材上应注意多样性和丰富性，选择包括不同时代、不同国家、不同体裁、不同风格的优秀作品，反映社会、自然及幼儿生活和内心世界的作品等。

幼儿音乐欣赏活动的内容主要有歌曲和器乐曲两大类。

１. 歌曲

适合幼儿欣赏的歌曲应旋律动听、节奏明快、歌词通俗易懂、内容贴近幼儿生活，如《采蘑菇的小姑娘》《金孔雀轻轻跳》《小白船》《小红帽》《铃儿响叮当》等。

《采蘑菇的小姑娘》以欢快的旋律和朴实清新的歌词赢得了幼儿的喜爱，多年来久唱不衰。

《金孔雀轻轻跳》是一首具有西南少数民族风格的儿歌，曲调清新优美，旋律自然流畅，似傣家小姑娘与小孔雀那轻巧的舞步，姿态翩翩。

《小白船》的旋律优美动人，节奏宽广舒展，歌词朗朗上口，描述了幼儿对神秘宇宙的想象和探求的愿望，反映了幼儿对美好世界的追求。

可以将一些中、大班幼儿将要学唱的歌曲作为小班幼儿欣赏的歌曲，如《娃哈哈》《洋娃娃和小熊跳舞》《劳动最光荣》等。

《小红帽》的旋律亲切自然，具有叙事和谣唱性。歌曲主题具有积极意义，教育幼儿要孝敬长辈，还要有自我保护意识和独立能力。

小 红 帽

1=C　$\frac{2}{4}$

巴西儿歌
赵金平、陈小文　译词

1 2 3 4 | 5　3 1 | i　6 4 | 5 5 3 | 1 2 3 4 | 5 3 2 1 |
我　独自走　在　郊　外的　小路上，　我把糕点　带给外婆

2　3 | 2　5 | 1 2 3 4 | 5　3 1 | i　6 4 | 5　3 |
尝　一　尝。　她家住在　又　远又　僻　静的　地　方。

1 2 3 4 | 5 3 2 1 | 2　3 | 1　1 | i　6 4 | 5 5 1 |
我要当心　附近是否　有　大　灰　狼。　当　太阳　下山冈，

i　6 4 | 5　3 | 1 2 3 4 | 5 3 2 1 | 2　3 | 1　1 ‖
我　要赶回　家，　同　妈妈一同　进入　甜蜜　梦　乡。

　　《娃哈哈》是一首脍炙人口的儿歌。这首歌曲的旋律带有浓郁的维吾尔族风情，欢快跳跃，歌词含有教育意义，表达了民族团结和热爱祖国的情感。

娃 哈 哈

1=F　$\frac{2}{4}$

新疆民歌
石夫　记谱配词

活泼　愉快地

6　3 3 3 3 | 4　4 6 3 | 2　2 2 2 1 | 2　2 3 6 |
1.我 们的祖国　是 花　园，　花 园里花朵　真 鲜 艳，
2.大 姐姐你 呀　赶 快　来，　小 弟弟你 也　莫 躲 开，

2　2 2 2　6 7 | 1　1 1 1　7 6 | 7　7 7 7 2 1 7 | 6　6　6 |
和 暖的阳光　照 耀着我 们，　每 个人脸 上都　笑 开　颜。
手 拉着手呀　唱 起那歌 儿，　我 们的生 活 多　愉　快。

2　2 2　6 7 | 1　1 1　7 6 | 7　7 7 7 2 1 7 | 6　6　6 ‖
娃 哈 哈!　娃 哈 哈!　每 个人脸 上都　笑 开 颜。
娃 哈 哈!　娃 哈 哈!　我 们的生 活 多　愉 快。

138

《洋娃娃和小熊跳舞》是一首富有童话色彩的波兰儿歌，旋律明快舒畅，节奏活泼跳跃，生动地表现了洋娃娃和小熊跳舞时可爱憨厚的形象。

洋娃娃和小熊跳舞

$1 = {}^\flat D$ $\frac{2}{4}$

波兰儿歌

李嘉川　译配

中速　稍快

```
1  2  3  4 | 5  5  5 4 3 | 4  4  4 3 2 | 1  3  5  0 |
1.洋 娃  娃 和   小 熊 跳 舞，  跳 呀 跳 呀   一 二 一，
2.洋 娃  娃 和   小 熊 跳 舞，  跳 呀 跳 呀   一 二 一，

1  2  3  4 | 5  5  5 4 3 | 4  4  4 3 2 | 1  3  1  0 |
 他 们  在 跳   圆 圈 舞 呀，  跳 呀 跳 呀   一 二 一，
 他 们  跳 得   多 整 齐 呀，  多 整 齐 呀   一 二 一，

6  6  6 5 4 | 5  5  5 4 3 | 4  4  4 3 2 | 1  3  5  0 |
 小 熊  小 熊 点 点 头 呀，  点 点 头 呀   一 二 一，
 我 们  也 来 跳 个 舞 呀，  跳 呀 跳 呀   一 二 一，

6  6  6 5 4 | 5  5  5 4 3 | 4  4  4 3 2 | 1  3  1  0 :|
 小 洋  娃 娃 笑 起 来 啦，  笑 呀 笑 呀   哈 哈 哈。
 我 们  也 来 跳 个 舞 呀，  跳 呀 跳 呀   一 二 一。
```

《劳动最光荣》的旋律活泼，节奏轻快，形象鲜明，充满童趣。歌词描绘了小动物们在清晨辛勤劳作的热闹场面，寓教于乐地向幼儿传递了劳动创造幸福生活的道理。

劳动最光荣

动画片《小猫钓鱼》插曲

实践教学：
劳动最光荣

$1 = C$ $\frac{2}{4}$

金近、夏白　词
黄准　曲

活泼　有力

```
5 i  i 5 | 6 6  5  | 3 5  1 3 | 2  -  | 5 i  5 |
太 阳 光 金 亮 亮   雄 鸡 唱 三 唱；    花 儿
```

139

6 6　5　｜5 1̇3 2̇5 ｜i　－　｜i. 2̇ 1̇5 ｜6 6　5 ｜
醒来　了，　鸟儿　忙梳　妆。　小　喜鹊，　造新　房，

3. i̇ 6̇5 ｜1 3　2　｜1 12 3 55 ｜6 5　i　｜i 56 i ｜
小蜜蜂，　采蜜糖，　幸福的 生活从　哪里　来?　要靠劳

3̇　2̇5 ｜i.　0　｜5 1̇1 i̇5 ｜6 6̇1 5 ｜3 5̇6 5. 3 ｜
动　来创　造。　青青的 叶儿 红红的花，　小蝴 蝶

1 3　2　｜5 1̇ i̇5 ｜6 6　5 ｜56 1̇3 2̇5 ｜i　－ ｜
贪玩　耍，　不爱　劳动 不学 习，　我们大家 不学　它。

i. 2̇ 1̇5 ｜6 6　5 ｜3. i̇ 6̇5 ｜1 3　2 ｜1 12 3 5 ｜
要 学喜鹊 造新　房，　要学 蜜蜂 采蜜糖，　劳动的 快乐

1̇5 6　6　－ ｜5 66 i̇ ｜3̇　2̇5 ｜i　－ ‖
说不 尽，　劳动的 创　造　最光 荣。

可以选择一些少儿歌曲作为中、大班幼儿欣赏的歌曲，如《小螺号》《小小葫芦娃》《让我们荡起双桨》《清明》等，还可以选取具有中国传统文化底蕴的儿歌，如作曲家谷建芬的《新学堂歌》。

《小螺号》是一首描绘新时代海边渔家幼儿生活情境的歌曲。这首儿歌表现出在海边吹螺号的愉快心情。蓝蓝的大海，海鸥自由自在地飞翔，令人浮想联翩。

小 螺 号

1=C 2/4

傅林　词曲

(6 6 66 6　3 5 ｜6 3 33 3　3 2 ｜6 2 22 2　1 6̇ ｜1　3 5 i̇　×× ｜

×　－) ｜6̇ 3 3 ｜6̇ 3 33 ｜6̇ 3 33 3̇5 3 2 ｜
小 螺 号　嘀 嘀嘀吹，　海鸥听了展 翅

3 $-$ | $\dot{6}$ 2 2 | $\dot{6}$ 2 2 2 | $\dot{6}$ 2 2 2 2 1 6 |
飞。　　小　螺　号　嘀　嘀嘀吹，　浪花听了笑微

1 $-$ | $\dot{6}$ 3 3 | $\dot{6}$ 3 3 3 | $\dot{6}$ 5 5 3 5 |
微。　　小　螺　号　嘀　嘀嘀吹，　声声唤船

$\dot{6}$ 5 6 5 3 | $\dot{6}$ 2 2 | $\dot{6}$ 2 2 2 | 3 3 2 3 2 1 6 |
归　啰。　小　螺　号　嘀　嘀嘀吹，　阿爸听了快快

1 1 | 6 $\tilde{6}$ 5 | 3 2 6 | 6 $-$ |
回　啰。　茫　茫　的海滩，　　

6 $\tilde{6}$ 5 | 3 2 5 | 5 $-$ | 5 5 6 5 |
蓝　蓝　的海水，　　响　起　了

3 2 3 | 3 $-$ | 2 2 3 1 1 6 1 | 1 $-$ ‖
螺　号，　　心　里　美　吧。

《小小葫芦娃》的旋律跌宕起伏，节奏铿锵有力，表现了葫芦娃团结勇敢、不怕挫折、不惧邪恶的顽强精神和活泼可爱的形象。

小小葫芦娃

剪纸系列片《葫芦兄弟》主题歌

姚忠礼　词
应炬　曲

$1=D$ $\frac{4}{4}$

$\quad = 138$　欢快地

($\dot{1}$ 6 5 6 0 | $\dot{1}$ 6 5 $\dot{1}$ 6 0 $\dot{1}$ 6 6 5 6 0 6 | $\dot{1}$ 6 5 $\dot{1}$ 6 0)

1 1 3 $-$ | 1 1 3 3 0 | 6 6 6 5 6 | 5 1 3 3 0 |
1.葫　芦　瓜，　葫　芦　瓜，　一　根　藤　上　七　个　瓜，
2.葫　芦　娃，　葫　芦　娃，　一　根　藤　上　七　朵　花，

$\dot{1}$ 6 6 5 6 $-$ | 5 1 2 2 0 | 7 $-$ 7 5 3 | 5 $-$ $-$ $-$ |
小　小　树　藤　　是　我　家。　啦　　啦啦　啦，
风　吹　雨　打　　都　不　怕。

| i̅ | 0 | 6·| 6̲5̲ 5̲·6̲ 6̲| 05 | 13 | 0 | i̅ | 0 | 6·| 6̲5̲ 5̲·6̲ 6̲| 05 | 12 | 0 |

叮　当　当咚　咚当当　{ 小　树藤，　　叮　当　当咚　咚当当　是　我家，

葫　芦　娃，　　叮　当　当咚　咚当当　七　朵花，

3　－　3̲1̲ 6̇·|　1　－　－　－　|　3̲5̲ 6̲6̲　－　|　3̲5̲ 6̲6̲　－　|

啦　　　啦啦　啦，　　葫芦　瓜，　　葫芦　瓜，

啦　　　啦啦　啦，　　葫芦　娃，　　葫芦　娃，

i̅　－　0̲7̲5̲ |1. 6̇　－　－　－　:‖2. 6̇　－　－　－　|　6　0　0　0　‖

七　个　瓜。　　　花。

七　朵

《让我们荡起双桨》描绘了祖国的花朵们在洒满阳光的湖面上，划着小船尽情游玩、愉快唱歌的欢乐景象。

让我们荡起双桨

故事影片《祖国的花朵》插曲

1=♭E 2/4

乔羽　词
刘炽　曲

中速稍快　优美、热情地

（0 1̲ 2̲ 3̲ | 5　6　| 0̲ 6̲̇ 1̲ 2̲ | 3　5　| 0̲ 3̲ 5̲ 6̲̇ | 1　3　|

2̲ 3̲2̲1̲ 7̇· | 6̲̇ | 6̲ 6̲ | 6̇ 0 6̇ 0 | 6̲̇) 6̲ 1̲ 2̲ ‖: 3·　5 | 3̲ 1̲ 2 |

1. 让我们　荡　起　双
2.（红领巾）迎　着　太
3.（做完了）一　天的功

6̇　－　| 0̲ 1̲ 2̲ 3̲ | 5·　5̲ | 6̲ 2 | 3　－　3 | 3̲ 5̲ |

桨，　　小船儿　推开　波　浪，　　海面

阳，　　阳光　洒在　海面　上，　　水中

课，　　我们来　尽情　欢　乐，　　我问

6̇　－　| 5·　6̲ | 1̲ 7̲6̲5̲ 6̲ | 3 | 1̲ 2̲ | 3·　5 | 1 | 6̇· |

倒　　映着　美丽的白　塔，四周　环　　绕　着

鱼　　儿　望着我　们，悄悄地　听　我　们

你　　亲爱的伙　伴，谁给我　安排下

《清明》的旋律清新优美、节奏明快，歌词具有古诗词的韵味和意境，使幼儿能够真切感受到我国传统节气之美。这首歌曲收录于《新学堂歌》——由中国当代著名作曲家谷建芬以古诗词、格言、古训为歌词而谱写的歌曲集。

清　明

片段教学：
清明

（谱例：清明，含歌词）

村。 清明时节 雨 纷纷， 路上行人

欲 断魂。 借问酒家 何 处有？ 牧童遥指杏 花

村。

牧童遥指杏 花 村。

2. 器乐曲

适合幼儿欣赏的器乐曲应形象单一，曲调单纯，调式明确，结构简单，富有感染力。从音乐的体裁来看，进行曲、舞曲、摇篮曲都易被幼儿理解，且可伴随动作参与欣赏。

器乐曲的音色丰富、音域宽广，为幼儿的想象提供了广阔的空间，能够丰富幼儿的音响积累，开阔音乐视野。但是器乐曲一般篇幅较长，需要对其进行节选或压缩，使之符合幼儿的接受能力。

适合幼儿欣赏的中国民族器乐曲，有《金蛇狂舞》《牧童短笛》《彩云追月》《小拜年》《鸭子拌嘴》《快乐的啰嗦》《阿细跳月》《春江花月夜》《百鸟朝凤》《瑶族舞曲》《梁祝》等。

适合幼儿欣赏的外国器乐曲，有《野蜂飞舞》《玩具兵进行曲》《森林水车波尔卡》《四小天鹅舞曲》《快乐的农夫》《献给爱丽丝》《花之圆舞曲》《月光》《小夜曲》等。

还有许多作曲家创作了大量带有标题的幼儿组曲，这些组曲由若干短小的曲子

组成，有一定的故事情节，富于变化，容易为幼儿理解和感受。如舒曼的《童年情景》《森林景象》，穆索尔斯基的《图画展览会》，普罗科菲耶夫的交响童话《彼得与狼》，德彪西的《幼儿乐园》，拉威尔的《鹅妈妈组曲》，比才的《幼儿游戏》，圣-桑的《动物狂欢节》等，都是很有感染力的器乐作品。

（二）确定活动目标

1. 音乐欣赏教育活动总目标

（1）情感目标

● 乐于参与音乐欣赏活动，有积极的欣赏态度。

● 体验并享受音乐欣赏过程的快乐。

（2）认知目标

● 能够感受、体验音乐欣赏作品所表达的内容和情绪。

● 能够理解音乐作品最基本的表现手段。

● 能够再认和区分已欣赏过的音乐作品。

（3）技能目标

● 初步学习运用文学、美术、韵律动作等各种艺术表现手段来表达自己对音乐作品的想象和情感体验。

● 能够在音乐欣赏的过程中尝试与同伴交流和配合，共同协作来表达对音乐的感受和理解。

2. 音乐欣赏教育活动年龄阶段目标

（1）小班

● 能初步感受性质鲜明、结构短小的歌曲，或有标题的器乐曲的形象、内容和情感，并产生一定的外部动作反应。

● 喜欢倾听周围生活中的各种声音，并用自己喜欢的方式（嗓音、动作等）来表达。

● 乐意参与集体的音乐欣赏活动，并积极尝试和体验音乐欣赏过程的快乐。

（2）中班

● 能感受性质鲜明、结构短小的歌曲，或器乐曲的形象、内容、情感，并产生一定的联想，用外部的动作加以反应。

● 能初步了解并辨别进行曲、舞曲、摇篮曲等不同风格音乐的基本性质。

● 喜欢倾听周围生活中的各种声音，并能大胆地用自己喜欢的方式（嗓音、动作）等来表达。

● 乐意参与集体的音乐欣赏活动，并积极尝试和体验音乐欣赏过程的快乐，初步学习运用不同的艺术表演形式，如文学、美术、韵律动作等来表达对音乐的感受和理解。

（3）大班

● 能较准确地感受性质鲜明、结构适中的歌曲或器乐曲的形象、内容和情感，并产生一定的联想，用外部的动作加以反应。

● 能进一步丰富并加深对进行曲、舞曲、摇篮曲等不同风格和性质音乐的认识。

● 喜欢倾听周围生活中的各种声音，并能用嗓音和动作表现等方式进行创造性的表达。

● 能主动、积极地参与集体的音乐欣赏活动，享受并体验音乐欣赏过程的快乐。

● 能够运用不同的艺术表演形式（如文学、美术、韵律动作等）大胆表达对音乐的感受和理解。

【对点案例】

大班音乐欣赏活动：花儿

天津市幼儿师范学校附属幼儿园教师　孙　丹

活动目标：

1. 尝试随着音乐的变化，用舞蹈动作表现花的生长过程及形态。

2. 能控制和使用身体不同的部位，在高、中、低三个主要平面上移动，进行创造性表达。

3. 体验与同伴合作编创的快乐。

案例分析：

上述活动目标对幼儿能力的要求符合大班年龄特点，使幼儿在聆听音乐的基础上进行创造性表达，有助于幼儿想象力和创造力的发展。

（三）做好活动准备

开展幼儿音乐欣赏活动前的准备包括物质准备和心理准备。

1. 物质准备

（1）欣赏曲目的准备　　教师在选择欣赏曲目时，应分析所选曲目是否适合幼儿的年龄特点和欣赏水平，并对欣赏的曲目有深层次的了解，如旋律、节拍、节奏、曲式结构、强弱对比等方面的特点。

幼儿的注意力容易转移，教师在选择欣赏曲目时，要注意音乐的长度和表现力的丰富程度。如给幼儿欣赏圣－桑的管弦乐组曲《动物狂欢节》时，由于整部组曲由14首小曲组成，篇幅太长，不适宜全部欣赏，可选取其中比较具有代表性的《狮王进行曲》或《天鹅》来欣赏。

（2）教室环境的准备　　教师通过布置教室，创设贴近乐曲内涵的情境，丰富幼儿的感性经验，引导幼儿在情境中感知、体验音乐，启发幼儿联想。如欣赏歌曲《小燕子》，教师可以在教室墙面上粘贴绿树、红花、小燕子、河流等图案，将教室布置成春天的景象，使幼儿在这样的情境中伴随着舒缓悠扬的音乐，自由地展开想象。

（3）物质材料的准备　　在欣赏音乐作品前，教师可以采用形象化和游戏化的语言及图片、玩教具、服饰、实物等生动有趣的东西，唤起幼儿欣赏音乐的兴趣，丰富幼儿的知识经验，帮助幼儿理解音乐作品的内容。知识经验是感受音乐作品的基础。因此，丰富幼儿的相关知识经验是幼儿对音乐产生想象和联想的基础。例如，在欣赏歌曲《大和小》之前，教师可以通过展示图片来加深幼儿对小蜻蜓有大眼睛和大犀牛有小眼睛的外形特征的了解，以形象引导幼儿进行联想和想象。

教师还可以利用现代教育技术，如PPT、视频、动画等全方位调动幼儿，通过具体形象让原本抽象的音乐变得栩栩如生，将幼儿引入特定的欣赏情境中，帮助幼儿更加直观地感知音乐作品，提升教学效果。如在欣赏《赛马》时，教师展示草原上万马奔腾的场景，并呈现一些骑马和扬鞭的动作，使幼儿通过现实生活中的相关场景去感受音乐，实现形象思维的发展。

2. 心理准备

美国心理学家罗杰斯指出，教师不仅要为幼儿创设良好的物质环境，更要创设良好的心理环境。宽松、自由、平等、和谐的氛围，能使幼儿感受到愉快和轻松，并在积极的心态下充分感受、理解和表现音乐。

在欣赏音乐前，教师要让幼儿做好与音乐情绪相适应的心理准备，启发幼儿在听音乐的过程中联想相应的内容，在情感上产生相应的情绪体验。如欣赏《小青蛙，你唱吧》之前，可先向幼儿提问：你们看见过小青蛙吗？它们的叫声是怎样的？它们生活在哪里？然后展示小青蛙在池塘里快乐地蹦蹦跳跳的视频，并告诉幼儿所要欣赏歌曲的曲名，以此来激发幼儿对音乐欣赏的兴趣。

小青蛙，你唱吧

金波　词
新声、书杰　曲

【对点案例】

小班音乐欣赏活动：大和小

一、活动目标

1. 观察画面，感知大和小的对比。

2. 理解歌曲内容，感受歌曲的诙谐情趣。

二、活动准备

1. 物质准备：音频课件、图片。

2. 经验准备：对犀牛和蜻蜓的不同形象特点有初步的了解。

三、活动过程

1. 出示图片（图5-1和图5-2）并提问：图片中展示的是什么动物？

2. 幼儿观察图片，对动物的眼睛和身体的大小进行对比。

3. 教师提问，引出歌词。

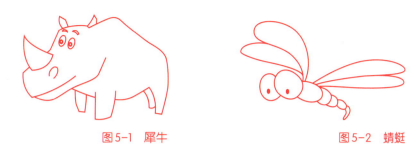

图5-1　犀牛　　　　　　　　　　　图5-2　蜻蜓

师：犀牛长什么样子？犀牛的眼睛大吗？（引出歌词：大大的犀牛小眼睛）

师：和犀牛相比，蜻蜓的身体大还是小？蜻蜓的眼睛大吗？（引出歌词：小小的蜻蜓大眼睛）

4．播放音乐，幼儿初步欣赏歌曲《大和小》。

5．教师提问：从歌词里能听到什么内容？

6．再次欣赏歌曲《大和小》。

附谱例：

大 和 小

1＝C　2/4　　　　　　　　　　　　　　　　　　　李紫蓉　词

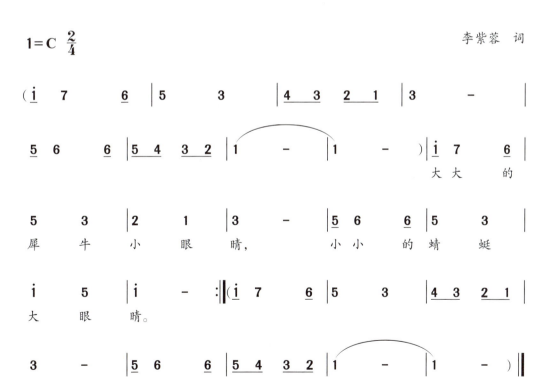

（四）设计活动过程

1. 欣赏前的热身

音乐是反映现实生活和思想感情的。因此，生活经验是感受音乐作品的基础。在让幼儿欣赏音乐作品前，教师应了解幼儿在这方面的生活经验是否欠缺，如有不足要设法组织一些活动，如观看图片、介绍有关知识、讲故事等，以丰富幼儿的生活经验。

2. 导入音乐作品时采用的一般方法

教师要利用与作品有关的图片、诗歌、玩教具等，帮助幼儿理解作品的内容，并引起欣赏作品的兴趣。教师也可采用简单的引导性谈话导入音乐作品，如欣赏《螃蟹歌》前可先问问幼儿："你们见过螃蟹吗？它们是怎么爬的？在哪里爬？它们喜欢吃什么东西"等，然后告诉他们："下面来听一首歌曲，名字就叫《螃蟹歌》，请小朋友们仔细听一听，小螃蟹有几只脚、几把大钳子呢？"

附谱例：

螃 蟹 歌

江西民歌

$1=\text{F}$ $\frac{2}{4}$

当然，教师也可以先不介绍音乐作品的曲名和内容，而是在幼儿初步聆听之后提出一些能引起幼儿注意、启发幼儿想象、需要幼儿回答的问题。教师可根据幼儿的实际水平提问，如欣赏的这段音乐讲了什么？它的声音听起来是怎样的？是人声演唱的，还是由乐器演奏的？这首乐曲使你想到了什么？等等。待幼儿深入欣赏之后，教师再介绍作品的名称及所表达的主要内容。

3. 欣赏过程中借助动作感受音乐

幼儿在欣赏音乐作品时会出现各种面部表情或身体动作，这是幼儿表达内心感受的一种方法。同时，动作还可帮助幼儿加深感受，是提高辨别音乐性质能力的一种重要手段。

要使幼儿感受到音乐中的种种表现手段，如声音的高低、快慢、强弱等，仅凭教师的解释或幼儿的倾听是不够的，还需要让幼儿边听音乐边做动作。如幼儿边听音乐边富有想象地模仿大熊走路，这时他们肌肉活动所使用的力量就比平时走路用的力量大，速度也不一样，要缓慢多了；当幼儿边听音乐边学小鸟在天空飞翔时，需要踮着脚尖轻轻地小跑，这时肌肉活动所使用的力量就会小些，动作就会快些。听进行曲时幼儿能随音乐做整齐划一的走步动作，听舞曲时可随音乐自由地、高兴地跳舞。幼儿在这样的活动中，自然会将自己动作的力度、速度与音乐的力度、速度保持一致，从而加深对音乐作品的感受与理解。

4. 发挥语言的作用

在指导幼儿欣赏音乐作品的过程中，适当的提问可引起幼儿的注意。教师对作品进行必要的解释，可帮助幼儿理解内容，加深感受。语言的指导可使幼儿对作品中特别的、细微的、不易觉察的部分有清晰的感知。适当地教给幼儿一些新的词汇，有利于幼儿用语言来表达自己的感受及形成有关音乐的一些概念，如旋律、节奏、速度、力度等方面的概念。让幼儿讲讲自己的感受，可激发幼儿的想象，使幼儿有机会练习用语言来表达自己的感受，同时还能使幼儿之间相互交流，起到互相启发的作用。通过与幼儿交谈，教师还可以了解他们对音乐作品理解、感受的情况，有利于改进自己的教学工作。

5. 反复欣赏音乐

从认知规律来看，幼儿对事物的认知与理解往往需要经过多次重复。对音乐作品的认知也不例外，只有在反复欣赏中才能感受得更为全面、深刻，记忆也更加牢固。从音乐本身的特点来看，音乐作品具有强烈的情绪感染作用，适宜的音乐能引起幼儿情感上的共鸣，产生一种要求反复聆听的积极愿望，并把欣赏当成一种快乐的享受。

【对点案例】

案例一　中班音乐欣赏活动：牧童之歌

一、设计意图

《牧童之歌》是一首曲调悠扬、节奏明快的哈萨克族民歌。我国是一个统一的多民族国家，让幼儿多接触我国少数民族音乐，感受不同民族的音乐风格，可以开阔幼儿的音乐视野，提高幼儿的音乐素养。

二、活动目标

1. 了解歌词的意思，了解哈萨克族人民生活的地域特点和民风民俗。

2. 感受、体验歌曲活泼明快的氛围。

3. 培养热爱家乡、热爱祖国的情感。

三、活动重点和难点

充分感受歌曲的地域风格及民族风格。

四、活动准备

1. 物质准备：音响设备、音频、视频、教学课件、纱巾、花等道具。

2. 经验准备：在电视或生活中见过骑马的样子，有随音乐做动作的经验。

五、活动过程

1. 初步欣赏歌曲，了解歌词的大概意思。

师：听了这首歌，小朋友们有什么感觉？这首歌是欢快活泼的还是优美恬静的？

师：歌词里唱了什么？使你想到了什么？仿佛看到了什么？

2. 边看视频边欣赏歌曲。

教师出示我国西北地区风情的教学课件和视频，让幼儿边听歌曲边看画面，接受听觉与视觉的双通道刺激，进一步体会歌词表达的情境。

3. 加入肢体动作，深入欣赏歌曲。

（1）教师提示：这首歌曲的歌词很有意思，描绘了太阳升起、小草在风中摇曳、骑马放牧的景象。

（2）幼儿随音乐用肢体动作模仿骑马的样子，进一步体会歌曲的民族风格。

附谱例：

牧 童 之 歌

1=F $\frac{2}{4}$

哈萨克族民歌
石夫 编曲

6 6 3	2 1 2	1 2 1 7	6 5 6	
红太阳	从天山	慢 慢地爬	上，	
6 6	5 3 4	3 4 3 2	1 —	
风 吹	绿 草	草儿把头	扬。	

（谱例略）

案例二 大班音乐欣赏活动：花儿

天津市幼儿师范学校附属幼儿园教师 孙 丹

一、活动目标

1. 尝试随着音乐的变化，用舞蹈动作表现花的生长过程及形态。

2. 能控制和使用身体不同部位，在高、中、低三个主要平面上移动，进行创造性表达。

3. 体验与同伴合作创编的快乐。

二、活动准备

1. 物质准备：创设花园场景，小椅子围成圆弧形，大屏幕、教学课件、图谱、向日葵生长过程视频、音乐伴奏等。

2. 经验准备：养成初步的音乐常规，认识不同的花朵，有随音乐做动作的经验，有随音乐绘画图谱的经验。

三、活动过程

（一）教育活动开始部分

1. 感知自己的身体。

教师运用语言创设情境，幼儿随音乐做动作，活动身体。

2. 游戏律动。

幼儿自由说出水果和花朵的名称，并用身体动作进行创造性地表现。

（二）基本部分

幼儿园活动片段：观察、模仿向日葵生长过程

1. 出示幼儿事先绘画好的图谱，回顾音乐。鼓励幼儿大胆说出自己听音乐的感受。

2. 幼儿观看向日葵生长过程视频，了解向日葵的外形及生长方式。

3. 幼儿自由表现，相互学习，表现向日葵的生长过程。

幼儿围成一个圆圈，用动作表现向日葵的生长过程。教师鼓励幼儿创意表达。

4. 播放视频，幼儿再次欣赏向日葵生长过程。

教师鼓励幼儿用动态、移动等方式表达向日葵的生长过程（高、中、低三个主要平面上移动，进行创造性表达）。

5. 幼儿尝试与同伴合作，共同编创舞蹈动作，体验编创的乐趣。

（三）结束部分

放松律动：师幼随舒缓音乐进行放松整理，自然结束活动。

（五）设计活动延伸

幼儿音乐欣赏活动需要多感官联合参与，即在听觉充分投入的基础上，结合视觉、动觉、触觉等，充分调动幼儿的感官参与活动。心理学研究证实，多通道综合感官学习符合幼儿学习的特点，有利于其学习兴趣的激发，并能唤起幼儿自身生活和意境的记忆和表象，进行意象思维与想象，进入音乐意境，为其音乐能力的发展奠定基础。

丰富多样的延伸活动不仅使幼儿能听到，而且能"看"到、"触摸"到音乐。开放多感官通道，可以让幼儿反复、深入地体验音乐，积累音乐经验，获得审美体验。因此，多种形式的辅助手段在活动延伸中起着重要作用。

1. 语言辅助手段

语言辅助手段指的是具有音乐所表达意境的文字材料，如故事、儿歌、谜语等。借助文字材料所描绘的具体情境，可以让幼儿直观地进行想象，进而更好地理解音乐。

根据音乐的特点，教师可以选择幼儿熟悉的故事，也可以自编故事，帮助幼儿在音乐和故事情节、角色之间建立联系。故事情节与音乐特点相融合，角色与音乐节奏相对应，可以充分调动幼儿的好奇心，使幼儿怀着强烈的探知欲望进入音乐情境中。

教师要善于运用语言的艺术性去带动幼儿参与，讲故事时可以播放音乐，注意语调、节奏、速度、风格，要尽可能与音乐保持一致。生动有趣的语言参与音乐欣赏活动，能使幼儿联系已有经验，展开想象，产生新的联想，更加深刻地感受和理

解音乐，体验音乐作品的情感内涵。

如欣赏《狮王进行曲》时，教师可以让幼儿根据乐曲展现的音乐形象编创一个故事，帮助幼儿积极主动地感受、理解音乐作品的内容和情绪。

以下是根据《狮王进行曲》编创的故事《森林生日会》。

在郁郁葱葱的森林里，住着狮王和许多小动物。这一天，森林里格外热闹，原来森林之王狮子要过生日，邀请小动物们一起来庆祝。

小动物们蹦蹦跳跳地来到广场上。这时，乐队吹响了号角，大家一起迎接狮王的到来。威武雄壮的狮王大摇大摆、威风凛凛地走了过来，神气极了！狮王看到大家列队欢迎它，高兴地一边走一边大声吼叫着，吼声一声比一声响亮。小动物们都害怕极了，吓得瑟瑟发抖。狮王的吼声震撼了整个森林。

狮王来到宝座前坐下，对小动物们说："我是森林之王，今天是我的生日，邀请大家来做客，一起庆祝生日。"小动物们听了，都非常高兴。金丝猴从树上哧溜一声滑下来，抓耳挠腮地拉起了小提琴。大象甩着长鼻子，闷声闷气地吹起了圆号。小白兔晃着长长的耳朵，蹦蹦跳跳地敲起鼓来。小动物们有的叮叮当当地演奏着乐器，有的兴高采烈地跳着舞蹈。看到大家这么积极，狮王高兴极了，忍不住又大吼了一声。这一吼可不得了，把小动物们都吓跑了。狮王很扫兴，只好失望地回家了。

2. 运动觉辅助手段

（1）律动　　幼儿音乐欣赏活动不宜采用单一的方式，而是需要丰富多样的方法使幼儿以"动"的方式实现欣赏主体对音乐"全方面""多层次"的探究。教师应引导幼儿从中引发出自己的感觉，并且把它们表现出来，可以通过身体律动，调动幼儿全身心参与音乐，表达内心感受。如欣赏进行曲时，幼儿跟随音乐做精神抖擞的走步动作，欣赏舞曲时跟随音乐做简单的舞蹈动作。借助身体动作，幼儿更易于表达自己的情感。

小班幼儿的思维处于感觉运动阶段，运动觉发达，因此动作更受幼儿喜爱，更易于被幼儿接受，也最贴近其发展水平，教师可多选用运动觉辅助手段。随着音乐体验的积累，幼儿会越来越喜欢以身体律动即兴地跟随音乐和表现音乐，这既锻炼了幼儿全神贯注地听音乐、倾注情感地理解和表现音乐的能力，同时也是一种即兴的创造性活动。

教师应当鼓励幼儿随着音乐作品编创韵律动作，在即兴的创造性活动中尽情地表达内心感受，激发幼儿的自主性和创造力。如《红星歌》是一首具有进行曲风格的歌曲，附点节奏表现了小主人公坚定的步伐和昂扬的斗志。在教学中，教师可以先将歌词当作童谣，让幼儿按照节奏反复朗诵，并加入声势击打节拍。在熟悉歌词的基础上，进行旋律学唱，然后结合歌词编创韵律动作，以律动的形式来探究和表现音乐。

附谱例：

红 星 歌

1=♯C 2/4

邬大为、魏宝贵 词
傅庚辰 曲

雄壮有力 进行速度

mf

| 5. 5 5 6 | 5 — | 6 3 2 | 1 — | 1. 1 6 | 6. 1 |
红星闪 闪 放 光 彩, 红星灿 灿

| 6 5 4 3 | 2 — | 5. 5 1 1 | 1 | 6 6. 5 3 | — |
暖 胸 怀。 跟 着毛主 席, 跟 着 党,

| 2 22 6 5 | 4 3 2 1 | 5 — | 5 — | 5. 5 1 1 | 1 |
闪 闪的红星 传 万 代, 跟 着毛主 席,

| 2 2. 1 6 | — | 5 5 1 6 5 | 3 5 6 5 | 1 — | 1 — |
跟 着 党, 闪 闪 的红星 传 万 代。

瑞士音乐家、教育家达尔克罗兹所倡导的体态律动，以身体为乐器，通过身体动作，体会音乐的节奏、速度和力度的变化，用身体动作来表现音乐。下面这个音乐欣赏活动就是幼儿用身体律动来深入感受音乐，并进行肢体表达。

（2）表演　　在幼儿音乐欣赏活动中加入表演，能够提高幼儿听音乐的兴趣，培养幼儿理解音乐、表现音乐的欲望和能力。

第一，动作表演：欣赏音乐虽然是听觉感受活动，但是通过动作表演，幼儿不仅能听到，而且能"看到"音乐各个部分的表现形态。例如，音乐是连贯的还是跳跃的？是高亢的还是低沉的？是优美抒情的还是沉痛悲伤的？如欣赏《狮王进行曲》时，教师可以引导幼儿用肢体动作、表情和嗓音来表现森林之王坚实的步伐、威风凛凛的神态和震耳欲聋的吼叫声，以加深对乐曲的理解。

肢体动作表现：狮王

第二，歌表演：歌表演也是一种表现音乐欣赏感受的途径。对于一些适合幼儿演唱的歌曲，教师可以尝试让幼儿在歌曲的演唱中欣赏。如江苏民歌《茉莉花》是一首委婉亲切的歌曲，教师可以让幼儿通过演唱的方式参与到欣赏的过程中。

附谱例：

茉 莉 花

1=♭E 4/4

中速 亲切地

江苏民歌

mp

| 3 | 3 5 6 1 | 1 6 | 5 | 5 6 5 | — | 3. 2 3 5 | 6 1 | 1 6 |
好 一 朵美 丽的茉 莉 花, 好 一 朵 美 丽的

mf

```
5  5̂ 6 5  -  | 5  5  5̃  3̂ 5 | 6  6  5  - |
茉 莉 花。    芬 芳 美 丽 满 枝 丫，

3  2̂ 3 5  3̂ 2 | 1  1̂ 2 1  - | 3 2 1 3 2·  3 | 5  6̂ 1 5·   3 |
又 香 又 白 人 人 夸。    让 我 来   将 你 摘 下

2  3̂ 5 2̂ 3 1̂ 6 | 5̣  -  6̣ 1 | 2·   3 1 2 1 6̣ | 5̣  -  -  0 ‖
送 给 别 人 家，  茉 莉 花，  茉 莉 花。
```

幼儿园活动片段：以报纸为打击乐器

自制乐器演奏

　　第三，打击乐表演：打击乐表演也是幼儿参与音乐欣赏活动的一种方式，在这个过程中教师可以更多地关注幼儿对音乐结构、节奏的感知。如欣赏歌曲《大地飞歌》，该曲结构工整、节奏性强，教师可以让幼儿用三角铁、铃鼓、手摇铃、木鱼等打击乐器进行打击乐演奏。

　　创造是奥尔夫音乐教育的灵魂。在奥尔夫音乐教育活动中，幼儿可以利用报纸作为打击乐器，以拍报纸、甩报纸、抖报纸的动作，跟随音乐进行的创造性活动。

　　在日常生活中，很多随处可见的物品也可以作为无固定音高的打击乐器进行随乐演奏，幼儿不仅从中体会到了无穷的乐趣，而且在自制乐器的过程中，动手能力、想象力、创造力等多方面能力得到了锻炼。

二、幼儿音乐欣赏活动的指导

（一）引导幼儿感受音乐要素

1. 培养幼儿对音高、音值、音色、力度等音响要素的感受力和辨别力

　　音乐尽管是千变万化的，但基本上由这些音响要素构成。如果幼儿具备了辨别这些音响要素的能力，就有了感受音乐音响的基础，这会影响幼儿欣赏音乐及表演音乐的能力。因为幼儿无论进行哪一种音乐活动，都离不开对音高、音值、音色、力度等要素的感知。

2. 培养幼儿对节奏的感受力和辨别力

　　节奏在音乐表现手段中具有十分重要的地位。旋律不能脱离节奏而单独存在，但节奏可以独立存在。音乐之所以能千变万化，具有十分丰富的表现力，节奏在其中起着重要作用。作曲家为了使作品与客观现实生活有密切联系，帮助欣赏者领会和理解音乐作品，常有效利用节奏这个表现手段。例如，在反映与火车或马有关的

音乐作品中，我们可以听到火车开动时的节奏，以及马奔跑时马蹄撞击地面的节奏。音乐的表情性质和风格特征在很大程度上是由节奏塑造的。因此，幼儿具备对节奏的感受力及辨别力，能帮助他们领会音乐作品的表情性质和风格特征，同时也使他们在唱歌或做律动动作时更富有表现力，并在各项音乐活动中获得美感。

3. 培养幼儿对音乐旋律的感受力和辨别力

旋律是音乐艺术的主要表现手段，旋律的起伏变化和抑扬顿挫，有效地传达出音乐作品的感情性质。感受旋律的音响，最主要是感受旋律的进行形态（指旋律是上行、下行还是平行，是级进还是跳进等），由此可以感受到旋律的美及其所表达的感情。如果幼儿对音乐旋律缺乏感受力，就不可能真正领会音乐所特有的美。例如，欣赏《动物狂欢节》中的《狮王进行曲》，表现狮王的旋律具有进行曲风格，威风凛凛的，刻画了狮王的雄姿。低音区采用上、下行半音进行的旋律，模仿狮王的吼叫，更增加了作为森林之王的狮子的威严形象。又如，欣赏《龟兔赛跑》，如果幼儿能感受和辨别出代表兔子和代表乌龟的两个主题旋律，则幼儿在欣赏作品时，便能始终抓住这两条旋律线，这样更有助于他们较完整和深入地欣赏这首作品。

4. 培养幼儿对音乐结构形式的感受力和辨别力

音乐作品具有一定的组织形式，要使幼儿对音乐有完整的感受，必须使幼儿能感受和识别音乐作品的组织结构。例如，要感知一首歌曲或乐曲由几个乐段组成，每一乐段中又各有几个乐句，还要感受歌曲或乐曲的开始和结尾，以及乐段和乐段之间的转换和连接等。

幼儿感知音乐作品的形式美也是音乐审美内容的重要方面。幼儿感受音乐作品的结构形式，能更完整地领会音乐作品，并能更好地把握整首音乐作品中感情的发展变化。

【对点案例】

大班音乐欣赏活动：玩具奇妙夜

首都师范大学学前教育专业硕士研究生　窦如莹

一、设计意图

艺术是人类感受美、表现美和创造美的重要形式，也是表达自己对周围世界的认识和情绪态度的独特方式。欣赏活动是幼儿感受美、表现美的基石。由此看来，欣赏活动是幼儿感受世界的关键要素，是幼儿园艺术教育中至关重要的一个环节。《3—6岁儿童学习与发展指南》中指出，应当经常让幼儿接触适宜的、各种形式的音乐作品，丰富幼儿对音乐的感受和体验。

《挪威舞曲》这一乐曲热情奔放，节奏音型鲜明，ABA段落差异明显。它作为挪威民族的哈林舞曲，有着不同于中国传统音乐的风格，能给幼儿带来丰富的体验。它旋律起伏跌宕、富有动感，符合幼儿喜欢情绪愉悦浓烈的音乐、喜欢生动的音乐内容的音乐欣赏特点，也能够支持幼儿在运动中感受音乐。以这首曲子为线索，设计《玩具奇妙夜》的教案，旨在引导幼儿在已有经验的基础上，通过听故事、观察教师示范表演、游戏等方式，感受乐曲ABA各段的音乐形象及整体的音乐风格。

二、活动目标

1. 感受乐曲ABA段落的音乐内容形象，理解音乐变化与动作变化的关系。

2. 能以小跑的动作、紧张的神情表现B段乐曲，并且在听到 <u>××</u> × 节奏时定住不动并摆出自由编创的动作造型。

3. 跟随音乐，扮演各自的玩具角色，体验在音乐中进行角色扮演的乐趣。

三、活动重点和难点

1. 活动重点：感受乐曲ABA段落的音乐内容形象，理解音乐变化与动作变化的关系。

2. 活动难点：能以小跑的动作、紧张的神情表现B段乐曲，并且在听到 <u>××</u> × 节奏时定住不动并摆出自由编创的动作造型。

四、活动准备

1. 物质准备：与幼儿人数相同的纱巾若干条，手电筒，较为昏暗的教室环境，与音乐段落相对应的图谱，故事图片。

2. 经验准备：幼儿可以有意识地看音乐图谱，能够跟随音乐做动作。

五、活动过程

（一）导入环节

运用故事导入，引导幼儿初步感受乐曲。

教师播放音乐，在配合音乐展示动作的过程中讲述故事《玩具奇妙夜》。

指导语：小朋友们，早上好。今天老师给小朋友们带来一个有趣的故事。

设计理由：幼儿音乐欣赏的特点之一是喜欢生动的音乐内容。教师在带领幼儿感受生动的音乐内容时，可引导幼儿根据音乐作品联想一件事、一个情境或一个故事。

本次活动的故事《玩具奇妙夜》与幼儿先前看过的《博物馆奇妙夜》在情节上有相似之处，符合幼儿的已有经验。其"玩具到某个特定时间可以动"的设定也是幼儿的兴趣所在，因此选编了这一故事。而教师在故事导入环节一边配合音乐一边表演可以帮助幼儿更形象具体地表现音乐，调动他们的积极性，同时也可以加深幼儿对音乐的印象。

（二）基本环节

通过出示故事图片和原地学习声势动作，引导幼儿感受音乐内容形象。

1. 依次播放ABA三段音乐并引导幼儿找出与该段音乐相对应的故事图片。

提问：咱们现在听到的这段音乐，是故事中哪个情节的音乐呢？请你上来指出这张图片。

2. 教师发放道具，引导幼儿原地跟随音乐学习声势动作，感受音乐的内容形象。

（1）教师分发纱巾，引导幼儿跟随音乐使用纱巾做A段的声势动作，表现A段轻快诙谐的音乐形象。

提问：刚刚咱们回忆了故事一开始玩具们苏醒之后帮助主人叠衣服的情节，它们是怎么做的呢？

指导语：咱们一起来试试小玩具醒来之后是怎么做的。左看看，右看看，开开心心转个圈。闻纱巾，哎呀，快拿开，再闻闻，哎呀，快拿开。左右叠，上下叠，再左右叠，上下叠。衣服这就叠好啦！

（2）教师引导幼儿学习B段的游戏规则并表现B段急促紧张的音乐形象（个别练习—整体练习）。

提问：在叠完衣服之后，发生了什么事情？小玩具们是怎么跑的？

指导语1：没错，在叠完衣服之后，主人突然拿着手电筒出现了，小玩具们吓得四处跑，被灯光照到又定住不敢动。那现在老师哼唱音乐，请小朋友们和老师来配合表演一下。

指导语2：在游戏开始前，老师想要强调一下游戏规则，大家在第一遍定住时，被灯光照到的小朋友任意摆一个造型，其他小玩具要在随后模仿他的动作。但是第二遍定住时，所有小朋友都要任意摆两个造型。

指导语3：小玩具们定住后，没被主人发现，它们开心地找到和自己纱巾颜色相同的伙伴并快乐地拍手庆祝。现在老师请一个小朋友来和老师配合演示一下。

（3）完整地使用道具合乐原地做声势动作。

指导语：现在老师要开始播放音乐了，咱们完整地表演一遍，当主人走了后，小玩具们可不要忘记继续叠衣服哦。

3. 教师启发幼儿编创B段定住时的动作造型并且帮助幼儿美化动作造型。

核心提问：刚刚老师看到许多小朋友被定住时都摆了很好看的动作造型，XXX，你可以展示一下你做了什么样的造型吗？

指导语：看来大家都已经准备好了，现在老师来哼唱，请小朋友们扮演小玩具摆造型好不好？

4. 师幼合作完整地进行音乐表演。

指导语：叮咚叮咚，午夜的钟声敲响了，现在小玩具要慢慢地苏醒过来啦！

播放 ABA 完整的三段音乐，教师与幼儿合作表演。

教师扮演主人，幼儿扮演玩具。在表演过程中，教师观察幼儿的表现并鼓励幼儿在感受音乐特点的基础上进行游戏。

5. 讨论与评价表演情况。

可以从幼儿在游戏中遇到的问题、动作造型的表现、配合音乐的情况几个方面进行讨论。

核心提问：刚刚咱们一起完整地玩了一次游戏，老师看到小朋友们都玩得很开心，你们都找到自己的伙伴了吗？

6. 根据讨论结果改进表演，再次进行表演。

设计理由：幼儿喜爱在运动中感受音乐，这是由幼儿的身心发展特点所决定的。达尔克罗兹就曾说过"音乐即运动"。对幼儿来说，感受、理解、表现音乐的过程就是表演（身体动作、打击乐演奏、演唱）音乐的过程。所以，引导幼儿跟随音乐的节拍做动作是幼儿园音乐教育的一个主要内容。

本次活动过程的基本环节是幼儿学习表演动作与规则的部分，也是幼儿通过故事情节的变换理解音乐句段结构，通过动作感受音乐内容的环节。这一部分共有四个小环节，分别是：整体回忆完整的音乐内容形象—原地学习A、B段动作并进行表现—教师启发幼儿编创动作—幼儿原地跟随音乐完整地进行游戏。在这一部分，幼儿的学习是层层递进的。

1. 第一环节：引导幼儿听音乐找故事图片。幼儿在将故事与音乐对应的过程中可以再次感受音乐、熟悉音乐各段落的内容形象。

2. 第二环节：学习A、B段的动作。A、B段都是由单纯的动作学习发展到配合音乐做动作。教师可以引导幼儿在对动作有大概认识的基础上，逐渐过渡到难度更高的使用道具做动作—跟随音乐并使用道具做动作—自如地表现音乐。

（1）在这一环节最初的动作学习时，教师会通过哼唱A、B段音乐的方式来给幼儿伴奏，引导幼儿进行动作学习。这是因为哼唱的速度可以由教师来把握，方便教师观察幼儿表现，适时地调整哼唱的速度和练习的次数，也便于教师随时对幼儿进行言语上的指导。当幼儿学习完A段或B段的动作之后，教师会播放音乐，引导幼儿跟随音乐做动作，一是能够让幼儿熟悉音乐，把握音乐的速度，二是有音乐元素的加入，可以让动作学习更有趣味性。

（2）经过逐步学习动作、反复聆听乐曲，幼儿已可以尝试进行完整的音乐游戏，但是考虑到幼儿运动量及新奇刺激数量的问题，在这一环节仍旧选择让幼儿在原地进行音乐游戏。

3. 表现与创造是建立在感受与欣赏之上的，所以我将编创动作环节设计在这一部分的第三环节。经过前面两个环节及导入环节的感受与欣赏，幼儿已经对乐曲有了一定的熟悉感，这样可以让幼儿在熟悉乐曲、了解动作的基础上表现自己对音乐的感受。在这一环节中，幼儿可能习惯于模仿他人的动作，所以教师在做动作示范的时候需要使用各种不同的、独特的动作来引导幼儿，帮助他们打开创造的大门，大胆地表现自己。教师在引导过后，可以扮演主人并哼唱B段旋律来引导幼儿做动作，既可以调整哼唱的速度，帮助幼儿熟悉规则和旋律，又可以有意识地选择将光照到造型摆得较好的幼儿身上，给其他幼儿做出示范。

4.经过以上环节的学习及对最后幼儿原地进行音乐游戏表现的观察，教师可以判定幼儿已经具备完整进行音乐游戏的经验，所以在这一环节，在音乐的B段不再让幼儿原地进行跑动，而是在教室自由地进行躲藏。

在第一轮游戏后，教师组织幼儿进行讨论与评价幼儿的游戏情况。先由幼儿提问题，做评价，再由教师进行总结。大致可以从游戏中遇到的问题、动作造型的表现、合乐做动作的情况几个方面来进行讨论。最后通过师幼共同讨论后得出改进的办法，进行第二轮游戏。

（三）结束环节

回顾总结：教师总结活动进行情况和幼儿的表现，并且向幼儿介绍如何在各个活动区进行活动延伸。

引导语：今天我们一起玩了《玩具奇妙夜》的游戏，其实我们刚刚听到的乐曲叫《挪威舞曲》，如果小朋友们对这首乐曲比较感兴趣，想用打击乐器给这首乐曲伴奏的小朋友可以去音乐区尝试一下。美工区的小朋友可以画一画、拼一拼你今天扮演的玩具。语言区的小朋友可以讲一讲你觉得《玩具奇妙夜》这个故事能怎么发展。角色扮演区的小朋友可以按照玩具的角色选取合适的服装与道具进行角色扮演。科学区的小朋友可以继续探索光与影的秘密。

设计思路：在这一环节，教师引导幼儿回顾本次活动并对幼儿的表现、活动情况进行总结。向幼儿介绍《玩具奇妙夜》在各个区域中的延伸活动。

六、活动延伸

《玩具奇妙夜》中的故事情节离奇有趣，故事人物也是幼儿日常生活中常见的、熟悉的各种玩具，所以无论从故事的角度还是从故事人物的角度来讲都具有延伸的可能性。而《挪威舞曲》风格独特、热情奔放，A、B段对比性强，旋律紧张，也符合幼儿兴趣，也可以在其他区域活动中进行延伸。

美工区：可以引导幼儿设计游戏所用的玩具胸牌、与其他区合作制作道具。

语言区：可以引导幼儿续写、改写故事《玩具奇妙夜》，也可以与美工区合作制作皮影等道具进行表演。

音乐区：引导幼儿使用打击乐器演奏《挪威舞曲》。

角色扮演区：按照玩具的角色选取合适的服装与道具进行角色扮演。

科学区：投放手电筒和相应的道具，引导幼儿探索光与影的秘密。

七、音乐作品分析

1. 《挪威舞曲》简谱

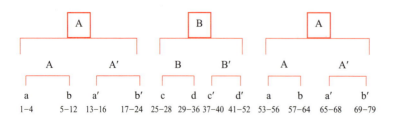

2. 作品分析

《挪威舞曲》由ABA三个部分组成，属于再现性的器乐曲。其中，A段乐曲短小，节奏平稳，乐句工整，换句明显，强弱分明，符合大班幼儿欣赏水平的最近发展区，适于幼儿进行音乐基本元素的感知与音乐情绪的欣赏。乐曲的B段对比性较强，旋律音型较快，情绪较为紧张，游戏性强，符合幼儿的兴趣与发展水平，能够吸引幼儿的注意力，便于开展活动。从整体来看，整首乐曲情绪愉悦、生动，符合幼儿的音乐欣赏特点，并且其工整的乐句便于幼儿通过身体动作来感受音乐。

3. 音乐段落分析

A　|　B　|　A

（下图中大写字母表示大段落，小写字母表示乐句。）

4. 动作设计

A段：

第一乐句苏醒。第1小节向左看，第2小节向右看。第3—4小节转圈并摆一个造型。

第二乐句闻纱巾、叠纱巾。第5小节闻纱巾，第6小节捏鼻子抖纱巾，第7—8小节重复第5—6小节动作但是力度更轻，第9小节将纱巾左右对折，第10小节上下对折，第11—12小节重复第9—10小节动作。

第三、四乐句重复第一、二乐句的动作。

B段：

第一乐句跟着灯光逃跑。第1—2小节避开灯光四处跑，第3小节被灯光照到的人做动作造型，第4小节其他幼儿模仿其动作造型。

第二乐句寻找和自己纱巾颜色相同的伙伴。前4小节寻找与自己纱巾颜色相同的"玩具"，后4小节和他拍手庆祝。

第三、四乐句重复第一、二乐句的动作，但是当定住做造型时，全体幼儿任意做两个造型。音乐停止时，所有玩具定住不动。

A段：

重复A段动作。

5. 附录

《玩具奇妙夜》故事梗概：

叮咚，叮咚……到了夜里12点，午夜的钟声响起了。吱嘎吱嘎……伴随着钟声，玩具箱里竟然发出了声音。

接着，玩具箱里跳出了芭比娃娃、玩具车、玩具兵……原来，这家里的玩具，白天的时候和普通玩具一样不会说话，不会动。可是一到了晚上12点，它们就会复活。

这一天，玩具们从玩具箱里出来以后，它们左看看，右看看，非常新奇。就这样走着走着，它们发现屋子里主人的衣服很乱，捡起主人的衣服闻了闻，哎呀，真是太臭了，然后就开始帮助主人叠起了衣服。

可是这时，主人听到了动静，突然醒了。他开始拿着手电筒四处查看，玩具们吓得赶紧跑。它们想，怎么能不被主人发现它们会动的秘密呢？对了！在被手电筒照到的时候定住不动，也许就能骗过主人。当灯光挪开，它们躲过一劫之后就赶紧找到自己的伙伴一起拍手庆祝。

灯光和脚步声突然消失，所有玩具都停住了，原来这次主人真的走了。玩具们又继续帮主人叠衣服。不一会儿，太阳出来了，新的一天开始了，一切又都回归平静了。

（二）引导幼儿体验音乐情绪

音乐是表情艺术，擅长抒情。音乐表现了作曲者对客观事物的情感反映。即使有歌词，音乐也主要是对歌词内容做感情的概括。因此，在音乐活动中，引导幼儿感受、体验音乐所表达的感情是十分重要的。

1. 引导幼儿从音乐中直接获得感情体验

欣赏音乐时，教师应引导幼儿直接从音乐的抑扬顿挫中感受音乐所表达的情绪。例如，《瑶族舞曲》是一首旋律优美、节奏明快的管弦乐曲，生动地展现了瑶族民众欢歌热舞的喜庆场面。欣赏时，幼儿能从中感受到愉快和欢乐的情绪，得到身心愉悦的体验。

附谱例：

瑶 族 舞 曲

彭修文 曲

166

2. 借助作品的标题、歌词或教师的讲解，感受音乐所表达的情绪

例如，《鸭妈妈和鸡阿姨》这首作品标题明确，歌词讲述了鸭妈妈和鸡阿姨相互帮助的故事，这些都有助于幼儿感知乐曲内容，体验音乐所表达的感情。

附谱例：

鸭妈妈和鸡阿姨

1=F 2/4

刘同仁 词
蔡海波 曲

（5 6 53 ｜2· 3 ｜5 32 ｜1 5656）｜53 33 ｜53 3 ｜
1.2.鸭妈 妈和 鸡阿 姨，

23 21 ｜2 — ｜53 33 ｜53 3 ｜23 21 ｜2 — ｜
鸡 阿 姨， 亲亲热热 在一 起， 在 一 起，

11 60 ｜33 20 ｜3 5 ｜6 — ｜56 53 ｜2· 3 ｜
鸡阿姨， 鸡阿姨， 想 过 河， 不会游 泳
鸭妈妈， 鸭妈妈， 生 了 蛋， 不会抱 窝

5 32 ｜1 — ｜60 60 ｜6 — ｜56 54 ｜3 — ｜
真 着 急， 鸭 妈 妈 来 帮 忙，
真 着 急， 鸡 阿 姨 来 帮 忙，

56 54 ｜3· 1 ｜2 3 ｜5 — ｜11 60 ｜33 20 ｜
驮着阿 姨 过 河 去， 鸭妈妈， 鸭妈妈，
孵出小 鸭 叫叽 叽， 鸡阿姨， 鸡阿姨，

3 5 ｜6 — ｜56 53 ｜22 03 ｜5 32 ｜1 — ：｜
谢 谢 你， 向你敬个 礼呀， 敬 个 礼。

3. 欣赏的作品要尽可能与幼儿的生活经验密切结合

例如，在欣赏《好妈妈》时，要启发幼儿在聆听音乐时，结合自己对妈妈的喜爱和感激之情，这样更能引起幼儿情感上的共鸣。

附谱例：

好 妈 妈

1=F 2/4

潘振声 词曲

中速 稍快

4. 允许幼儿对音乐的感情体验带有个人色彩

每个幼儿的生活经历不同，认知及理解水平不等，对音乐的体验也会有所不同。例如，《摇篮曲》通过悦耳的旋律、温馨的歌词，使人感受到深邃的母爱。欣赏时，有的幼儿会随着音乐微微摇晃身体，有的幼儿则双手交叉抱在胸前轻轻拍着，虽然肢体动作不同，但是他们都感受到了浓浓的母爱和温馨的气氛。

附谱例：

摇 篮 曲

1=bA 4/4

克劳蒂乌斯 作词
舒伯特 作曲
尚家骧 译配

行板

pp

$$2. \quad 2 \quad \overline{3.\ 2} \ 1 \ | \ 5 \ \overset{\overgroup{6\ 5}}{\underline{4\ 3}} \ 2 \ \underset{.}{5} \ | \ 3 \quad 5 \quad \overline{2.\ 3} \ 4 \ | \ 3\ 3 \ \overline{2\ 3\ 4\ 2} \ 1 \quad 0 \ \|$$

摇　篮　摇　你　快　　快安睡，安　　睡在摇　篮里　温暖又安逸。

世　上　一　切　美　　好的祝愿，一　　切幸　福　全都属于你。

一　束　百　合　一　　束玫瑰，等　　你醒　来　妈妈都给你。

（三）启发幼儿进行联想和想象

幼儿参与音乐欣赏活动时的联想和想象，一般指由感受音乐音响所引起的有关生活形象的联想和想象，从而帮助幼儿进入音乐的意境。引导幼儿进行相关的联想和想象是很必要的。因为音乐艺术的表现手段有局限性，它不可能像绘画那样把现实生活中的具体形象及画面描绘出来。幼儿在音乐欣赏活动中进行与音乐内容有关的联想和想象，可以补充音乐所不能直接表达的内容，使幼儿更完整而生动地感受音乐形象，更深入地体验和表达音乐感情。来源于幼儿生活的音乐内容使得幼儿能够轻松地将经验与音乐、表现联系起来，在已有经验的基础上得到进一步的发展，最终达到良好的音乐欣赏效果。

例如，欣赏《军队进行曲》时，如果幼儿能够联想到士兵行进时的雄姿和整齐划一、雄赳赳气昂昂的行进队列，则更容易领会乐曲所要表达的形象。

军队进行曲

1= D　2/4

舒伯特　曲

♩=120　活泼的快板

169

【对点案例】

在课程背景下幼儿音乐素养实践案例研究

天津市幼儿师范学校附属幼儿园教师　原　帅

温暖三月，春风拂面。以春天为主线，结合本班幼儿的年龄水平和游戏现状，教师与幼儿共建"拥抱春天"的主题课程。以课程为载体，以促进幼儿深度学习为目标，培养幼儿的音乐素养。主题课程的构建缘起于植物角中一盆发霉的白玉菇。

春天到了，在学期初我们针对幼儿感兴趣的种植内容，让幼儿自己创设了自然角，充实了一些豆类、种子类植物，小暖宝带了一盆白玉菇。和以往一样，小暖宝用工具种上了她的白玉菇。

几天过去了，白玉菇没有动静。小暖宝依旧每天怀着期待精心照顾着她的小植物。但一周过去了，经过周末，再次来到幼儿园时，悲剧发生了……白玉菇发霉了。悲伤的同时，引来了很多小朋友围观，到底是什么原因导致白玉菇发霉了呢？

小暖宝已经非常尽心尽力地去照顾她的植物宝宝，可怎么还是不行呢？我们利用晨间谈话时间，与幼儿进行了一次激烈的讨论。

有的幼儿认为是有人破坏，有的幼儿认为水浇多了，有的幼儿认为天气太冷了种不出来蘑菇。但是春天已经到了，植物到底如何才能更好地生长？植物会有哪些变化？在这个多彩的春天，幼儿对大自然的一切新奇不已。为了让幼儿了解春天、感知春天，我们开展了关于春天的主题活动，让幼儿充分感受这个季节中的美丽与神秘，收获喜悦并用艺术表达的方式培养幼儿的音乐素养。

教师抓住幼儿发现的现象和兴趣点，共同商议感兴趣的话题，幼儿间相互讨论提出问题，教师对其进行价值判断和筛选，聚焦可拓展、有教育意义、幼儿感兴趣的问题，并引发幼儿积极思考，提供适宜的支持，从而促进幼儿进行深度学习。

教师与幼儿共建具有春天气息的室内环境。尝试以音乐欣赏教学为切入点并将表演游戏的指导纳入其中。幼儿将表演区命名为"蘑菇剧场"。在春天的环境浸润下进一步感受艺术的美，欣赏艺术的美，进而激发幼儿大胆表达及表现，以环境育人、课程育人的方式，促进幼儿深度学习。

在研究过程中，幼儿园领导给予教师很多指导，帮助教师找准方向、分析问题，理清思路。在课程背景下，可以通过以下4个方面推动幼儿音乐素养的养成。

一、丰富幼儿经验

为使幼儿更好地理解音乐作品，教师在活动前要认真分析音乐作品的特点，根据作品内容及时丰富幼儿的生活经验和音乐经验，以寻求目标与幼儿经验间的结合点，实现两者的有效对接，提高欣赏学习的有效性。

（1）丰富幼儿生活经验

结合课程的建构和推进，围绕其主题内容，教师要选取适合的艺术表现形式为幼儿深入学习提供支持，推进课程走向。如在《化蝶》《茉莉花》《水仙花圆舞曲》等音乐的活动中，丰富幼儿对春天形象的认知，使幼儿对春天万物复苏的形象有深入的了解，为幼儿在课程活动中的表现提供素材。

（2）丰富幼儿音乐经验

对于音乐结构特点较为复杂的作品，教师可在分析音乐的基础上采取有效的方法丰富幼儿相关的音乐经验。

一是聆听欣赏：在日常生活中有意识地播放音乐，使音乐在幼儿的记忆中形成一定的表象。

二是游戏感知：以游戏的方式帮助幼儿积累和音乐作品相似的音乐经验。

此外，教师还借助家长资源调动幼儿的艺术表现力，使幼儿了解不同的艺术表现形式，积累幼儿的音乐经验，提升幼儿的音乐素养，为幼儿今后的发展奠定基础。

二、积累音乐素材（感知欣赏音乐）

通过实践，教师把感知欣赏音乐的方法归纳为：选择音乐—感受音乐—理解音乐—鉴赏音乐—表现音乐，让幼儿在听、看、辨、动、唱中真正体验不同音乐带来的不同感受，从而更好地培养其音乐素养。

在进行音乐欣赏时，乐曲的选择直接关系到幼儿对音乐欣赏的兴趣。不同的音乐会带给幼儿不同的感受。音乐的选材要贴近幼儿生活，让幼儿有切身的体验，以使他们对音乐产生表现的欲望。

教师可将不同音乐主题贯穿到"拥抱春天"的课程活动中。（多样化的主题、多样化的音乐素材）

季节性主题：《春之声》《春之歌》《蓝色多瑙河》。

可爱动物主题：《森林狂想曲》《野蜂飞舞》《化蝶》。

绿色植物主题：《水仙花圆舞曲》《单簧管波尔卡》《茉莉花》。

节日主题：《喜洋洋》《动物狂欢节》《金蛇狂舞》。

人物主题：《快乐的农夫》《鞋匠之舞》《玩具交响曲》。

三、大胆进行表现

1. 关注幼儿表现过程，提供适宜学习支架

教师有目的地观察并接纳不同发展水平幼儿的表现，敏锐地判断介入时机，给予幼儿不同方式的学习支架（语言支持、动作支持、图谱支持）。例如，在欣赏《森林狂想曲》时，教师以故事的情境为其赋予音乐形象。又如，在欣赏《单簧管波尔卡》时，因为乐曲本身是回旋曲式风格，为了让幼儿更好地理解循环往复的回旋特点，教师借助图谱，让幼儿聆听音乐、直观看到小鸟盘旋花朵、飞上枝头的动态，再配合教师肢体动作的支持，这样在教学过程中幼儿很容易找出乐曲中相同的句式，从而突破本活动的难点部分，为后续幼儿的表达表现奠定基础。

2. 借助同伴资源，提升表现经验

让幼儿共同表演，有助于不同水平幼儿间相互学习与借鉴，提升表现经验。

3. 借助表演游戏，体验自主表演及创造的乐趣

当幼儿积累了一定的欣赏、表演经验后，教师采用"蘑菇剧场"——借助表演游戏的形式将活动进行延伸，也为表演游戏提供内容。幼儿自编自导自演，并利用音乐编创情节、改编剧本，将音乐欣赏的内容融入表演游戏中。幼儿尝试将《化蝶》《单簧管波尔卡》《水仙花圆舞曲》等音乐融入《三只蝴蝶》表演剧中。幼儿精心设计，将熟悉的小动物形象也融入其中，使原剧本中的三只蝴蝶除了与花互动外，还与其他小动物互动，从而将原剧本改编成了"动物狂欢节"的热闹景象。

四、归纳总结经验

1. 提高教师自身的音乐鉴赏力，是开展好音乐欣赏活动的基础

如果教师不会选择适合本年龄班幼儿欣赏的音乐，何谈幼儿更好地表达表现呢？因此，在培养幼儿的音乐素养之前教师先要丰富自己的耳朵。分析音乐欣赏作品，把握作品的思想内容、情绪情感和表现手段，辨别作品的基本结构，掌握不同年龄班幼

儿学习音乐的特点和线索，分析教材的重难点，选择适宜的策略……这些都要求教师具有一定的音乐鉴赏力和创造力。

2. 做好音乐欣赏教学活动前的预操作，是开展好音乐欣赏活动的前提

选择乐曲的风格、节奏、时长等都要考虑本班幼儿的年龄水平及现阶段的表现水平。乐曲选择要由短到长、由对比乐句到复杂乐句、由欢快单一节奏型到变化多样节奏型、由单个具象音乐形象到多个不同音乐形象转换。培养幼儿的音乐素养是一个由浅到深、循序渐进的过程。

3. 把握音乐欣赏活动的核心价值，是开展好音乐欣赏活动的关键

以春天为主题的音乐欣赏活动

我们经常遇到这样的问题：在欣赏过程中，教师指导语过多、控制过多……幼儿的思维与想象往往被教师主导，主体地位无从体现，或是在欣赏过程中出现"蜻蜓点水"的现象，幼儿游离在音乐之外。

音乐欣赏最重要的是听，只有听懂了、听进去了，幼儿才能更好地去分辨、去表现。因此，教师在教学过程中要运用适当的指导语，在幼儿反复倾听的过程中，有针对性地提出要求，以便有层次地调动幼儿的有意注意。

4. 注重让幼儿通过自己的活动来自我表达和表现

培养幼儿的学习兴趣，调动幼儿求知的主动性和积极性，只有当幼儿有需求的时候，我们的给予才能达到最佳效果。在教学中，教师要充分调动幼儿的表现欲望，让他们在自编自创中探索，并激发学习兴趣、好奇心和求知欲，在探索中获得自信。

经过系列活动的推动，幼儿参与活动的主动性得到很大提高，幼儿的艺术表现力随之增强。在课程活动中，教师汲取幼儿的想法，采用多方面的艺术表现手段充分调动幼儿的艺术表现力，注重培养幼儿在生活中的艺术欣赏能力，并借助家长的力量，给予幼儿艺术表现、表达的空间，发展幼儿的思维，满足幼儿创造、表达的需求，让幼儿在感知音乐和感受艺术的基础上提升欣赏美、鉴赏美、创造美的能力。

总之，我们可以在音乐教学中融入深厚的情感，通过音乐的艺术形象激发幼儿的美感，让幼儿喜爱音乐并融入音乐，在音乐中促进身心全面和谐发展。

国考
链接

面试部分

题目：长城

1. 要求：歌曲配画。

2. 曲谱：

长　城

3. 提问

（1）如何运用插图来帮助5—6岁幼儿学习歌曲？

（2）歌唱活动中，幼儿需要倾听几遍才适合学唱？

2021全国职业院校技能大赛（高职组）
"学前教育专业教育技能"赛项赛卷

片段教学（大班）

1. 试卷序号：第05卷。

2. 内容：谁的尾巴最好看（大班）。

3. 以"谁的尾巴最好看"为题，设计并进行片段模拟教学，要求在活动过程中完整展示歌表演。时间在9分钟内。

（1）能根据幼儿特点合理运用各种舞蹈语汇进行编创，舞蹈动作协调、顺畅、优美，表情适宜，富有美感和童趣。

（2）模拟教学活动过程要自然流畅，师幼互动充分，教学实效高。

谁的尾巴最好看

1=F 2/4

程宏明　词
潘振声　曲

中速稍快　有趣的

```
‖: 3  5   3  2  |  1     5· 0  |  3· 5   3  2  |  1      0   |  5· 6   1  2  |
   1.谁 的  尾 巴  长     呀?    谁  的  尾 巴  短?            谁  的  尾 巴
   2.谁 的  尾 巴  弯     呀?    谁  的  尾 巴  扁?            谁  的  尾 巴

   3      5   |  2     2  |  2     0  |  3  5   3  2  |  1     5· 0  |
   好     像     一     把    伞?          猴 子  尾 巴   长     呀,
   最     呀     最     好    看?          公 鸡  尾 巴   弯     呀,

   3  5   3  2  |  1     0  |  5  6   1  2  |  3     5  |  2  2   2  3  |
   兔 子  尾 巴   短,          小  松   鼠 的   尾     巴   好 像  一 把
   鸭 子  尾 巴   扁,          孔  雀   的 尾   尾     巴   最 呀  最 好
```

175

片段教学：谁的尾巴最漂亮

片段教学：谁的尾巴最好看

项目六

幼儿音乐游戏的设计与指导

学习目标

认知目标

☐ 了解幼儿音乐游戏的含义和基本特点，熟知幼儿音乐游戏的常见类型，懂得幼儿音乐游戏的教育作用与价值。

能力目标

☐ 学会设计幼儿音乐游戏，能够独立撰写音乐游戏活动方案，掌握组织幼儿音乐游戏的技能与方法。

素养目标

☐ 养成尊重幼儿游戏自主性的教育观念，明确通过音乐游戏发展幼儿多元智能、综合能力的教育目的，形成以美育人、寓教于乐的教育素养。

知 识 导 图

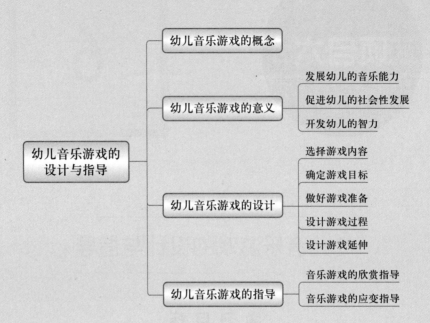

幼儿音乐游戏的
设计与指导

- 幼儿音乐游戏的概念
- 幼儿音乐游戏的意义
  - 发展幼儿的音乐能力
  - 促进幼儿的社会性发展
  - 开发幼儿的智力
- 幼儿音乐游戏的设计
  - 选择游戏内容
  - 确定游戏目标
  - 做好游戏准备
  - 设计游戏过程
  - 设计游戏延伸
- 幼儿音乐游戏的指导
  - 音乐游戏的欣赏指导
  - 音乐游戏的应变指导

**职场
体验**

幼儿园活动室的音响电量不足了，音乐变得断断续续的。小朋友们被这样的音乐逗得开怀大笑，还纷纷模仿这些声效。教师见状，便提议"我们一起来玩音乐断电的游戏吧"。于是，幼儿在教师的带领下，把学过的歌曲当作游戏素材，轮流当"音响"表演弱电、断电和电量充足三种歌唱状态，其他幼儿做"充电器"。大家在欢乐的游戏中唱歌、表演（图6-1）。

请思考，教师进行了怎样的游戏观察和引导？这个游戏还可以如何发展与创新呢？

图6-1　表演

**知识
探究**

知识点1　幼儿音乐游戏的概念

幼儿音乐游戏是幼儿在音乐中玩耍、逗趣，并从中获得愉悦，体验音乐美感的一种活动。与其他游戏活动的主要区别在于，幼儿音乐游戏的规则与玩法与音乐内容要素紧密相关。音乐游戏活动可能是幼儿即兴的、自发的，也可能是教师在预定目标下按计划实施的。幼儿音乐游戏能同时彰显音乐的游戏本质和幼儿的游戏天性。

知识点 2 幼儿音乐游戏的意义

"幼儿园之父"福禄培尔指出，游戏是幼儿内在本能的表现。幼儿音乐游戏是一种基于幼儿本能、发展幼儿潜在能力的音乐教育活动形式。

（一）发展幼儿的音乐能力

1. 激发音乐兴趣

游戏是幼儿最喜爱的活动。幼儿在充满乐趣的音乐游戏中，主动聆听音乐、感受音乐、表现音乐。这种主动性源于兴趣。音乐与游戏的密切互动、相辅相成，使幼儿萌生音乐兴趣，为其音乐生活和音乐学习奠定重要的基础。

2. 增强音乐听觉的敏感性

音乐游戏是在音乐伴随下开展的游戏活动，游戏规则与音乐规律紧密相关。因此，幼儿要完成音乐游戏，必须具备良好的音乐听觉。幼儿根据音乐信号发出游戏行为、调整游戏技巧，在这个过程中，不断增强音乐听觉的敏感性。

3. 提升音乐创造力

幼儿在游戏中"玩"音乐，思维是活跃的，情绪是积极的，精神是自由的，在这样的状态下极易生发幼儿的音乐创想和创新的能力。在游戏氛围中，幼儿更积极地挑战自我，更勇敢地表现自我，为幼儿的音乐创造营造一片沃土。

4. 培养某种特定的音乐能力

有些音乐游戏是为培养某种特定的音乐能力而设计的。幼儿在预设的游戏规则、特定的游戏音乐中，发展相应的音乐能力。如在音乐游戏"平衡木"中，音乐旋律的上行和下行规律，匹配走上下坡平衡木的律动游戏，可以培养幼儿通过听觉和动觉来感知与表现音乐旋律的能力。

附谱例：

$$\dot{5} \quad \dot{5} \mid \dot{5} \quad \dot{5} \mid \dot{5} \cdot \dot{4}\dot{3}\dot{2} \mid \dot{1}\,7\,6\,5 \mid$$

$$4 \quad 4 \mid 4 \quad 4 \mid 4\,5\,4\,3 \mid 3\,4\,3\,2 \mid$$

$$\dot{1}\cdot \; 2\,3\,4 \mid 5\,6\,7\,\dot{1} \mid \dot{1}\cdot \; 7\,6\,5 \mid 4\,3\,2\,1 \mid$$

$$\underset{.}{7} \quad \underset{.}{7} \mid \underset{.}{7} \quad \underset{.}{7} \mid 1 \; - \; 1 \; 0 \parallel$$

（二）促进幼儿的社会性发展

1. 培养沟通与合作能力

幼儿通常需要与同伴、指挥等进行有效沟通与合作以完成音乐游戏。如在音乐游戏"木偶乐队"中，幼儿不仅要学会观察木偶指挥的信号，还要与乐队成员密切配合，以赢得木偶乐队的奖牌（图6-2）。

图6-2　幼儿正在进行"木偶乐队"音乐游戏

2. 感知规则与自由的关系

幼儿社会性发展的一个重要方面是社会规则的遵守。音乐游戏蕴含着规则与自由的辩证关系，幼儿在游戏中越守规则，就越能充分感受游戏的乐趣，越能体验身心的自由与畅快。幼儿在音乐游戏中往往能自然地处理好规则与自由的关系，有助于养成良好的社会性品质。

3. 促进幼儿融入集体、适应社会

幼儿在与他人进行音乐游戏时，心情是愉悦的，态度是友好的，心扉是打开的，此时极易融入集体。幼儿在音乐游戏中形成的聆听、观察、交流、合作等行为品质，对其适应社会生活具有重要的促进作用。如音乐律动游戏"蝴蝶与蜜蜂"，幼儿可以从中感受舞蹈的快乐。

【对点案例】

大班音乐游戏：蝴蝶与蜜蜂

首都师范大学学前教育专业硕士研究生 窦如莹

第一课时

一、活动目标

1. 能够合乐做动作并表现出A、B、C、D段的段落变化。

2. 合作完成B段交换伙伴的动作。

3. 享受在集体舞中与舞伴进行眼神交流和动作模仿的快乐。

二、活动准备

1. 物质准备：《四季·春》剪辑后的音乐及播放设备，粉色纱巾一条，与幼儿人数相同的圆点贴纸（一半黄色、一半粉色），蜜蜂和蝴蝶在花丛中嬉戏的图片（内容为蜜蜂与蝴蝶分开飞舞、蜜蜂采蜜、蝴蝶在雨中追逐蜜蜂的图画各一幅，蜜蜂与蝴蝶一起飞舞的图画三幅），花丛图片

2. 经验准备：幼儿会做"照镜子"的游戏。

三、活动过程

1. 进入蜜蜂和蝴蝶在花丛中争花的故事情境，感受音乐的内容形象。

教师出示花丛的图片，引导幼儿思考花丛中还会有什么小动物。

教师出示蜜蜂和蝴蝶在花丛中嬉戏的图片，引导幼儿想象故事情节。

2. 播放音乐，欣赏其风格和段落大意。

引出乐曲结构ABCBDB。A段是蜜蜂和蝴蝶各自生活在自己的领地上，B段是蜜蜂和蝴蝶一起游戏，C段是蜜蜂采蜜，D段是蜜蜂和蝴蝶遭遇雷雨天气。

幼儿每答出一问，教师就在黑板上贴出相应的图画。

教师再次播放音乐，请幼儿按照音乐的发展调整图画的顺序。

3. 探究用身体合作表现音乐内容形象，学习音乐各个段落的动作模型。

启发幼儿想一想蜜蜂和蝴蝶飞舞的动作是什么样的，最后从幼儿的回答中选择两个动作作为全班幼儿表演的动作。

播放A段音乐，原地学习A段前八拍前进、后四拍转圈的动作模型。

学习换舞伴的"两拍移位、两拍拍手"的动作模型。

（1）形成双圈队形。

（2）学习换舞伴动作。

（3）教师找一名幼儿做示范。

（4）播放B段音乐，请幼儿尝试着合乐交换舞伴。

4．学习C段传递纱巾的动作。

（1）教师介绍玩法。

师：现在蜜蜂要开始采蜜了，但是采蜜也是有一定规则的。请所有小朋友随着音乐传递纱巾，要把纱巾传递给你旁边的小朋友，蜜蜂先传递，如果一圈传递完了，就再把纱巾传递给蝴蝶，当听到音乐最慢的那几下就不再传递纱巾了，这时候拿到纱巾的小朋友要举起双手，让大家都能看到。如果是蜜蜂拿到了纱巾，那所有蜜蜂都要按照音乐节奏随意做动作，而蝴蝶就要和你对面的蜜蜂做一样的动作，像我们之前玩儿过的"照镜子"游戏一样。

（2）教师与一名幼儿合作示范，教师做动作幼儿模仿。

（3）教师播放音乐，幼儿随音乐做动作。

5．学习随D段音乐跑动和定住做动作的规则。

6．完整表演《蝴蝶与蜜蜂》集体舞。

第二课时

活动过程

1．用身体动作完整地表现音乐，回忆集体舞的动作。

2．在集体舞的基础上加入规则，玩找朋友的游戏。

教师请幼儿随意站在圆点贴纸上，教师站在圆圈中央。

教师向幼儿介绍游戏规则。

（1）回忆A、B段集体舞动作。

师：现在我们的游戏难度要加大了，让我们一起听听游戏规则吧。一开始蜜蜂和蝴蝶平静地生活这一段落的动作不变，第2段落交换舞伴的动作也不变，现在让我们来试一试。

（2）介绍C段的新规则。

师：接下来该是什么环节啦？对，传递纱巾的环节，这一段游戏规则就发生变化了。请大家低头看看自己的脚下，有4个小朋友踩中的是黄色的圆点贴纸，那么就只有这四个小朋友是蜜蜂。老师一会儿发给大家纱巾，每个人都有一条纱巾。你和你对面的小朋友纱巾颜色是一样的，所以你们两个是好朋友。在这一段里，蝴蝶请蹲下闭上眼睛休息，把纱巾放到身后。而蜜蜂则会趁蝴蝶睡觉的时候，偷偷把蝴蝶背后纱巾的位置换掉，这样你的纱巾颜色就变了。等到C段结束后，你可以拿着新的纱巾继续进行交换舞伴的舞蹈。

（3）教师介绍D段规则。

师：接下来就是打雷的段落了，我们必须要在这一段里找到和自己纱巾颜色一样的好朋友。所有的小朋友听到雷声时和上节课一样不能动，要抱住头。而雷声过了我们就可以自由地在教室里的任何一个地方跑动，要去找自己的好朋友，如果找到了，就能和你的好朋友一起飞回花丛中了。

3.完整地表演游戏。

4.游戏循环。

教师介绍游戏循环的方式：交换舞伴的音乐结束后，所有小朋友不动，听到熟悉的开头音乐和交换舞伴的音乐后，所有小朋友继续按照第一遍的规则做集体舞的动作。B段结束后小朋友记得看看自己脚下的圆点贴纸，谁踩在黄色圆点贴纸上，谁就成为新的蜜蜂。

（三）开发幼儿的智力

智力的构成因素包括观察力、注意力、记忆力、思维力、想象力等。幼儿阶段是发展智力的关键期。幼儿音乐游戏是听觉、视觉、动觉、触觉等多感觉共同参与配合的活动，这些游戏能提升幼儿的多种感官能力，发展幼儿的多种智力因素。如音乐听辨游戏"忙碌的早晨"中，教师自由即兴编创故事，幼儿用语言、动作或乐器重现故事情境，这样的游戏过程极大地激活了幼儿的观察力、想象力等多种智力因素。

【对点案例】

听辨游戏：忙碌的早晨

教师语言讲述：早上好！今天天气真是不错，听一听，一大早我起床之后家里都发生了一些什么事情？这是妈妈在倒牛奶……是不是外公给我来电话了……这是我的弟弟正在笑呢……妈妈在厨房里，好像在用锅和铲子做早餐……

第一轮游戏：幼儿与教师围坐成一圈，教师播放录好的音频，请幼儿听一听，再说一说"今天早晨家里发生了一些什么事情"。

第二轮游戏：幼儿在活动室找到合适的空间位置，教师播放录好的音频，幼儿跟随声音用动作表演"今天早晨家里发生了一些什么事情"。

第三轮游戏：幼儿分成四组，教师分配表演角色，每组选用适宜的乐器，表演"今天早晨家里发生了一些什么事情"。[①]

总的来说，幼儿音乐游戏作为一种重要的幼儿教育活动形式，其意义是综合的、

---

① 陈蓉.跟我摇摆：多元化背景下的幼儿音乐课程［M］.上海：少年儿童出版社，2015.（有改动）

多元的。音乐游戏是实现"五育融合"、全面育人的良好教育手段。

一、幼儿音乐游戏的设计

（一）选择游戏内容

幼儿音乐游戏的内容主要是指音乐作品、游戏方案、游戏道具等。教师在选择内容的过程中，需要考虑幼儿的发展需求与年龄阶段特点，充分利用优势资源，为幼儿选择有趣且有价值的游戏。

1. 内容选择的基本要求

幼儿音乐游戏内容选择应遵循以下几个基本要求：游戏音乐应适于幼儿的审美特点与需求，符合游戏的需要；游戏难度适于幼儿的认知、动作等能力发展水平；游戏价值导向应健康、积极、向上；游戏道具和辅具可充分利用多种资源、信息化手段进行制作，但要确保幼儿的身心健康和人身安全；优先选择真实情境、与人互动的游戏，谨慎选择网络虚拟的、缺少与人互动的游戏。

2. 具体内容

音乐游戏的内容选择广泛而多样，但无论选择什么内容，都必须具备关键游戏因子，富有游戏特有的乐趣。通常实现游戏乐趣的关键游戏因子有喜剧、竞争、模拟、创意等。

（1）经典音乐游戏　　经典音乐游戏是经过大量实践验证的优秀游戏。这些游戏通过文字、图像、视频或口口相传的形式保留下来，是幼儿教育的宝贵资源，如"丢手绢""击鼓传花""抢凳子"等音乐游戏都是幼儿喜爱的，教师可以有意识地进行储备和选择。随着幼儿教育的发展，许多新兴的音乐游戏不断涌现。这些游戏源于新时代幼儿的生活，采用新材料、新技术辅助游戏，蕴含先进的教育理念与方法，能充分调动幼儿的兴趣并发展幼儿的潜能，如软件、App支持下的乐队演奏游戏就属于新兴的音乐游戏。

（2）民间音乐游戏　　民间音乐游戏是民间文化与音乐游戏的结合体，其中的歌谣、童谣贴近幼儿生活，容易理解，趣味性强，深受幼儿喜爱，其玩法也具有简便易行、灵活、随机、互动性强等特点。我国地域广阔，文化丰富多元，各地域、各民族文化背景下，生发出多种多样具有地域文化特色的民间音乐游戏，如"捉螃蟹"等。

【对点案例】

小班音乐游戏：捉螃蟹

一、活动目标

1. 随音乐节拍做出"跳舞、吐泡泡、挠痒痒"动作。

2. 知道音乐变化的时候，在教师的提示下做出与音乐匹配的动作。

3. 在做螃蟹横行、躲藏动作时不影响同伴。

二、活动准备

1. 物质准备：剪辑音乐，加入捉螃蟹的音乐片段；螃蟹图片，自制一张螃蟹网。

2. 经验准备：幼儿见过螃蟹。

三、活动过程

1. 启发幼儿模拟螃蟹。

（1）观察螃蟹。

（2）启发模拟：螃蟹有很多脚，你们有吗？伸出一只脚动一动。螃蟹最喜欢在河里干什么？它是怎么吹出泡泡的？图片里的螃蟹在干什么？

2. 听音乐进行模拟。

师幼一起跳螃蟹舞。

指导语：螃蟹还可以怎么吐泡泡，大家找个小伙伴一起学螃蟹吐泡泡。

3. 听音乐玩捉螃蟹游戏。

一人捉螃蟹，在"吐泡泡"时结交伙伴，在"挠痒痒"时捉螃蟹。

做完后教师小结，提醒在躲闪时不碰撞别人。

（3）针对特定教育目标选择与设计游戏内容　幼儿音乐游戏可以是目标泛化的，仅为了单纯的乐趣而开展，也可以是目标明确的，为了达成教育预期而选择和设计的。后者需要教师对游戏内容进行有针对性的选择和设计。如"森林音乐会"是专门针对幼儿嗓音练习的音乐游戏，"抓小鸡"是专门针对幼儿空间感训练的音乐游戏。

【对点案例】

案例一　中班音乐游戏：森林音乐会

一、活动目标

练习歌唱的发音、吐字、气息。

二、活动过程

1. 教师讲述并提问：在一座美丽而幽静的森林里，住着一只凶猛的老虎，它一饿就喜欢叫。老虎是怎样叫的呢？

幼儿模仿老虎叫。

2. 教师讲述并示范：这是一只爱唱歌的老虎，请小朋友们仔细观察，它是怎样叫的呢？（提示：老虎打开喉咙，嘴巴大大的。）

幼儿模仿教师。

教师讲述并示范音阶上行：它一叫就更饿了！它简直饿坏了！

幼儿跟随教师做音阶上行练习。

$$1\ 2\ 3\ 4\ 5\ -\ |\ 5\ 4\ 3\ 2\ 1\ -\ |$$

嗷　嗷　嗷　　嗷　嗷　嗷

3. 教师讲述并示范吹灯：老虎的叫声震彻山谷，小动物们都吓坏了，赶紧跑回家躲起来。小朋友们，为了不让老虎找到小动物，我们帮他们把家里的灯一盏一盏地吹灭好不好？

教师讲述：来不及啦，我们吹一口长长的气，把整排灯都吹灭好不好？

幼儿跟随教师吹灭房子里的灯。

4. 教师讲述：这时，森林里的灯都吹灭了，老虎什么也看不见，什么也找不着，急得它直叹气。小朋友们，你们知道老虎怎么叹气吗？

幼儿做出叹气动作，发出叹气声音"哎……哎……"。

5. 教师讲述并提问：老虎找不到小动物，只好回家睡觉了。怎样才能让老虎快快入睡呢？

教师轻声哼唱《摇篮曲》，提示幼儿一起哼唱。

幼儿想办法哄老虎睡觉，跟着哼唱《摇篮曲》。

6. 教师讲述：老虎睡着了。这时，小猫来报信"喵喵喵"，小狗来传音"汪汪汪"。小动物们都出来了，森林音乐会开始啦！

案例二　小班音乐游戏：抓小鸡

一、活动目标

培养幼儿对音色、速度的听辨能力。

二、活动过程

1. 教师描述农村老家的奶奶、爷爷抓小鸡的情境。

幼儿跟随教师的描述，初步模仿角色。

2. 教师提问：你们喜欢谁？

幼儿选择角色：奶奶、爷爷、小鸡。

3. 教师讲解游戏规则：幼儿围坐成圆圈，分成三组，分别敲击乐器。双响筒代表小鸡、铃鼓代表小朋友、三角铁代表奶奶、木鱼代表爷爷（教师敲木鱼）。

四名幼儿戴上不同的面具站在圈内。

4. 教师敲木鱼，指挥幼儿演奏的速度和反复的次数。

幼儿根据不同角色进行节奏走、跑：爷爷、奶奶每拍走一步，小朋友和小鸡每拍跑两步。

5. 教师边示范游戏边讲述规则：爷爷、奶奶和小朋友按指令抓小鸡，被抓的小鸡与圈外幼儿对换位置。

幼儿参与游戏。

6. 师幼共同游戏一次。

7. 教师组织与指导幼儿游戏，幼儿自主组建小组进行游戏。

（4）即兴音乐游戏　　幼儿的游戏具有较强的即兴性，即使选择的是已经成型的游戏作品，在游戏过程中也有可能因为幼儿的灵动性而发生变化。即兴音乐游戏体现了游戏者敢于创新、思维敏捷、乐感良好的能力优势，同时，也考验教师的临场应变、教育观察和引导的专业能力。

（二）确定游戏目标

作为一种幼儿教育活动类型，音乐游戏蕴含着教育目标。教师对游戏目标的设定要科学、适宜、明确。

1. 设定目标的基本要求

音乐游戏目标的设定需要遵循教育活动目标设计的发展性、完整性、灵活性等原则。发展性是指依据幼儿的年龄阶段发展规律和需求，设定难度适宜的目标；完整性是指依据《3—6岁儿童学习与发展指南》及音乐教育目标体系，设定符合自上而下的层级逻辑、三维立体的目标维度；灵活性是指因人而异、因时而变的目标调整与改变。

2. 音乐游戏的三维三阶段目标体系

（1）音乐游戏总目标　　音乐游戏总目标包括：① 能够感知、理解游戏玩法与规则，知道游戏的名称；② 能遵守规则，并按要求进行游戏，能富有音乐性地完成游戏任务，能进行带有创造性的音乐游戏；③ 体验音乐游戏的快乐，喜欢参与游戏，尽力追求音乐美感与游戏乐趣，敢于大胆进行游戏创新。

（2）音乐游戏年龄阶段目标　　音乐游戏不同阶段的三维目标见表6-1。

表6-1　音乐游戏不同阶段的三维目标

三维目标	阶段		
	小班	中班	大班
认知	初步理解音乐游戏，懂得音乐游戏的玩法	较清晰地理解音乐游戏的内容、形式、规则等	清晰且全面地理解音乐游戏的内容、形式、规则等
技能	能基本流畅地完成简单的音乐游戏，学会几种常见的音乐游戏	能流畅自如地完成规则较复杂的音乐游戏，能主动合作完成游戏，能大胆编创音乐游戏	能流畅自如地完成竞赛性、进阶性音乐游戏，能大胆编创并实践新的音乐游戏，能主动合作、善于分工协作地完成游戏
情感	体验音乐游戏的快乐	体验多种游戏形式的趣味性，喜欢与他人合作游戏	喜欢挑战游戏难度层级，喜欢与他人合作游戏及编创游戏

3. 具体音乐游戏活动的目标设定

具体音乐游戏活动的目标不仅要符合上一层级的总体目标，还要针对具体游戏设定可操作性的、适宜的目标。例如，大班音乐游戏"司马光砸缸"，目标1表述太笼统，缺乏游戏的针对性，没有体现年龄阶段要求，不便于教师明确目标和组织游戏；目标2紧扣游戏设定了较详细的目标，对游戏能力的要求也符合大班年龄特点，是能够指导教师开展活动的有效目标。

大班音乐游戏：司马光砸缸

目标1：

认知目标：知道游戏规则。

技能目标：能跟随音乐做游戏。

情感目标：愿意积极地参与游戏。

目标2：

认知目标：知道圆圈队列中竞跑的游戏规则，知道"砸缸"的玩法。

189

技能目标：能够在音乐中准确判断"砸缸"的时机，并按规则进行圆圈队列中的竞跑。

情感目标：喜欢在音乐中进行竞跑游戏，乐意与同伴互助合作进行游戏。

（三）做好游戏准备

幼儿音乐游戏活动开始前，教师和幼儿都要做好相应的准备。教师为游戏开展做好设计、素材、场地等方面的准备；幼儿则要为游戏做好肢体运动、认知、感知等方面的准备。

幼儿音乐游戏活动准备包括物质准备、经验准备等多个方面，应遵循预见性、充分性、全面性原则。预见性是指提前预见游戏过程，提前准备游戏所需；充分性是指游戏材料应数量充足，确保幼儿全员参与；全面性是指从时间、空间、素材、经验等多方面做好游戏准备。

１. 拟订游戏方案

游戏方案是游戏顺利进行的保障，是游戏的蓝本，其基本内容应涵盖游戏名称、年龄班级、人数、规则与玩法、实施要求、实施流程等。拟订游戏方案，是构思的过程，也是模拟演练的过程，教师应依据实际需要选择拟订方式，可以以实质的文稿形式，也可以仅仅在脑海中构思。

２. 准备游戏音乐

游戏音乐应能有助于游戏顺利推进，贴合游戏的内容；有些游戏需要暂停或重复音乐，而有些游戏则需要组合多个音乐作品，这就需要教师提前剪辑或制作好音乐素材，例如，教师为音乐游戏填词的作品《小鸡进行曲》《幸福躲猫猫》。同时，还应依据游戏的空间特点选择好音乐播放工具。户外空间大，适合选用音量较大的音乐播放器。

小鸡进行曲

教师在准备游戏音乐时，为了使音乐与剧情表演的内容更切合，对儿歌《蚂蚁进行曲》的歌词进行改编，使音乐满足游戏需求。

小鸡进行曲

6· 6 6· 7 | 1·   2 | 3 0 1 3 | 0 1 | 3· 3 ⌒3 2 1 |

鸡　们排　着队　　呀走　　呀走。　　它们　走到

2· 2 2· 7 | ⌒3 1 1 1 1 7 6 | 7· 7 7 1 2 | 3 2 | 1 7 |

田　野里它们　走到山　坡。它们说我　们是　勇　敢的

6·   5 6 0 ‖

小　　鸡

教师根据游戏需要对《幸福拍手歌》进行了改编。

幸福躲猫猫

1＝C 4/4

吴晓是　词

中板稍慢

5· 5 | 1· 1 1· 1 1· 1 7· 1 | 2 0 0 | 5· 5 |

我要躲起来了快来找我吧，　　　　我要

你快躲起来吧我要找你了，　　　　你快

2· 2 2· 2 2· 2 1· 2 | 3 0 0 | 5· 5 | 3· 3 3· 3 3 2· 3 |

躲起来了快来找我吧，　　　我要躲起来了快来

躲起来吧我要找你了，　　　你快躲起来吧我要

4· 4 ⌒3· 2 1 | 7· 1 | 2· 2 2· 2 1 7· 5 6· 7 | 1 0 0 ‖

找我吧，我要躲起来了快来找我吧。

找你了，你快躲起来吧我要找你了。

3. 准备游戏用具与场地

音乐游戏用具主要包括乐器、道具等。在选用乐器时，需考虑与游戏的匹配度，如使用乐器指令做动作的游戏适合选用音色对比度较大且便于演奏的多种乐器；在选用道具时，应考虑对游戏的辅助作用和推动作用。例如，彩球游戏"小纸船的

梦",可选用超轻黏土捏制的手工圆球,因其更符合音乐的节拍特点,也更易激发幼儿的参与兴趣。

音乐游戏的场地需确保音乐播放的效果与游戏的空间容量。幼儿音乐游戏常常需要创设情境,以引导幼儿投入有故事的游戏场景中,感受游戏的乐趣。

(四)设计游戏过程

音乐游戏活动的过程应遵循幼儿认知、动作、注意等方面的基本规律,循序渐进地升级游戏难度,形式多样地串联游戏环节。

音乐游戏过程设计是对游戏环节的预设,也是对幼儿游戏过程的预见。在设计游戏过程时,应基于幼儿的认知规律、音乐学习特点、肢体律动兴趣,充分利用教具、道具、玩具等物质材料,通过准确示范、指导练习、及时纠错等方式帮助幼儿掌握游戏规则与玩法,巧妙设计游戏过程的层级,促使活动逐步推向高潮。

1. 导入环节

音乐游戏的导入环节应引导幼儿从身心两方面为接下来的游戏做准备。身体方面,帮助幼儿树立听音乐的意识,在有节律的动作中预热肢体,做一些短小的游戏激发幼儿的参与兴趣;心理方面,建立幼儿游戏前的认知、乐感、情绪基础。

音乐游戏的导入环节可有以下几种设计。

(1)故事情境导入 音乐游戏若包含特定的故事情境,便适合选用这种设计思路。故事情境导入,既有助于幼儿初步了解游戏内容,也有助于调动幼儿参与游戏的热情。这样的导入,需要教师精心创设环境,用语言、音乐、道具等表现故事情境。幼儿在情境中,了解游戏的背景,进入游戏的角色,熟悉游戏的空间方位。

(2)要领预备导入 任何音乐游戏都涉及特定的要领,这些要领是参与游戏、胜任游戏的关键所在。音乐游戏涉及的要领可以大致分为听辨、动作、合作。听辨要领预备导入,可设计一些目的明确的短小欣赏游戏或欣赏任务;动作要领预备导入,可设计关键动作热身律动、动作模仿类短小游戏或模仿任务;合作要领预备导入,可设计特定合作规则完成预热性的短小游戏或合作任务。

(3)热身运动导入 音乐游戏若具有较大的运动强度,便适合选用这种设计思路。游戏前的热身运动应与游戏动作、游戏音乐密切相关。这种导入方式可以预热幼儿的肢体,帮助幼儿预习游戏音乐,例如,在歌唱游戏"两只小鸟"导入环节,进行模拟小鸟肢体动作热身。

2. 新授游戏

新授与操练游戏是游戏活动的关键指导环节,是帮助幼儿熟练掌握游戏规则和玩法的过程。音乐游戏的规则和玩法通常与音乐内容紧密相关,这就要求教师不仅要解读游戏,还要解读音乐,且要避免生硬陈述,应选用幼儿喜闻乐见的形式进行讲解。

新授游戏可以有以下几种设计思路。

（1）为了游戏而欣赏　　为了游戏而欣赏的设计，就是通过有目的的欣赏，初步将游戏规则、动作、队列等要素预演出来，使幼儿在音乐背景下感知游戏玩法。为了游戏而欣赏的设计，不要求教师将游戏明确而完整地示范出来，而是在带领幼儿欣赏音乐的同时将游戏要素隐含其中，使幼儿在音乐欣赏中预演游戏。这种设计思路适合音乐规则密集①的音乐游戏。

（2）教师示范游戏　　教师示范游戏是指教师分步、分解流程地将游戏过程示范给幼儿，幼儿在教师的示范和讲解中学习游戏规则、动作、队列等要素。教师不仅要正确示范，还要将重难点进行反复示范。这种设计思路适合竞赛性、幼儿容易犯规的音乐游戏。

（3）慢速预演游戏　　慢速预演游戏是指在教师带领下，幼儿能跟随慢速度音乐预演游戏，使幼儿能慢而正确地完整感知游戏。慢速预演容易在时间把控和吸引幼儿注意力上产生困难，因此，教师需把握好慢速预演的时间分配和学习兴趣的激发问题。这种设计思路适合闯关类户外大场地音乐游戏。

３. 操练游戏

操练游戏是幼儿练习的过程，但要避免枯燥重复，应在充满乐趣的环节中实现练习效果，同时，教师应在操练中对幼儿存在的困难、误解进行及时帮助与纠正，鼓励幼儿勇敢尝试、积极参与。在多次操练游戏后，幼儿便能熟练掌握，并能更轻松愉快地进行自主游戏。

操练游戏有以下几种设计思路。

（1）分组练习　　分组练习在一定程度上降低了游戏难度，也有助于幼儿养成相互帮助的优良品质。分组的方式可以按幼儿游戏掌握程度的不同，进行成员参差搭配，教师引导幼儿请教或帮助他人；还可以按照游戏角色分组，教师针对不同角色组的游戏规则进行相应指导。

（2）分步练习　　分步练习是指将一次完整的游戏过程分割为几个小步骤。这既有利于幼儿集中注意力观察细节，也有助于教师分析和辨别幼儿的困难出在哪里。分步练习要注意，不可将游戏步骤分割得过于细碎，每一步骤之间要用过渡语、过渡动作等办法联系起来。

（3）重难点局部练习　　一个音乐游戏往往存在一到两个重难点，而这正好又是与幼儿的最近发展区紧密联系的，教师需要在游戏前或游戏初期细致观察，预判幼儿游戏中的重难点。重难点局部练习要给予幼儿战胜困难的成就感，避免直接代

---

① 音乐规则密集是指音乐游戏的规则紧密关联音乐要素的特点，对音乐听辨和反应能力要求较高的一类音乐游戏。

替幼儿完成困难的部分。

（五）设计游戏延伸

音乐游戏活动的延伸符合幼儿游戏兴趣增长、游戏水平升级的内在需求，也体现了教师游戏观察、游戏应变、游戏设计的综合能力。我们可以从以下几种思路进行音乐游戏活动延伸。

1. 延伸新的游戏因子

游戏因子是使个体投入游戏、乐于游戏的关键因素，是游戏乐趣的核心要素所在，主要有喜剧、竞争、模拟、创意等。在一个音乐游戏中，一个游戏因子便能较充分地达成游戏乐趣，若要进一步延伸，则可以从另一个新的游戏因子设计出新游戏。

2. 延伸其他领域活动

音乐游戏归属于音乐领域活动，但幼儿园的活动通常是综合性的、多领域渗透的。从音乐素材角度思考领域延伸的方向，我们可以挖掘素材的多方面教育价值，例如，儿歌《划船》，起初设计为音乐律动游戏，延伸设计可从社会领域"合作划船"的角度开展由音乐游戏延伸出的社会领域活动。从音乐游戏特点的角度思考领域延伸的方向，可以提升游戏的丰富性，例如，《兔子与猎人》起初设计为角色表演游戏，依据其空间方位多变性的特点，可从体育游戏的角度进行延伸设计。

3. 延伸亲子活动

幼儿在熟练掌握游戏规则与玩法后，可以鼓励他们回家做小老师，带着家人玩音乐游戏。这既有助于幼儿语言、组织能力的发展，也促进了家园联系，实现了家园共育。

二、幼儿音乐游戏的指导

（一）音乐游戏的欣赏指导

音乐游戏是以音乐的欣赏为基础的，而音乐游戏的欣赏则要带着游戏的目的进行。

1. 图谱引导欣赏

采用图谱法指导幼儿欣赏，用图谱表现游戏内容和音乐要素，使幼儿通过视觉直观了解游戏、感知音乐。游戏音乐图谱应该具有以下特点和作用：同时表现游戏规则和音乐要素，如音乐游戏"杜鹃与小虫"；传达游戏的趣味，引发幼儿兴趣；表现欣赏侧重点，吸引幼儿注意。

【对点案例】

杜鹃与小虫

该游戏选用挪威作曲家约纳森的《杜鹃圆舞曲》作为游戏音乐。在游戏中，幼儿扮演杜鹃、小虫、树枝等角色，随着音乐玩杜鹃捉虫子的游戏。为了让幼儿更准确地把握音乐内容和游戏的音乐信号，教师制作了音乐图谱（图6-3），帮助幼儿欣赏并理解音乐。

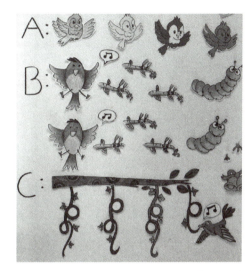

图6-3 音乐图谱

2. 关键游戏要领辅助欣赏

关键游戏要领往往与音乐的某个重要节点或典型特征相关，因此，提取关键游戏要领，配合音乐欣赏，有助于引导幼儿关注重点、突破难点。关键游戏要领可能是肢体动作，也可能是道具用法，要视具体游戏而定。

（二）音乐游戏的应变指导

音乐游戏过程并不是一成不变、重复循环的，幼儿的游戏情绪、体力、智力会随着游戏的推进不断变化。因此，游戏中充满了教师和幼儿的双重应变。教师经过观察与思考，可能会对游戏进行临时的改变，幼儿也会依据参与状况而做出应变。那么，教师可以如何进行应变指导呢？

1. 难度应变指导

难度应变指导需要观察幼儿游戏的实际状况，有时需要降低难度，有时需要提升难度。以应对幼儿的游戏情绪变化为例，幼儿在游戏时若情绪沮丧、紧张、犯规、失误频繁，则说明游戏难度过高，需要教师通过纠错、鼓励、简化规则、小组帮扶等策略，降低幼儿的游戏负担。经过多次重复游戏后，幼儿已经非常熟练，容易出现注意力分散、兴趣降低的情况，则说明游戏难度偏低，需要增加新的挑战，此时可以通过增加游戏因子、提升难度，激发幼儿继续参与游戏的兴趣。

2. 即兴应变指导

在游戏设计时，教师可能预设了多种应变的情况和策略。同时，游戏极易激发教师和幼儿的创造力。因此，游戏过程中的即兴应变指导是较常见的。幼儿在游戏中，可能突然生发一个创意，这时教师应予以鼓励，并恰当而灵活地引入游戏中，从而对游戏进行临时改造。教师在组织游戏和观察游戏时，也可能产生较好的新点子，这时教师需要即时选择适当的方式，将新点子即兴运用到幼儿游戏中去，优化游戏。

【对点案例】

大班音乐游戏：防疫小战士

天津市幼儿师范学校附属幼儿园教师 原 帅

一、活动目标

1. 感知乐曲特点，围绕主题听辨、联想乐曲表达的内容。

2. 大胆编创游戏内容，自主表达表现。

3. 提高自我防护的意识和能力，感受音乐游戏带来的美好心理体验。

二、活动准备

1. 物质准备：乐曲《春节序曲》《十面埋伏》开场曲和《狮王进行曲》拼接音乐；乐曲联想画；自编游戏情节和情境。

2. 经验准备：幼儿听说过疫情，有防疫概念。

三、活动过程

1. 欣赏教师录制的绘本故事《防疫小战士》，了解故事内容和疫情期间环境的变化。

2. 教师引发幼儿大胆表达对新型冠状病毒预防方法及防疫工作人员的认知。

3. 幼儿倾听乐曲，教师鼓励幼儿围绕"抗击疫情"这个主题，运用多种方式表达自己对乐曲的理解。

4. 幼儿寻找身边的资源，跟随乐曲大胆编创音乐进行表达表现，教师引导幼儿与同伴分享交流，体验创造的乐趣。

5. 跟随优美的音乐舞蹈，了解保持心情愉悦、加强身体运动是提高自我防护的重要途径。

大班主题音乐游戏创编：防疫小战士

面试部分

题目：好娃娃

1. 曲谱

好 娃 娃

$1=C$ $\frac{2}{4}$

| 3 3 | 3 1 | 5 | 3 | 6 6 | 6 3 | 5 | — |

爷 爷 年 纪 大 呀， 嘴 里 缺 了 牙，
奶 奶 年 纪 大 呀， 头 发 白 花 花，
爸 爸 和 妈 妈 呀， 齐 声 把 我 夸，

| 6 6 | i i | 5 6 | 5 3 | 2 5 | 3 2 | 1 | — |

我 给 爷 爷 端 杯 茶 呀， 爷 爷 笑 哈 哈。
我 给 奶 奶 搬 凳 坐 呀， 奶 奶 笑 哈 哈。
尊 敬 老 人 有 礼 貌 呀， 是 个 好 娃 娃。

2. 要求

（1）弹唱歌曲。

（2）模拟组织幼儿学习歌表演。

3. 提问

（1）这个歌表演适合哪个年龄阶段的幼儿学习？为什么？（中班）

（2）这首歌表达的内容是什么？在歌表演教学中，你可以选择哪些方法激发幼儿的情感与想象？

（3）歌表演教学的组织环节有哪些？

（4）在歌表演教学中，要注意的教学难点是什么？

2021全国职业院校技能大赛（高职组）
"学前教育专业教育技能"赛项赛卷

片段教学（中班）

1. 试卷序号：第01卷。

2. 内容：摆积木（中班）。

3. 以"摆积木"为题，设计并进行片段模拟教学，要求在活动过程中完整展示歌曲弹唱。时间在9分钟内。

（1）歌曲弹唱要协调、完整、生动，音准、节奏准确，咬字、吐字清晰，声音流畅、自然，塑造儿童歌曲音乐形象，适合幼儿感受与欣赏、表现与创造。

（2）模拟教学活动过程要自然流畅，师幼互动充分，教学实效高。

片段教学：
摆积木

摆　积　木

1=D $\frac{2}{4}$

钟灵　词
李群　曲

音乐游戏在
技能竞赛中
的运用

5 6 5 3	2· 3	5 6 5 3	2 -	3· 5	6 5
积 木 宽，	积 木 长，		我 用 积 木
积 木 方，	积 木 圆，		我 用 积 木

3 2 3 1	2 -	5 3	5 3	5 6	5 3
盖 楼 房。	叔 叔 阿 姨	住 进 去，
造 花 园。	桃 树 梨 树	都 栽 满，

2 3 5 5	6 5 3 2	1· 2	6 5 3 2	1 -	1 0
都说 房子 真 漂 亮，	真 漂 亮。
结的 水果 香 又 甜，	香 又 甜。

项目七

7

幼儿音乐教育与其他领域的融合

认知目标

□ 掌握音乐教育与其他领域课程融合的原则和规律。

能力目标

□ 能够独立设计学前音乐教育与其他领域课程融合的教学方案。

素养目标

□ 真正理解促进幼儿全面发展的内涵。

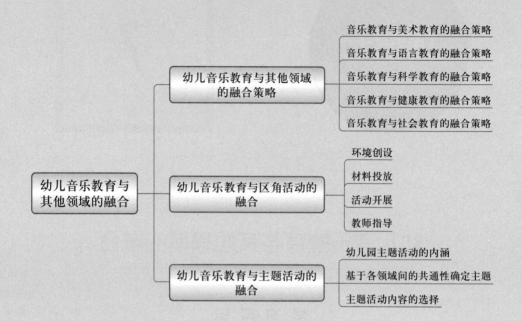

职场
体验

幼儿园李老师正在组织名为"小青蛙跳跳跳"的体育活动，意图通过小青蛙跳荷叶的方式，促进幼儿的下肢跳跃能力发展和身体协调能力发展，可是小朋友们跳得东倒西歪，才跳了两轮就不愿意参与了。李老师想到之前在音乐歌唱活动中带领幼儿学习过的歌曲《快乐的小青蛙》，于是就播放歌曲给小朋友们听。小朋友们听到音乐瞬间有了动力，不仅愿意继续学习青蛙跳，还能一边唱一边跳。李老师看到非常欣慰。

请想一想，在这个体育活动中，音乐起到了什么作用？

知识
探究

知识点　幼儿音乐教育与其他领域的融合策略

幼儿的学习是综合的、整体的，幼儿园教育内容范畴的划分是相对的，教育过程中应依据幼儿的学习特点进行整合，以使幼儿通过真实而有意义的活动生动、活泼、主动地学习，获得完整的经验，促进身心全面和谐地发展。

幼儿教育不仅注重知识和技能的传播，更注重幼儿对生活、社会、艺术等多方面的感受和体验，是为了培养幼儿的全面发展。音乐教育作为一门融合性极强的活动，要充分发挥音乐的渗透作用，将音乐活动作为其他领域活动的某一环节与其他领域融合，为幼儿营造多种形态的学习氛围和生活环境，开阔幼儿的艺术视野，促进幼儿的全面和谐发展。

（一）音乐教育与美术教育的融合策略

音乐教育和美术教育，都是以引导幼儿接触生活中的美好事物、丰富幼儿的感性经验和情感体验为基础进行的教育活动。这两个领域的教育目标都是为了培养幼儿的个性化发展，激发幼儿的创造力，丰富幼儿的情感，培养幼儿初步感受美、表现美的情绪和能力。结合两门学科的特点，发现学科共通性，将音乐教育贯穿到美术教育活动中，或将美术教育有机融合到音乐教育活动中。这样既能够丰富教学活动设计的组织形式，也能够有效调动幼儿的学习兴趣，使幼儿在活动中获取更为丰富的美的体验。例如，图7-1至图7-3为幼儿在学习歌曲《小红帽》后所画的画。

图7-1　小红帽与大灰狼融为一体　　　图7-2　大灰狼　　　图7-3　小红帽和大灰狼成为好朋友

融合音乐教育与美术教育的策略如下。

（1）设计主题性艺术教育活动，为幼儿接触生活中美好的事物提供机会，丰富幼儿的感性经验和情感体验。

（2）发挥美术欣赏活动和音乐欣赏活动的审美共通性，引导幼儿学会欣赏艺术作品，并通过艺术欣赏激发幼儿表现美和创造美的情趣。

（3）丰富活动延伸拓展的内容和形式，为幼儿提供自由表现的机会，鼓励幼儿大胆运用不同的艺术形式来展示活动内容，促进幼儿个性化的表达。

（4）注重生态化教育活动过程，指导幼儿利用各种材料和工具，增添活动过程的体验乐趣。

（5）搭建展示平台，维系音乐和美术审美教育纽带，为幼儿展示作品提供平台，发挥艺术教育的评价机制，鼓励幼儿相互交流，共同进步。

例如，在音乐韵律活动"春天"的导入环节，采用美术欣赏的方式引入活动主题，通过图片激发幼儿的审美兴趣，引导幼儿联想春天生机勃勃的景象，在进入韵律活动环节时，幼儿对音乐的内容有更深的共鸣，模仿的动作更具表现力。再比如，主题为"祖国"的美术绘画活动，可以采用儿童歌曲《祖国祖国我们爱你》作为活动主线。《祖国祖国我们爱你》的歌词描绘了用小蜡笔绘画的祖国充满希望和美好。以歌曲作为活动主线，既可以丰富美术活动的形式，也能提高幼儿的审美能力，帮助幼儿在边画边唱的过程中，享受活动带来的乐趣。

【对点案例】

大班美术绘画活动：画脸谱

为了让幼儿更好地了解中华传统文化，教师采用《说唱脸谱》作为美术课程的导入歌曲，让幼儿在音乐欣赏中了解中华脸谱的颜色区分和特点，借助绘画活动的设计和指导，让幼儿在白色脸谱模具上绘画在《说唱脸谱》歌曲中听到的脸谱颜色，借此使幼儿对戏曲的角色有初步的认识（图7-4）。

图7-4 脸谱

（二）音乐教育与语言教育的融合策略

语言能力是一种综合的能力，是体现思维能力的直接媒介。幼儿阶段是语言能力发展的爆发期，语言能力的发展对幼儿的情感、态度、价值观的树立，逻辑思维的发展，人际交往的维系，知识经验的积累等方面有着至关重要的影响。语言教育是连接各领域发展和教学的桥梁。

语言教育和音乐教育的影响是相互的，语言教育侧重于说，而音乐教育侧重于唱，音乐教育的节奏与律动能有效提高幼儿的语言表达能力，促进语言知识的记忆和应用，而语言能力的提高则能帮助幼儿更好地理解和掌握音乐教育的内容。将音乐教育与语言教育相融合，能够发展幼儿的语言能力，有效提高幼儿的思维能力。

融合音乐教育与语言教育的策略如下。

（1）注重幼儿音乐教育活动的收获和体验，营造自由、宽松的语言环境，激励幼儿学会交流。

（2）发挥音乐教育活动的欣赏功能，培养幼儿专注聆听的良好习惯，鼓励幼儿用语言表达自己在聆听过程中收获的思想和感受。

（3）发挥音乐教育的审美教育功能，培养幼儿记忆美、表达美和创造美的能力。

例如，幼儿背诵古诗词往往受限于对内容的理解不足，不能熟练记忆，而古诗词往往有严谨的韵脚，适合诵唱，在语言教育活动中，可以将古诗词编创成儿歌，以此帮助幼儿记忆。针对一些歌词内容较为烦琐的儿歌，也可以通过讲故事的方式，帮助幼儿理解歌词内涵。在音乐教育活动的评价环节，也要充分发挥幼儿的主体作用，让幼儿尝试自己讲述参与活动的收获和体会，能提高幼儿的语言表达能力和总结归纳能力。

（三）音乐教育与科学教育的融合策略

幼儿科学教育活动充满了新奇的科普内容和丰富的活动道具，为幼儿提供了观察、操作、试验的平台，支持并鼓励幼儿发挥创造力，自觉动手动脑大胆探索。科学侧重幼儿逻辑思维能力的培养，而音乐则侧重幼儿形象思维能力的建构。为实现幼儿的全方面发展，音乐教育必然要与科学教育紧密联系，从科学与艺术的交叉领域着手，促进幼儿的左右脑协调发展，帮助幼儿在内容丰富的教学环境中接触自然规律，感受自然的美和奥秘，从而激发幼儿的好奇心，发展幼儿认识世界、掌握规律的能力。

融合音乐教育与科学教育的策略如下。

（1）注重音乐与科学活动的有机融合，激发幼儿的探索兴趣。

（2）发挥音乐教育的语言功能，调控科学教育活动的教学节奏。

（3）借用音乐素材创设探究情境，营造科学教育活动的气氛。

例如，在科学探索活动"音乐瓶"中，将音乐与科学知识相融合，让幼儿自己探索声音的产生及声音的高低、长短、音色，让幼儿通过科学创造，利用物体振动的规律和特征来创造音乐并编创歌曲。结合和利用生活经验，帮助幼儿认识自然环境，初步了解自然与自己生活的关系，并将生活常识与艺术创造相融合，让幼儿感受美，萌发对科学创造的兴趣。

（四）音乐教育与健康教育的融合策略

《3—6岁儿童学习与发展指南》中指出：幼儿健康领域的动作发展目标之一是"具有一定的平衡能力，动作协调、灵敏"，并提出教师在组织教育活动时要利用多种活动发展身体平衡和协调能力。幼儿健康领域的发展要求包括喜欢参加各类体育活动，有良好的生活和卫生习惯，并有基本的生活自理能力。

融合音乐教育与健康教育的策略如下。

（1）通过丰富的音乐活动形式，培养幼儿参加体育锻炼的积极性。

（2）将走、跑、跳、钻、爬等各类体育运动与音乐律动相融合，发展幼儿动作的协调性和灵活性。

（3）编创健康主题儿歌，通过儿歌传唱帮助幼儿掌握健康知识，养成良好的生活习惯。

例如，《幸福拍手歌》的音乐律动可以帮助幼儿运动全身，调动身体的运动机能，在歌词的引导下完成相应动作；歌唱活动"刷牙歌"，通过歌词内容教导幼儿养成良好的刷牙习惯及健康的生活习惯。除此之外，各类音乐游戏、歌舞表演、节奏律动活动，也可以与健康教育活动相结合，积极发展幼儿的动作协调能力。

（五）音乐教育与社会教育的融合策略

社会不是一个独立的科目，而是一个综合的学习领域。社会学习往往融合在各种学习活动中，并渗透于幼儿一日生活的各个环节中。社会学习具有"潜移默化"的特点，尤其是社会态度和社会情感的学习，往往不是教师直接"教"的结果，幼儿主要是通过在实际生活和活动中积累有关的经验和体验而学习的。教师要注意通过环境影响幼儿。

社会领域的最大特点在于融合和渗透，其主要培养目标是让幼儿乐意与他人交往，愿意和同伴互相学习、合作和分享，有同情心和同理心，能主动参与各项活动，并能够在活动中建立起自信心，更重要的是要培养幼儿爱父母、长辈、老师和同伴，爱集体、家乡和爱祖国的情感。

幼儿音乐教育本身具有社会性功能，为幼儿社会领域的发展提供了媒介，通过儿歌学唱，如《上学歌》《雷锋》《我的好妈妈》等具有教育意义的歌曲，可以培养他们爱集体、爱父母、爱国家的情感；音乐欣赏、音乐游戏、音乐律动等多种音乐活动形式，也为幼儿提供了表达、表现和创造的机会与平台，给予了他们认识美、感知美和创造美的机会。

学前教育是以幼儿整体发展为核心的，五大领域融合是幼儿自身全面发展的需要。强调学前教育的整体性，整合五大领域的课程特色，以促进幼儿的全面发展为方向，践行《3—6岁儿童学习与发展指南》的要求和使命，回归教育培养人的本心，探索内容丰富的活动形式和课程，使幼儿园生活成为幼儿的新实践、新体验、新参与，使幼儿朝自然、社会、和谐、美好、健康的方向发展。

【对点案例】

小班音乐与健康融合活动：小动物做早操

一、活动目标

1. 练习走、爬、钻等各种动作，并能有所创新。

2. 培养积极参加活动的兴趣和勇敢大胆的精神。

3. 愿意和同伴交流协商，提高社交能力。

二、活动准备

1. 在晨间体锻活动中让幼儿自由玩钻圈、平衡木和爬垫。

2. 鸡、猫、乌龟头饰各为幼儿人数的三分之一。

3. 三位分别佩戴鸡妈妈、猫妈妈、乌龟妈妈头饰的教师站在场地周围。

4. 鸡妈妈前设置一个平衡木；猫妈妈前设置一个铁圈；乌龟妈妈前设置爬垫，垫子上用皱纹纸装饰成草地。

5. 音乐播放器、音乐。

6. 各种糖果若干。

三、活动过程

（一）激发兴趣

1. 教师带领小动物们来到场地上，亲切地说："小动物们，我们要做早操了！"在音乐伴奏下，幼儿做伸臂、弯腰、踢腿的动作走到场地中央。

2. "小动物们，你们的妈妈今天来和你们做游戏了，谁能不怕困难，走过小桥，钻过山洞，爬过草地，找到妈妈，妈妈就会给谁一个最好的礼物，你们愿意吗？"

（二）游戏"小动物找妈妈"

1. 教师："小动物们，你们要去找你们的妈妈了，小鸡宝宝找鸡妈妈，但是前面有一座桥。小猫宝宝找猫妈妈，但是前面有一个山洞。小乌龟宝宝找乌龟妈妈，但是前面有一大片草地。小动物们，你们怎么办呢？"（幼儿自由回答）"对了，我们要走过小桥，钻过山洞，爬过草地，不怕困难找到妈妈，妈妈会给你一个最好的礼物，拿到了礼物就回到老师这里，好吗？"

2. 第一次游戏。教师细心观察，鼓励幼儿大胆走、钻、爬，游戏结束后请动作多样的幼儿上来个别示范，教师给予表扬。教师提出第二次游戏的要求：请小朋友们用各种方法走、钻、爬。

3. 请幼儿找一个好朋友相互交换头饰进行第二次游戏。教师观察幼儿是否有新的动作，并及时表扬。

4. 教师提出第三次游戏要求：想一想还能怎样走、钻、爬，看谁最爱动脑筋。请幼儿想想自己还没有当过什么宝宝，去和相应的小朋友交换头饰，进行第三次游戏。

（三）放松身体，学会分享，增进友谊

1. 幼儿听音乐做健康操。

2. 请幼儿坐在场地上和同伴一起交换糖果、品尝糖果。[1]

---

[1] 陈金菊. 学前儿童艺术教育［M］. 2版. 长春：东北师范大学出版社，2019.

岗位
对接

一、幼儿音乐教育与区角活动的融合

在幼儿音乐活动中，教师往往结合歌唱、韵律、打击乐、欣赏等活动的1~2个方面进行组织与实施。活动结束后的延伸环节相对薄弱，以复习为主，因此幼儿缺乏对相关音乐活动充分吸收与内化的过程。《3—6岁儿童学习与发展指南》中提出：儿童的发展是一个整体，要关注儿童学习与发展的整体性，幼儿音乐活动是一个全面学习和发展的过程，应具有持续性、多样性和整体性。幼儿音乐活动与区角活动，的有机融合，能够满足这一发展规律。在浸润式的音乐区角活动中，幼儿通过观察、聆听、亲身参与，在感受美、体验美、创造美的同时，可以不断内化、提升已获得的音乐经验，促进自身在音乐活动中的持续发展。

幼儿音乐教育与区角活动的融合，应注意以下几点。

（一）环境创设

1. 在班级中创设音乐区角，要合理划分活动室区域

幼儿在活动中的商量、合作与体验，以及表演过程中音响、乐器、人声的结合，使音乐区角很难保持静谧的氛围。这就需要音乐区角在班级中的位置应具有相对的独立性。要避免对其他区角活动造成干扰，最好设置在活动室中的一角或一边，亦可设置在走廊或附属房间。

2. 音乐区角环境的布置应具有安全性、舒适性与趣味性

安全是幼儿园工作的重中之重，教师在环境创设中应首先考虑。玩具柜的边角、服装道具、音响设备的操作等是否存在安全隐患，能否保证幼儿的安全，教师都要提前进行预想与预操作。整洁、温馨、舒适的环境能吸引幼儿主动活动，调动幼儿参与的积极性。教师可选择适宜的材料与色调，和幼儿共同进行环境的创设。在幼儿活动的过程中，要注重对幼儿常规的培养，使幼儿养成取放有序、收整物品的习惯与能力，师幼合力使音乐区角整洁、舒适。音乐区角活动的主体是幼儿，因此在环境创设上要结合小、中、大班幼儿的年龄特点，富有童趣。例如，辅墙饰的创设可选择幼儿喜欢的人物形象，提示标记可用易于幼儿理解与接受的文字符号等。环境对幼儿的影响是潜移默化的，安全性、舒适性与趣味性三者相结合有助于幼儿活

动目标的达成。

（二）材料投放

音乐区角的材料投放，应具有多样性、可操作性、灵活性等特点。

1. 按材料种类投放

乐器类：可参考本书项目四相关内容投放适宜的乐器，根据需要提供丰富的种类与充足的数量，按类别投放，并做好标记。师幼可共同收集日常生活中可以发声的物品用于区角活动之中，如碗、碟、盆、桶、筷子、勺子、锅盖等；亦可利用皮筋、纸盒、木块等易得的废旧材料制作成拨弦乐器、打击乐器等。

图7-5　角色扮演

服装道具类：教师可以根据近期表演内容，灵活投放与调整服装道具类材料。例如，大班幼儿歌表演《尝葡萄》《小弟弟早早起》，可投放维吾尔族民族服饰、头饰。中班舞蹈《月亮婆婆喜欢我》，可投放傣族服饰、月亮头饰等。女孩子的舞台裙、男孩子的中式服装，常见常用的动物头饰、蝴蝶翅膀、手巾花、纱巾等，都可充实到区角之中（图7-5）。

图书图谱类：为了方便区角中"小演员"的排练与表演，可将此前相关教育活动中用到的相关材料投放到音乐区角。例如，歌唱活动中帮助幼儿熟悉歌曲内容的图片、熟悉节奏的图谱，相关的绘本、幼儿设计绘画的剧本等。

音响伴奏类：为了辅助和丰富幼儿的表演，教师要为幼儿配备适宜的播放工具。方便操作的播放器是音乐区角不可或缺的材料，幼儿可以通过语音直接播放相关的背景音乐、歌曲伴奏等。当然，较为传统的磁带、U盘及现场伴奏也是可以保证活动效果的。

2. 按活动内容投放

教师可结合近期幼儿感兴趣的活动，将相关乐器、道具、材料等以套餐形式呈现，多个内容可投放多个套餐。例如，小班经典音乐剧《拔萝卜》，可以把相关人物、动物头饰，服装等整理为套餐盒。中班开展《小红帽》的歌表演活动，可以把相关人物服装、道具整理到一处，专门为此节目表演所用。

新版儿童剧：小红帽

这种以套餐形式投放的材料，当幼儿进行相关内容的活动时，是十分方便且易于幼儿取放操作的。当然，这需要教师根据活动内容的变化而随时进行调整。到了大班，可以将此项工作交给幼儿，或是师幼共同完成。

（三）活动开展

音乐区角活动的开展应结合生活经验，以幼儿为主体，在既具重复性又不断创新变化的情境性活动中，使幼儿不断获得发展。

1. 丰富幼儿生活经验，为活动开展做好铺垫

在音乐区角活动开始初期，教师应充分地调动幼儿已有经验，使幼儿了解现实生活中的电影院、剧院的真实情况。可以请家长配合班级活动的开展，带幼儿进行相关的参观体验活动。同时，教师在园组织相关活动，师幼和幼幼间分享自己的所见、所闻、所想，为后续活动的开展做好充分的经验准备。

2. 师幼共同探讨活动方法

接下来，师幼可以就具体的活动方法和细节进行讨论，内容涉及幼儿进行音乐区角活动中的每一个环节。

具体内容可参考如下几点：

（1）了解参与音乐区角活动幼儿的角色分配，幼儿要扮演谁？

（2）讨论活动时的具体流程，每一个角色先做什么再做什么？

（3）角色间怎样交流，可以谈什么？交往的策略是什么？

（4）幼儿的表演内容是什么？怎样才能表演成功？

在活动的过程中，可能会出现一些问题，教师可以继续引导幼儿，深入开展活动：

（1）怎样吸引客人来观看表演？有什么好方法？

（2）出现客人太多或太少的情况应该怎样做？

（3）探讨音乐区角的活动规则等。在活动过程中，会出现一些难以预料的问题和突发状况，教师就要灵活地引导幼儿有针对性地解决问题，使活动顺利进行。

【对点案例】

以下是中班"小时光剧场"音乐区角活动开展初期的情境再现。

师："小时光剧场"里应该有哪些人？

幼：应该有剧场的工作人员。

师：哪些工作人员？他们都负责做什么？

幼：售票员负责卖票；服务员负责招呼客人；演员是表演节目的。

师：除了"小时光剧场"的工作人员，还会有谁？

幼：还得有观众。

师：那么，我们要怎么玩呢？

幼：妈妈带我看过音乐会，我们也要像在真正的剧场一样……

诸如此类的对话与讨论，可以发生在集中活动时，可以是区角活动前的计划环节，可以是区角活动结束后的点评环节，也可以是某一次的个别交流。总之，探讨是伴随着活动不断发展而自然发生的，有利于活动的深入开展与幼儿能力的提升。

3. 师幼共同建立活动规则

随着对活动方法的了解与掌握，幼儿活动的不断丰富，良好的活动规则必不可少。师幼可以就以下方面进行规则的制定与讨论：区角活动人数、物品取放规则、物品使用方法、区角的秩序……师幼可以将共同讨论的结果，以图文结合的方式呈现在活动区内，这样每次幼儿活动时都可以起到提示和广而告之的作用。

（四）教师指导

在幼儿音乐区角活动开展过程中，教师除了提供环境、材料上的支持与隐性指导外，对幼儿音乐区角活动的观察与灵活指导也有着不可替代的作用。

在幼儿进行音乐区角活动时，教师应注重全面、细致而有效的观察。

（1）对环境、材料的观察　　通过观察，教师会发现所创设的音乐区角活动环境是否能引发幼儿积极主动地参与活动，幼儿是否在良好的氛围之中情绪愉悦地进行活动。通过观察幼儿对材料的操作，教师可以了解音乐区角中所投放的材料的适宜性，即材料是否能够支持幼儿的活动，是否适宜幼儿活动的进一步开展。教师要就观察所得进行思考，对不适宜的环境、材料进行改进；教师要随着幼儿活动的兴趣、需要，对环境、材料进行进一步调整，使其支持幼儿接下来的音乐区角活动。

（2）对幼儿活动的观察　　教师要对幼儿的活动进行观察，在此过程中了解幼儿对规则的掌握情况，活动常规表现，活动过程中遇到的困难与问题，以及活动中出现的亮点等。

（3）对幼儿活动的指导　　在观察的基础上，教师要选择恰当的时机，对幼儿活动进行灵活有效的指导。具体指导方法有：直接指导法、平行式指导法、启发式指导法、同伴互助法、情境再现法等。教师根据当时幼儿的情况灵活地选择是在活动中指导，还是在活动结束后的点评环节进行指导。无论使用哪种指导方法，教师都要给予幼儿有效的、正面的、积极的回应。

音乐教育与区角活动的融合，可以兼顾幼儿在音乐方面发展的差异性，发挥幼儿的个性特点，使每个幼儿都参与到活动中来，在环境、材料的支持下，在教师的有效指导中，不断促进幼儿在音乐活动中的持续发展（图7-6）。

图7-6　天津河东区第一幼儿园区角环境创设及区角活动

二、幼儿音乐教育与主题活动的融合

《幼儿园工作规程》中指出：幼儿园教育应当遵循幼儿身心发展特点和规律，德、智、体、美等方面的教育应当互相渗透，有机结合。要综合组织健康、语言、社会、科学、艺术各领域的教育内容，渗透于幼儿一日生活的各项活动中，充分发挥各种教育手段的交互作用。基于幼儿园五大领域活动的融合性和渗透性特征，结合幼儿身心发展特点，在规划幼儿一日活动的组织时应动静结合，注重幼儿获取知识的连续性、直观性、实践性和趣味性，要将音乐教育活动内容融合于主题性教育活动领域当中，并采用适宜的活动形式。

（一）幼儿园主题活动的内涵

幼儿园主题活动是基于各领域活动间的融合性来开展的具有共同活动中心的教育活动，注重活动的综合性、人文性、生活性和趣味性。主题活动打破了传统领域各活动之间的界限，以同一主题为不同领域活动设计的脉络和线索，并在一定阶段内，完成不同领域的活动设计方案。教师可以为幼儿创设内容丰富、主题清晰的系列教育活动，让幼儿通过主题活动获得更为系统性和整体性的学习经验和知识。

（二）基于各领域间的共通性确定主题

幼儿园主题活动的设计要以各领域间的共通性为落脚点，采取适用于各领域活动的脉络，支撑活动的开展。

1. 以幼儿的兴趣为中心

幼儿的兴趣是激发幼儿积极参与教育活动的催化剂，不同年龄阶段幼儿的兴趣和爱好有所差别，如处于大动作发展阶段期间的幼儿对球类运动有着浓厚的兴趣，处于精细动作快速发展阶段的幼儿对工具的使用具有浓厚的兴趣，处于思维能力快速发展阶段的幼儿对各类事物的起源与发展有着浓厚的兴趣，在活动设计时，就可以以幼儿感兴趣的一个点为主题，采用不同教育形式为幼儿创设丰富的教学环境。例如，幼儿对各类不同工具的使用有浓厚的兴趣，就可以设计"收获的快乐"主题活动，在音乐课程中，以歌曲《剪羊毛》为教学内容，让幼儿知道剪刀的使用方法；在社会课程当中，以歌曲《丰收》为教学内容，让幼儿学会用不同的工具收获不同的果实等。让幼儿在不同活动中，围绕同一主题开展工具使用方法的学习。

2. 以人文主题为核心

主题活动的内容要贴近幼儿的生活，可以以人文主题为活动的核心，以幼儿能接触到的生活经验为主题，立足于幼儿的日常生活，让幼儿在生活中积累经验，总结规律，发挥各领域的教育作用。可以从人与人、人与社会、人与自然三个方面开展。例如，以"朋友"为人与人主题活动的主题，让幼儿学会和自己日常接触的对象进行交往，学会理解亲情、友情、师生情等，让幼儿在活动中感受人与人交往时产生的情感，让幼儿在活动中学会理解、包容、沟通、交流、尊重和爱，培养幼儿的综合素养。

3. 以课程标准为中心

各学科领域的课程标准是幼儿园主题活动主题确定的重要依据，以课程标准为中心能有效维系各领域的共同发展，当然，课程标准的实现，本身也需要相应学科的教育支持。例如，某幼儿园依照《3—6岁儿童学习与发展指南》设置课程标准，以主题活动为主线，在各年龄阶段开展主题活动（每学期6个，每学年12个）。要求主题活动把握幼儿年龄阶段特点，从幼儿切身生活经验入手，并依据幼儿感兴趣的话题开展丰富多彩的活动。例如，依据科学领域提出的"对周围事物、现象感兴趣"，提出以"探索"为主题的系列教育活动。

【对点案例】

幼儿园主题活动方案举例，见表7-1。

表7-1 幼儿园主题活动方案

9月主题	我的祖国		
工作重点	1. 动作发育：能够较长时间地站立和抬脚，通过中国功夫的学习促进幼儿平衡能力的发展。 2. 知识积累：初步了解中国传统文化，知道中国有56个民族，对中国的民族风情、地域文化、美食等有初步的认识。 3. 情感塑造：传达同一个中国同一个家的思想，让幼儿知道祖国之大，处处是家，培养幼儿爱国爱家的情感		
活动内容	各领域教学内容		
	艺术领域	美术课程"青花瓷"，音乐课程"我是小戏迷"	
	健康领域	"中国功夫我在行""排队站好仪仗兵"	
	科学领域	"红红火火中国结""月亮姐姐会变脸"	
	社会领域	"相亲相爱中秋节""我陪家人过重阳"	
	语言领域	"有趣的汉字""全国各地报菜名"	
环境与游戏	1. 书香苑：在图书区角放置造纸和制作书简的工具，鼓励幼儿自己造纸和制作书本。 2. 民俗馆：在文化展览区角放置不同民族的服饰和乐器，鼓励幼儿积极装扮和探索。 3. 木工坊：放置中国不同时期的不同建筑模型积木或建筑拼图，让幼儿通过搭建各种房屋，了解中国建筑。 4. 美食铺：投放各种食物，鼓励幼儿充当小厨师，制作不同地区的美食		
户外活动	开展"我是功夫小达人"系列主题活动，结合不同运动器械，培养幼儿的平衡能力，激发运动热情		
家园共育	1. 组织亲子活动，让父母带幼儿一起查找有关中国传统文化的资料和物品。 2. 开展做月饼亲子活动，培养幼儿动手能力，培养亲子情感		

（三）主题活动内容的选择

不同年龄阶段的幼儿所需要掌握的知识和技能有所不同，幼儿的阶段性发展也直接影响了幼儿对教育内容的兴趣。在活动内容的选择中，立足幼儿生活本身，以日常接触的内容为重点，让幼儿在生活中处处有音乐学习，在音乐活动中学会学习。

1. 幼儿与人

主题教育活动的内容围绕预设主题，可以从幼儿熟悉的人物着手，结合各领域的不同知识，选取与之相关的内容。例如，在主题为"家人"的活动中，音乐课程选取歌唱活动"我的好妈妈"为活动内容，让幼儿体会妈妈的艰辛，感受妈妈的爱，

实践教学：我的好妈妈

了解亲情；美术课程选取"我的爸爸真伟大"为绘画活动内容，让幼儿发挥自己的想象力和创作能力，用各种不同材料画出自己的爸爸平时的样貌，体会父爱；在语言课程选取《家族歌》作为切入点，让幼儿了解和掌握家族各亲人的关系，绘制除爸爸妈妈以外的家族图谱。通过各种丰富的主题活动，让幼儿逐渐理解人际交往的内涵，让幼儿感受温暖、理解沟通的价值与意义，学会爱与尊重。

2. 幼儿与自然

自然的知识最广阔也最神秘，是幼儿极感兴趣的领域。结合主题的设立，可以从自然中挑选教育要素，为幼儿提供丰富的学习内容。例如，在主题为"季节"的活动中，科学课程选取"雪花"作为教学内容，让幼儿了解冬天雪花的产生原理，科普相关知识；语言课程选取《小乌龟》作为教学内容，通过讲故事的方式，给幼儿科普动物冬眠的知识；美术课程选取"秋天的落叶"作为手工活动的内容，让幼儿自己收集落叶，制作精美手工画，培养幼儿的艺术创作能力。

3. 幼儿与生活经验

基于幼儿的生活经验选取主题活动内容，有利于幼儿更快更好地融入活动氛围中。例如，以"我爱卫生"为主题的教育活动，在音乐课程中选取《刷牙歌》作为韵律教学内容；在科学课程中选取"吹泡泡"作为探索肥皂泡产生原理的教学内容等。从经验出发，既贴合幼儿日常生活，又可以帮助幼儿掌握生活技能。

4. 幼儿的一日生活

幼儿园的音乐不光渗透于某一教学环节中，更渗透于幼儿的每一个生活环节中，从幼儿入园开始，音乐就仿佛作为信号指引着幼儿在园内的每一个生活步骤。通过音乐播放，为幼儿营造一种舒适又自然的音乐氛围，让幼儿在愉快的游戏和轻松的生活中潜移默化地受到熏陶。如晨间环节，幼儿伴随着早操歌曲进入园所，在欢快的音乐声中展开新一天的生活；在盥洗环节，教师播放洗手歌，幼儿听着歌曲认真洗手；在午睡环节，教师播放轻柔温馨的歌曲，帮助幼儿更好地入睡，对幼儿的身心发展起到极大的调节作用。

拓展资源：
主题音乐表演——艾米丽奇遇记

拓展阅读

幼儿园一日生活各环节音乐推荐

南开大学附属幼儿园教师　药豆豆

在幼儿园入离园、过渡环节、就餐环节、游戏环节、午睡入睡、午睡唤醒、户外活动环节中，播放适宜的音乐不仅能够减少教师的催促，使幼儿在轻松、愉悦的氛围中养成良好的习惯，更是一种可贵的音乐积累。本文为各环节进行了音乐推荐，建议每两个月更换一次音乐（表7-2）。同时，优秀的音乐作品背后风格迥异的音乐家、乐器等也能够为幼儿补充丰富的音乐常识。对幼儿音乐欣赏能力、感受能力的提高具有潜移默化的作用。

表7-2　幼儿园一日生活各环节推荐音乐

环节	小班	中班	大班
入离园： 　选取清新愉悦、节奏明亮的音乐韵律，让幼儿有积极愉快的情绪体验	1. 快乐的一天 2. 问候歌 3. 春 4. 快乐的农夫	1. 祖国的花朵 2. 勇气大爆发 3. 春之歌 4. 菊次郎的夏天	1. 地球欢迎你 2. 健康歌 3. 晨曲 4. 少女的祈祷
过渡环节： 　音乐节奏稳定、欢快，在教师的提示下整理玩具、排队、如厕、洗手、喝水、回位置坐好。在轻松、愉悦的氛围中养成良好的生活习惯	1. 伊比呀呀 2. 五只猴子吃香蕉 3. 捏拢放开 4. 棒棒糖 5. 雨滴变变变 6. 布谷鸟 7. 开车舞 8. 竹兜欢乐跳 9. 身体音阶歌 10. 小玩具 11. Clean up 12. 当我们同在一起 13. 十个印第安人 14. 两只小手 15. 小花碗 16. The More We Get Together		
就餐环节： 　在美妙的音乐环境下就餐是人生的一大享受，选择优雅舒缓的音乐风格，能营造舒适温馨的进餐氛围，从而强化幼儿进餐的愉悦情绪，有效巩固幼儿的就餐礼仪，改善幼儿挑食问题，养成幼儿良好的就餐习惯	1. 幽默曲 2. 雨的印记 3. 洗手歌 4. 格桑花钢琴曲	1. 青花瓷钢琴曲 2. 贝加尔湖畔钢琴曲 3. 拉拉主题曲 4. 梁祝	1. 紫竹调（古筝） 2. 高山流水（古筝） 3. 枉凝眉（二胡） 4. 渔舟唱晚（古筝）

续表

环节	小班	中班	大班
游戏环节： 　　选取轻快、放松的音乐，使幼儿以愉悦的情绪参与到游戏活动中	1. 杜鹃圆舞曲 2. 瓦妮莎的微笑 3. 海琼斯小夜曲 4. 听我说 5. 加油鸭 6. 最好的未来		
入睡环节： 　　午睡时光，播放轻柔、安静、抒情、缓慢的摇篮曲，安抚幼儿入睡前容易出现的亢奋、烦躁等情绪。将音乐语言和幼儿的生活常规习惯养成有机融合，能让幼儿在舒缓、轻柔的音乐中放松身心，安然入睡	1. 小猪的梦 2. 鱼缸边的小猫 3. 舒伯特小夜曲 4. 爱的协奏曲	1. 夏夜流萤 2. 知了和蚂蚁 3. 记忆 4. 小提琴版我心永恒	1. 屿 2. 水星上的鲸 3. 春江花月夜
午睡唤醒： 　　选择轻快的音乐、帮助幼儿从睡梦中缓缓苏醒	1. 小星星变奏曲 2. 起床进行曲 3. 童年的回忆 4. 我爱洗澡	1. 橘色温度 2. 快乐起床歌 3. 繁华的寂静 4. 大调弦乐小夜曲	1. 静夜思 2. 江雪 3. 春夜喜雨 4. 黄鹤楼送孟浩然之广陵
户外活动环节： 　　音乐节奏鲜明、起伏跌宕、韵律感强。幼儿在享受音乐、美化心灵的同时，调动起参与活动的积极性	1. 健康歌 2. 小小水蜜桃 3. 运动总动员 4. 找朋友 5. 手臂律动 6. 活力小葵花 7. 新健康歌 8. 无敌小可爱 9. Barbarbar 10. T'es pas cap pinocchio 11. 花仙子之歌 12. 耶耶耶 13. 喜洋洋 14. 我真的很不错 15. 加油鸭		

【对点案例】

案例一　主题活动名称：国粹民俗坊——京剧

天津市幼儿师范学校附属幼儿园教师　原　帅

以传统文化为教育背景，结合园所迎新年——神奇的铺子活动，教师以课程为载体，以促进幼儿深度学习为目标，利用主题系列活动使幼儿充分了解中华民族传统民俗文化及文明礼仪。

教师与幼儿共建具有民俗风的环境，在环境的浸润下进一步感受民间艺术的别样韵味，让幼儿学会欣赏中国传统民间艺术的美，从而激发幼儿的民族自豪感，真正实现环境育人、课程育人的方式，促进幼儿深度学习。

一、课程目标

1. 能用简单的绘画、剪纸、民俗装饰等手段进行创作和表现，激发学习兴趣。

2. 愿意与同伴分享和交流自己的发现。

3. 丰富民俗知识，感受京剧国粹的魅力，萌发爱家乡、爱祖国的情感。

二、主题内容选择

借助思维导图说明内容的选择及调整（图7-7）。

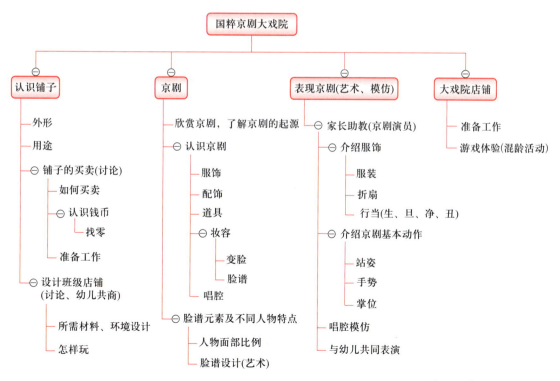

图7-7　主题内容选择思维导图

三、与主题相关的课程实施方案

（一）活动名称：京剧小戏迷

（二）活动目标

1．通过幼儿自主的艺术游戏活动，初步发展幼儿的创新意识。

2．在幼儿塑造美、感受美的同时，增强幼儿的动手能力、语言表达能力、相互协作能力及人际交往能力。

3．让幼儿在游戏中进一步感受京剧的魅力。

（三）活动准备

1．物质准备：京剧视频、京剧脸谱样板、京剧戏服照相框、各类纸张、美工颜料、胶水、双面胶、剪刀、毛线、珠子、油画棒等。

2．经验准备：观看过京剧相关的视频。

3．环境材料（师幼共建）。

（四）活动过程

1．激发兴趣，进入情境。

师：我给大家带来了一段好听的音乐，我们一起来听一听。

（欣赏京剧音乐）

师：你们知道这是什么音乐吗？

2．集体商议，确定主题。

师：你们喜欢京剧吗？喜欢京剧里的什么？

幼儿互相讨论，有的说喜欢京剧里的旦、丑；有的说喜欢京剧里的各种脸谱；有的说喜欢京剧里的服饰。

教师小结：京剧是我国的国粹，不但中国人喜欢，连外国人都在学我们的京剧呢！咱们就来玩一个有关京剧的游戏好吗？

3．幼儿自主选择，体验京剧的乐趣。

在京剧声中，幼儿有的在制作脸谱，有的在制作、装饰水袖及头饰，有的在欣赏京剧，有的穿着各种自制的京剧服饰在表演，有的还在商议。

活动室的一角，几个幼儿自成一组，用美工颜料及油画棒在纸、布、扇子等不同材料上画各种不同形态的脸谱，还把画的脸谱粘贴到瓶上、纸管上，有的送到了京剧表演的小朋友那里，说是要请他们表演变脸呢；四五个小朋友正在模仿视频中小丑的表演，演得还真像那么回事；好几个小朋友在水袖上又是画又是粘，又是印染；一组幼儿正穿着不同角色的京剧服饰在尽情地表演，嘴里还哼着调子，真有点京剧的唱腔。

幼儿对话：

"这个花旦穿的衣服真漂亮！""我们也来做一件好吗？""看看它的式样。"

"这个小丑的帽子怎么戴的？""问问老师吧。""还是我们自己想办法吧！"

4．师生互动，生成新的游戏主题。

案例二　音乐在幼儿园工作中的渗透和发展
——以天津市滨海新区大港某幼儿园为例

天津市滨海新区古林幼儿园教师　王红叡

如何让幼儿园一日生活各环节环环相扣，充分发挥其教育价值，是幼儿园教师一直在思考的一件事。《3—6岁儿童学习与发展指南》将幼儿的学习与发展分成了五个领域，即健康、语言、社会、科学、艺术。我们将艺术作为重点，以天津市滨海新区大港某幼儿园为例，在深入研究和实践的基础上，探讨区域主题游戏课程下的音乐教育。

主题活动是当下幼儿园的主流教学模式，在相同的教育教学规律、幼儿身心发展规律面前，丰富多元的课程形态和实施方法，成就了"美美与共，天下大同"。

接下来阐述的"主题·游戏"课程是天津市滨海新区大港地区的域本课程，经过十多年的刻苦钻研，集各园所智慧和力量逐渐探索研究而形成的有大港特色的"主题·游戏"课程，对我们现在的教育教学产生了极大的影响。

顺应教育就是幸福从容地过日子、信任让孩子成为他自己、兴趣让师生彼此成全、真实让教育生活圆满、分享是基于经验的建构、思辨是教育的灵魂这六大理念，老师们根据《3—6岁儿童学习与发展指南》将幼儿一日生活安排如表7-3所示。

表7-3　夏季主题·游戏活动时间安排

时间安排	幼儿活动
7：30—8：00	晨检、晨间活动
8：00—8：30	自助餐
8：30—9：40	乐享工作（主题·游戏活动）
9：40—10：00	鲜果时光
10：00—11：00	百草园活动
11：00—11：20	闻香活动
11：20—12：10	自助餐
12：10—14：30	午睡
14：30—15：20	乐享工作（主题·游戏活动）
15：20—16：20	百草园活动
16：20—16：40	音乐漫步
16：40—17：10	自助餐
17：10—17：30	离园活动

在"主题·游戏"课程中，一日生活时间安排的优势在于：整合、灵活、弹性、融合、连贯。

将一日生活中的碎片时间有效地利用起来，使过渡不再是简单的过渡，同时，老师们也巧妙地将音乐贯穿其中。例如，提前搜集音乐素材，形成本班音乐资源库，方便用于新学期一日生活中的随听时刻（图7-8）。

chitty bang	数星星
RW 温泉背景音乐 - 指压	问好歌
Shenanigans - Carnivalito	小矮人与大巨人
拔河	小白兔
包子卷子	小豆角
贝瓦儿歌、李昕融、叶泳汕 - 有你就幸福	小猴子爬山
出区音乐——童年的味道	小花开了
大锤子和小锤子	懂礼貌
大三上学期转换套餐	幻与幻想
单数和双数	集体舞
乒乓球	煎鸡蛋
婆婆烧茶	进区音乐——店铺音乐盒 - 轻音乐经典钢琴
时间像小马车	看谁反应快
土耳其进行曲	两只小羊
蜗牛与黄鹂鸟	量词歌
小蜘蛛	猎人打鸟
一个小老头	楠楠的篮篮
一只小鸟叫喳喳	Baby Shark
纸杯金字塔	奥尔夫-沙沙沙
中国常识	餐前儿歌
中国交响乐团 - 拉德斯基进行曲	炒萝卜
中国娃说中国话	点豆豆
变身小动物	卷白菜
布谷鸟	喇叭花
大小多少	蓝精灵
剪刀石头布	律动-深呼吸
客人来我家	美丽的花
两只小鸡	小蚂蚁
十个好朋友	小牛和小羊去爬山
小蚂蚁	小手摆一摆
小小花园	小手变变变
小羊过桥	小手小手拍拍
一只小老鼠	小小士兵
摘南瓜	小一班合唱节歌曲串烧
骑马	扬基歌
上下左右	这是我的小黄鸭
伸出你的小手	做饼干

图7-8　音乐资源库

　　入园时，幼儿园会播放节奏明快、旋律跳跃的儿歌。进班后，教师选用符合幼儿年龄特点的古韵歌谣或小儿歌，在律动中丰富幼儿对古典诗词的认识和词汇的掌握和运用。

　　早餐后，幼儿会伴着美妙的音乐进入乐享工作时间（图7-9至图7-12），伴着音乐，幼儿自由、自主地按照计划进行自己的工作，出区时也会有不同风格的音乐在幼儿的耳畔缓缓响起。音乐即为信号，教师一遍一遍提高音量吸引幼儿注意的现象渐渐少了，幼儿一听到音乐便会快乐、有序地进行他们的工作。

图7-9　乐享绘画

图7-11　乐享骨牌

图7-10　乐享建筑

图7-12　乐享天文观望

　　例如，在喝水这一环节，当大部分幼儿完成玩具的收纳、材料的整理及作品的摆放后，他们会有序地听着音乐排队喝水，全程没有喧嚷。

　　以往喝水后的环节最不好组织，在教研员张丽老师及大港各园园长们的带领下，"转换套餐"新鲜出炉。

　　"转换套餐"就像是我们买的盒饭，有素有荤、有菜有汤，顾名思义就是将不同风格的音乐，用巧妙的方式连接到一起（以幼儿为主，进行创作）。

　　"转换套餐"适用于"转换环节"（图7-13），即在乐享工作（区域活动）到分享环节之间的过渡与转换时使用。

图7-13　乐享转换环节

"转换套餐"的作用如下：一是学会在音乐中感受，二是学会在音乐中发现，三是学会在音乐中想象，四是学会在音乐中创造，五是学会在音乐中实践。

"转换套餐"可以降低教师提高音量吸引幼儿注意力的频率。当音乐响起时，幼儿主动地进行律动和音乐游戏。其创新之处是，加入了新的材料、引入了新颖的教法（乐器、节奏、打击乐、集体舞、手势舞等）。这些方式让幼儿真正地成为一日生活中的主人。另外，这一环节中诞生的一个个独一无二的"转换套餐"，也打开了幼儿的思维，原来，艺术不仅只是唱歌和跳舞，还可以是绘画、欣赏、表演……

音乐带给幼儿快乐和无限的可能，一首曲子，不光可以唱一唱、跳一跳，还可以拍一拍、玩一玩，从中体现的对旋律的把控、节奏的掌握、材料的运用，无不激发着幼儿的潜能和智慧，也实现了美育目标：感受美、表现美、创造美。其作品的呈现是实时的、形式多样的、独有的、纯粹的；是幼儿以自己的方式、带着自己的特点，表现自己对美的独特体验和理解。

图7-14　闻香

快听，音乐响起，又到了哪个环节啦？原来是闻香时刻（图7-14）！轻缓的音乐一响，值日生拉窗帘、挪桌子、选择闻香花束，其他幼儿快速地搬起小椅子围坐在老师的身边，按下启动键，我们又开启了神秘的绘本故事之旅（图7-15）和我是故事大王的精彩时刻（图7-16）。

图7-15　讲故事

图7-16　故事大王

音乐的加入，让一天的时间过得飞快，午睡时间也不例外。幼儿上床前，我的习惯是播放轻音乐（3~4分钟），引导幼儿有序地脱衣服、叠衣服、摆鞋子、拿拖鞋、盖被子，避免了时间的浪费，幼儿也一个个安静有序地进行自我整理。

接着，教师会播放轻音乐为幼儿讲故事或陪幼儿听一些世界经典的有声绘本，习惯成自然，幼儿缓缓进入梦乡。同样的，幼儿也会在音乐的轻吟下睁开蒙眬的双眼，度过美好的下午。

晚餐前，亦是幼儿最期待的环节。伴着轻快的琴声，一个个"小音箱"发出悦耳的旋律。我们时不时拍拍手、跺跺脚，还会编创一些新的动作和表情。在这个环节中，男孩子和女孩子比赛，教师和幼儿比赛，比比谁的歌声更动听，谁的歌声更悦耳，由此诞生了一个个小小指挥家和歌唱家，真是有趣极了。

我们将注意力转向一日生活中很重要的一个环节——盥洗。正确的洗手步骤不仅能避免疾病的传播、减少细菌的侵害，还能够帮助幼儿养成良好的卫生习惯。在这一环节，教师编创了洗手小儿歌（图7-17、图7-18）。

洗手小儿歌

图7-17　洗手小儿歌　　　　　　图7-18　说歌谣

体育运动（包括室内和户外）时刻，动感的音乐，能够唤醒幼儿的每一个细胞，音乐的出现会为每次的体育运动增添色彩（图7-19）。可以基于音乐开展游戏，也可以是为游戏匹配音乐，二者皆可为对方服务。总之，教师为不同的活动选择适宜的音乐，对幼儿的审美影响深远。

图7-19 户外活动

音乐教育活动是一个非常有魔力的活动，它能变出幼儿的笑脸，让幼儿破涕为笑；它能走进幼儿的内心，让幼儿愿意开口说出自己的心声；它能让惶恐紧张的幼儿快速平静下来。幼儿园的音乐教育活动可以促进多种感官的刺激，创造出一种轻松愉悦的氛围。

音乐是生活的一部分，而音乐教育也应该从生活中汲取养分。幼儿园教师和家长在进行音乐教育活动时，需要从生活中挖掘教育内容，通过适宜的方式让幼儿积极主动地参与进来，让幼儿爱上音乐教育活动，让幼儿的生活变得更加丰富多彩，充满乐趣和艺术气息。

国考
链接

面试部分

题目：小鸡上学

1. 乐谱

小 鸡 上 学

2. 要求

（1）弹唱歌曲。

（2）模拟组织幼儿学习歌表演。

3. 提问

（1）这个歌表演适合哪个年龄阶段的幼儿学习？为什么？

（2）你认为这首歌曲对小班幼儿来说，难点是什么？说明理由。

2021全国职业院校技能大赛（高职组）
"学前教育专业教育技能"赛项赛卷

根据以下材料设计中班主题活动：快乐运动

1. 主题背景介绍

运动有助于锻炼体能，促进身体健康。幼儿喜欢蹦蹦跳跳，喜欢各项运动，他们积极参加幼儿园举办的"小小运动会"，在运动会上大显身手，体验比赛的紧张和喜悦。"快乐运动"这一主题，能让幼儿认识多种运动项目，介绍自己喜欢的运动和原因，了解运动的好处和注意事项，能够养成热爱运动的习惯，促进身体的发育和体质的增强。

2．谜语

两手摇，双脚跳，钻进门，跨过桥。（跳绳）

你打它，它就跳，不理它，就睡觉，别看它是受气包，小朋友见它拍手笑。（皮球）

小公鸡，尾巴翘，会翻跟斗不会叫，踢一脚，跳一跳，翻过脚背摔一跤。（毽子）

3．小游戏"我和皮球娃娃赛跑"

准备：大红皮球一个（皮球上画上眼睛和嘴巴）。

玩法：把大红皮球当作皮球娃娃，皮球娃娃往哪个方向滚去、跳去，幼儿就朝哪个方向跑或跳。皮球娃娃滚到红线（地上画线）处停止，幼儿就必须跑到红线处停止；皮球娃娃跳到绿线处停下，幼儿就双脚并跳前进，跳到绿线处停下。

规则：幼儿必须跟着皮球娃娃的方向跑、跳，方向错了，停止一次游戏。

提示：教师指导游戏时要用皮球娃娃的口吻来激发幼儿的游戏兴趣，在游戏中鼓励幼儿跟着皮球娃娃一起跑和跳，注意动静交替。

4．歌曲《做早操》

做 早 操

1＝A 2/4

林华民 曲

参 考 文 献

［1］李季湄，冯晓霞.《3—6岁儿童学习与发展指南》解读［M］. 北京：人民教育出版社，2013.

［2］教育部基础教育司.《幼儿园教育指导纲要（试行）》解读［M］. 南京：江苏凤凰教育出版社，2017.

［3］王懿颖. 幼儿音乐教育［M］. 2版. 北京：北京师范大学出版社，2020.

［4］高芳梅，李欣桐，张静鸣. 幼儿音乐教育与活动指导［M］. 长沙：湖南师范大学出版社，2021.

［5］程英. 学前儿童艺术教育与活动指导［M］. 上海：华东师范大学出版社，2015.

［6］加里·麦克弗森，格雷厄姆·韦尔奇. 牛津音乐教育手册（第一卷）［M］. 周若杭，译. 上海：上海音乐出版社，2021.

［7］许卓雅. 歌唱活动［M］. 南京：南京师范大学出版社，2016.

［8］王秀萍. 幼儿园音乐领域教育精要：关键经验与活动指导［M］. 北京：教育科学出版社，2015.

［9］陈蓉. 跟我摇摆：多元化背景下的幼儿音乐课程［M］. 上海：少年儿童出版社，2015.

［10］米卡艾拉·格吕纳. 奥尔夫乐器和演奏指南［M］. 童昕，高博，译. 北京：中央音乐出版社，2018.

［11］郭亦勤，王麒. 学前儿童艺术教育活动指导［M］. 3版. 上海：复旦大学出版社，2017.

［12］周骏，朱欲晓. 奥尔夫音乐教育［M］. 南京：南京大学出版社，2020.

［13］许卓娅. 学前儿童音乐教育与活动指导［M］. 长沙：湖南师范大学出版社，2019.

［14］雍敦全. 律动音乐教学［M］. 重庆：西南师范大学出版社，2020.

［15］许卓娅. 韵律活动［M］. 南京：南京师范大学出版社，2016.

［16］陈金菊. 学前儿童艺术教育［M］. 长春：东北师范大学出版社，2021.

［17］陈静奋，周洁. 学前儿童音乐教育活动设计与指导［M］. 上海：上海交

通大学出版社，2018.

　　［18］张丽."主题·游戏"课程的建构与实施［M］.天津：天津人民出版社，2018.

　　［19］严啸.幼儿园歌唱活动的意义与儿童歌唱能力的培养［J］.教育教学论坛，2020（46）：336-337.

　　［20］吴薇娟.幼儿园探究式打击乐活动的实施策略研究［D］.上海：上海师范大学，2021.

　　［21］王蕙萍，蔡丽英.聆听音乐之美　育幼儿审美之趣：审美视野下的幼儿音乐欣赏教育［J］.淮南师范学院学报，2015（5）：69-72.

　　［22］黄秀兰.浅议音乐欣赏活动中幼儿审美能力的培养［J］.新教师，2015（12）：71-72.

读者意见反馈

为收集对教材的意见建议，进一步完善教材编写并做好服务工作，读者可将对本教材的意见建议通过如下渠道反馈至我社。

咨询电话　400-810-0598

反馈邮箱　gjdzfwb@pub.hep.cn

通信地址　北京市朝阳区惠新东街 4 号富盛大厦 1 座　高等教育出版社总编辑办公室

邮政编码　100029

责任编辑：赵清梅

高等教育出版社　高等职业教育出版事业部　综合分社

地　　址：北京朝阳区惠新东街 4 号

邮　　编：100029

联系电话：010-58556361

E-mail：zhaoqm@hep.com.cn　专业教师 QQ 群：69466119

专业教师QQ群